U0543293

本书由中国—上海合作组织国际司法交流合作培训基地资助出版

上海政法学院
Shanghai University of Political Science and Law

中国 — 上海合作组织国际司法交流合作培训基地
China National Institute for SCO
International Exchange and Judicial Cooperation

张少英 等著

GLOBAL COUNTER-TERRORISM WATCH 2017

全球反恐观察

上海社会科学院出版社
SHANGHAI ACADEMY OF SOCIAL SCIENCES PRESS

目录 | CONTENTS

第一章 绪　论

冷战之后，国际恐怖主义活动变得愈发活跃，并逐渐成为世界和平甚至是人类文明所面临的巨大威胁。按照学术界公认的说法，恐怖主义是“个人或者组织针对人群或者设施，非法使用或者威胁使用武力或者暴力试图恐吓或者迫使社会或者政府屈服的行为”。通常情况下，这些行为都带有意识形态或者政治目的。但是，近年来随着“伊斯兰国”(IS)的兴起，国际恐怖主义组织变得更为极端残忍，许多严重的杀戮与暴力行为由极端主义衍生而来的仇恨直接驱动。传统的恐怖主义活动往往带有非常明确的政治意图，而IS的很多恐怖主义行为目的本身就是杀戮。这使得恐怖主义反人类的特征变得更为明显，也成为国际安全合作的重要议题。2017年对于国际反恐来说是极其重要的一年，是年，全球有68个国家发生1 136起恐怖袭击案件，袭击数量比2016年减少21%。曾经在中东地区猖獗一时的IS恐怖组织在国际反恐联盟的合力打击之下已经覆灭，只有零星残余力量依然负隅顽抗。但是中东地区获得反恐胜利并不意味着国际反恐斗争的胜利。自“9·11”以后，极端主义思想经过多年的发展已经形成了一套较为完整的理论体系，而恐怖主义团伙在煽动暴力恐怖主义、激化族群冲突方面也形成了一套较为完整的方法体系，加之经济全球化过程使得世界财富分配不均的现象越来越严重，恐怖主义成为难以根除的顽疾。虽然中东地区的IS已经难以重新集结东山再起，但是这一组织已经有计划地将自己的力量转移到中东以外的其他地区，在全球范围内造成了严重的恐怖主义外溢，使恐怖主义危害的范围迅速扩大。

纵观2017年国际反恐局势，总体上呈现出以下几个特征：

首先，反恐已经成为大国博弈的重要议题，恐怖主义问题将伴随着大国博弈而长期存在。2017年IS的覆灭使得这一特征变得更为明显，今后以反恐战争为表现形式的大国博弈依然会延续很长一段时间。我们看到，在短短6年时间内，IS组织能够在派系林立的中东地区迅速崛起并造成巨大破坏，同时也非常戏剧性地在国际反恐联盟的联合打击下迅速衰亡。这一恐怖组织的发展过程充分说明，当前影响国际恐怖组织发展的根本因素是大国在权力博弈过程中力量的此消彼长。在中东地区，地区大国的战略选择最终决定了IS实体组织的兴亡，而地区大国决策的背后其实也存有全球大国的影子。在2017年的中东反恐战局中，俄罗斯、伊朗、伊拉克与叙利亚（以及黎巴嫩真主党）已经在中东建立了一个牢固的什叶派军事同盟，不断挤压以美国、以色列、沙特为代表的传统中东大国的地缘政治空间。因此，在IS实体被剿灭之后，中东的政治甚至地理版图必然将面临被重新划分的局面，在政治与军事层面的冲突将不可避免。另一方面，IS覆灭之后留下了大量的真空地带，非常适合各种类型的武装组织生存与发展，这些武装组织将成为中东地区未来大国博弈的代理人，而这些代理人则将成为新一代恐怖组织的种子。正是基于这一因素，在IS覆灭之后，隶属于“基地”组织网络的恐怖组织迅速发展壮大起来，取代了IS的位置。而在中东地区对恐怖组织的认定也变得愈发模糊，所谓的温和反对派往往与“基地”组织有着千丝万缕的关系，而早已被认定为恐怖组织的武装团伙也常常被发现使用西方国家援助的武器。因此，只要大国博弈和地区动荡依然存在，中东的恐怖主义问题永远也不会根除。

其次，IS残余势力和极端主义思想迅速在世界范围内外溢，在不同的社会环境下形成新的恐怖主义形态，威胁整个人类社会的安全与稳定。在2017年击溃IS之后，欧洲人却一直在担心一个问题，即IS的灭亡会缓解欧洲的危机还是因为恐怖分子的回国而带来更多的袭击？事实上，IS极端主义的意识形态并不会随着其实体的消失而消失。如同在2003年伊拉克战争中，大量的武装组织打着“基地”组织的旗号在与美军战斗一样，早在2016年，正面战场中溃败的IS就开始有计划地转移力量，在阿富汗与东南亚地区建立了较为稳固的根据地。而随着主要领导人及其大本营被消灭，IS的意识形态已经成为自在之物，各种具有极端主义思想的武装组织都有能力利用这一意识形态来进行社会动员，获得人员与资金。因此，在整个2017年，打着IS旗号在全球各地制造恐怖袭击的案例依然时有发生。同时在短时期内，那些新兴的IS分支为了争夺关注度，频繁地发动各种类型的恐怖袭击。

再次，IS覆灭之后，国际恐怖主义活动将变得更为碎片化、多样化。极端主义思想的源头在中东地区，在向全世界蔓延的过程中不断与当地的武装组织或者极端主义者融合，在不同的社会环境下呈现出不同的形态。奥萨马·本·拉登被杀之后，"基地"组织无力再次筹划、开展"9·11"事件那种规模的恐怖袭击了。同样，IS在中东的大本营被剿灭之后，类似于巴黎恐怖袭击那样的大规模有组织的恐怖袭击也难以在欧洲与美国等主要西方国家发生了。取而代之的将是一些零散的、"独狼式"的恐怖袭击行动。为了避免打击，恐怖组织在西方将会变得越来越扁平化、低密度化，这样的优点是使得他们便于隐藏、难以破获，但缺点是难以组织具有极大影响力的大规模行动。这种零散化的恐怖袭击造成的伤害可能并不严重，但是造成的社会分裂与族群对立问题则会严重恶化穆斯林在西方社会的生存环境。而在东南亚地区，极端组织则与当地原有的反叛武装结合。反叛武装利用极端主义思想动员作战、招募人员，而极端组织则依附于当地武装团伙获得稳定的生存环境。发生在菲律宾马拉维的恐怖袭击事件，正是东南亚地区社会现状与国际恐怖主义相结合的产物。在非洲地区，恐怖主义则和当地军阀武装相结合，形成新型的极端主义割据势力。这种多样性是恐怖主义外溢后适应当地社会环境的必然结果。这一多样性的转变增加了反恐斗争的复杂性，使得传统的反恐理论与方法受到了严峻的挑战。

最后，极端主义不断向动荡地区蔓延，加剧了地区不稳定。"基地"组织这样的伊斯兰极端组织认为，通过反复制造大规模的自杀式袭击事件，他们可以把美国人赶出中东，可以摧毁美国、恐吓欧洲，因此就能保持伊斯兰世界的纯洁和虔诚；而IS的野心更大，希望建立一个遍布全球的哈里发国家。但是，在现代社会高技术条件下，这些极端组织面对现代国家时不可能像游牧祖先那样获得胜利，恐怖袭击作为一种非对称手段所取得的效果也越来越差，因为这样的袭击已经很难引起西方人恐惧，反而招致了包括其他穆斯林在内所有非极端分子的愤怒。因此，目前有大量的极端主义者前往非洲、亚洲的动荡地区，在那里建立据点，试图在一个小范围内实现自己政教合一的理想。而他们面对的也不是西方发达国家,他们面对的是当地的居民,因此遭到打击的可能性较小。这种类型的外溢,对国际社会安全的影响较小,很少会引起西方主要国家的特别关注,但是对动荡地区的人民却会造成严重的灾难,也保留了极端主义种子,成为未来的潜在威胁。恐怖势力一旦站稳脚跟,处于动荡地区的极端主义割据势力将会迅速崛起,并向周边国家扩散,不断输出暴力与恐怖。

此外,全球信息化的迅速发展也极大影响了恐怖主义的发展,通过与社交网络的深度结合,网络恐怖主义逐渐成为极端主义思想渗透健康社会、煽动仇恨、指导恐怖袭击的重要渠道。在2017年,我们观察到了恐怖主义信息在各类网络平台中的泛滥,而在追踪现实的恐怖袭击时,我们也发现恐怖组织利用网络,策划、指导袭击,并招募成员,引诱青年走上极端主义道路。这使得网络恐怖主义成为恐怖主义研究的重要维度,需要引起各领域反恐研究者的高度重视。

当前的极端主义思潮之所以愈演愈烈,从社会基础上看,在很大程度上要归因于经济全球化进程中地区发展存在的严重不平衡。在这个过程中,很多族群由于各种原因而被边缘化,他们缺乏安全感,具有很强的挫败感。因此,即便中东问题得以解决、IS组织或者"基地"组织被剿灭,全球范围内的恐怖主义问题依然还会继续。杀戮不会让世界信服,反而会引发全世界的反对。只有激进主义者以及他们的传教士意识到这一点,改变其行为模式,充分融入现代社会中并享受到现代化的福祉才能终结恐怖主义。

同样,在现代化条件下,恐怖主义组织造成破坏的能力则取决于其背后的支持者给予其援助的力度。缺乏资金与技术支持的恐怖组织,是无法对主要大国发动有效袭击的,也无法在全球任何一个地方与当局展开正面冲突。恐怖主义的发展史其实也是一部大国博弈史。而在2017年,这场博弈变得越来越白热化,大国也从幕后逐渐走向前台,在未来很长的一段时间内,恐怖组织很有可能发展成为纯粹的冲突代理人,而褪去其原有的特征。

结合2017年国际恐怖主义问题发展的基本特征,我们详细回顾全球各热点地区恐怖主义发展的趋势,对活跃在中东地区的恐怖组织发展、消亡、更替进行了深入的分析。同时,针对恐怖主义的外溢与扩散问题也进行了细致的跟踪。在对非洲与东南亚恐怖主义问题的论述中,十分详细地剖析了恐怖主义外溢到这些地区后发生的变化及对当地安全环境造成的影响。通过研究极端组织对非洲地区国家的渗透与袭扰,研究其发展壮大的驱动因素,对其未来的发展趋势进行分析。而在东南亚,恐怖组织对该地区的渗透以及当地伊斯兰国家的保守化趋势在2017年显得尤为明显,我们对此进行了特别的关注。

2017年,随着中东地区恐怖组织的衰落,南亚及阿富汗地区的恐怖主义问题又重新成为热点。这一地区与中国毗邻,南亚地区的印度与巴基斯坦边境地区、阿富汗与巴基斯坦边境及阿富汗全境也都是传统的恐怖主义活动猖獗地区。该地区也盘踞着来自我国境内的极端分子组成的恐怖团伙,因此这一地区的安全形势与我国利益息息相关,值得我们特别关注。

中亚地区是传统的恐怖主义活跃地区。近段时间来自乌兹别克境内的恐怖分子对土耳其与美国发动了袭击,由此判断中亚地区很有可能成为下一个反恐热点地区。此外,上合组织成员国大多来自中亚地区,上合组织的主要功能之一也是合作反恐。因此,中亚地区的恐怖主义发展及反恐措施的成效对中国国家安全与"一带一路"建设的顺利推进具有重大意义。

许多发达国家也受到了中东地区恐怖主义外溢的影响,西欧国家在2017年遭到了多次恐怖袭击,造成了较为严重的损失。2017年发生在欧洲的恐怖主义袭击以脱离大规模组织的"独狼"袭击为主,多发生在人口密集的城市,造成较大伤亡及恶劣的社会影响。针对这些特点,本书除了对这一类型恐怖袭击进行分析外,也对欧洲各国针对恐怖袭击制定的相关政策与城市反恐措施进行研究与评述。

相对西欧国家,具有丰富反恐经验的美国与俄罗斯遭到的恐怖袭击相对较少,它们将更多的精力投入到了围绕恐怖主义而开展的大国博弈之中。本书对俄罗斯反恐外交战略的发展历程进行了回顾,并深入分析了俄罗斯在叙利亚组建的反恐军事联盟,比较深入地揭示了恐怖主义从一个安全议题发展为一个政治议题的过程,试图带领读者发现当前恐怖主义发生的深刻变化。

最后,2017年遍布于网络空间的极端主义思想与建立在社交媒体之上的大规模社会网络,已经成为恐怖主义传播与新型网络恐怖主义的主要表现形式,也是全球恐怖主义发展的新趋势。欧洲频繁发生的"独狼"袭击与网络恐怖主义的蔓延有着直接联系。因此,本书梳理了2017年网络恐怖主义发展的重要特征与主要表现形式，力图把握其发展趋势。

希望通过对2017年全球反恐问题的观察与研究，对全球恐怖主义与反恐斗争发展中出现的新情况与新现象进行细致的梳理，帮助读者理解不同地区恐怖主义发展的主要特征及其相互关系，了解国际恐怖主义发展趋势。同时，也能通过对各国的反恐措施与相关反恐行动进行回顾与反思，总结各国反恐经验为我国的反恐工作提供参考。

（张少英　副教授）

第二章 2017 年中东地区恐怖主义发展趋势及反恐形势

在国际范围内强力反恐的背景下，2017 年，全球有 68 个国家发生 1 136 起恐怖袭击案件，袭击数量比 2016 年减少 21%。据 2017 年 Global Terrorism Index(GTI)显示，恐怖活动致死人数连续第二年下降。相比于 2014 年恐怖活动"高峰"(致死人数超过 32 500 人)，2017 年，恐怖活动致死人数降至 25 673 人，降幅为 22%。[①]中东、南亚、北非等地区仍是国际暴恐活动的重灾区与策源地。恐怖活动下降趋势显示了打击宗教激进主义的一个转折点，"伊斯兰国"(IS)有形组织的解体是其标志性的事件。在受恐怖主义影响最严重的 5 个国家中，叙利亚、巴基斯坦、阿富汗和尼日利亚这 4 个国家实现好转。尼日利亚恐怖活动致死人数降幅最大，其中"博科圣地"恐怖活动致死人数在 2016 年下降 80%，这是因为该恐怖组织在多国联合特遣部队的打击下日益收缩。在受恐怖主义影响最严重的 5 个国家中，伊拉克是唯一一个恐怖活动致死人数增加的国家，这主要是因为 IS 针对其"领土"损失进行报复，加大自杀性袭击和对平民攻击的力度，IS 残杀的人数在 2016 年增长 50%，这是其在伊拉克残杀人数最多的一年。

表 2-1 中的数据显示，恐怖主义威胁集中在中东地区。对中东地区而言，2017 年仍是政治变局继续延宕框架下的国家转型与地区格局重构，美、俄、土耳其、沙特等各种域内外政治力量的地缘政治博弈使叙利亚、伊拉克等国家持续动

① Institute for Economics and Peace. Global Terrorism Index，2017.

表 2-1　　2017 年恐怖主义指数国家排名

排名	国　家	得分	区域
1	伊拉克	10	中东
2	阿富汗	9.44	中亚
3	尼日利亚	9.01	非洲
4	叙利亚	8.62	中东
5	巴基斯坦	8.4	南亚
6	也　门	7.88	中东
7	索马里	7.65	非洲
8	印　度	7.53	南亚
9	土耳其	7.52	中东
10	利比亚	7.26	中东
11	埃　及	7.17	中东

数据来源：2017 年 Global Terrorism Index，各国得分为 0—10，10 分表示恐怖主义指数最高。

荡。在此过程中 IS 实体组织被消灭是为数不多的利好消息。但 IS 实体组织溃败后的扩散与外溢、“基地”组织的再次崛起、多方角逐下的叙利亚内战等都使中东长期存在的安全风险进一步扩大。“基地”组织与 IS 是国际恐怖主义势力中最具影响的两个恐怖组织。在多个国家和地区力量的参与下，伊拉克政府军于 2017 年取得了历史性胜利。2017 年 12 月 9 日，伊拉克总理海德尔·阿巴迪宣布已收复极端组织 IS 在伊拉克控制的所有领土。因此，本章主要分析“基地”组织、IS 两大恐怖组织的发展趋势，对当地极端主义的原因进行深入分析，并对国际反恐力量在中东地区进行的反恐行动及其效果进行评述。

一、“基地”组织的强劲反弹

由于 IS 吸引了全球范围内的反恐焦点，这使得“基地”组织的分支机构获得了难得的发展良机，随着 IS 实体组织的消亡，“基地”组织的蜜月期也即将结束。“基地”组织头目阿伊曼·阿尔·扎瓦希里正在试图不断巩固“基地”组织的空间网络,并力求使其重返鼎盛时期作为全球暴恐运动先锋的辉煌。①在伊拉克和叙利亚以外,"基地"组织已经展示了比 IS 更广泛的影响范围。其附属组织在阿富汗、利比亚、也门、索马里以及非洲、中东和亚洲其他地区的其他一些国家宣称建立领地。联合国安理会的一份全球反恐形势调研报告指出,"基地"组织"具有强劲反弹的能力"。报告说,在也门和索马里,"基地"组织比 IS 对当地安全构成的威胁程度更高;在西非和南亚,"基地"组织的影响力不逊于 IS。②在全球反美圣战阵线内袭击美国及其盟友,打击所在国政权,一直是"基地"组织的核心目标。目前,"基地"组织正式的分支机构有多个,它们公开表示效忠"基地"组织,接受基地指挥,其中活跃的有 4 个。

(1) 阿拉伯半岛分支(AQAP),主要打击美国和西方在阿拉伯半岛,特别是也门和沙特等地区的政府组织。AQAP 演变成具有统治领土野心和能力的叛乱力量,表现出实用主义和对当地关注的敏感性,并提升了该组织所带来的国际风险。借用也门战争混乱所带来的直接利益,AQAP 迅速发展壮大。也门长期以来一直是"基地"组织活动的温床。公众对也门的一般认知为"野蛮地带",如枪支部落、崎岖的山脉、统治软弱和未开化的农村人口为非法群体提供了滋生地。随着也门陷入战争,AQAP 蓬勃发展。AQAP 在 2011 年初宣战胡塞武装,但随后很少采取强硬手段,只进行了几次袭击。到 2014 年情况发生了变化,胡塞部队对他们的 SaaDa 据点发动了袭击。2014 年 12 月中旬,AQAP 声称在不到 90 天内对 14 个省的 149 个袭击事件负责。③2017 年 8 月 2 日,"基地"组织在也门南部制造了自杀炸弹袭击,杀死 6 名阿联酋"反圣战士"部队的士兵,并绑架了不少士兵。

(2) 北非马格里布分支(AQIM),其活动范围在阿尔及利亚和马里边境地区,活动范围覆盖西非、北非多国,主要打击对象为美国、法国、西班牙以及北非和西非地区的各国政府组织,目的是征服马格里布和伊比利亚半岛。2018 年 2 月,美国非洲事务中心的专家公布了一份有关恐怖主义在北非势力的报告,强调

---

① Will ISIS' demise in Syria boost al Qaeda? https://www.cbsnews.com/news/al-qaeda-benefit-isis-loses-raqqa-syria-territory/.

② 实力未必输给 IS 报告称"基地"组织威胁不减,http://www.xinhuanet.com/world/2018-02/10/c_129809547.htm。

③ Yemen's al-Qaeda: Expanding the Base. International Crisis Group, 2017.

IS 的没落,而"伊斯兰马格里布'基地'组织"的行动在增加。IS 在突尼斯和阿尔及利亚的行动也有所减少。相比之下,"伊斯兰马格里布'基地'组织"及其分支(包括"雅克巴·本·纳菲阿营"、"哈里发军"、前身为突尼斯"教法支持者"的"统一青年")的行动显著增长,由 2016 年的 56 起增长至 2017 年的 157 起。非洲海岸国家在国际援助下打击恐怖主义的同时,对于"伊斯兰马格里布'基地'组织"重新组建其阵营的担忧也愈演愈烈。"伊斯兰马格里布(AQIM)'基地'组织"被认为是该组织最富有的分支机构。该组织正以数百万美元的不义之财资助该地区的暴恐活动。他们通过赎金、毒品走私、当地税收和来自其他国家的捐款,获得了约 1 亿美元的资金,其中绑架外国人并由国家支付赎金是他们最主要的收入来源。[①]除了在马里蔓延之外,AQIM 也蔓延到邻国。在 2016 年第一季度,AQIM 的莫拉比通(al Mourabitoun)分支机构声称实施了针对布基纳法索的首都瓦加杜古和科特迪瓦度假胜地巴萨姆的袭击。这两起袭击都是针对外国人,特别是法国的利益,并被认为是对法国在马里进行的反恐行动的报复。由法国主导军事行动的国家,尤其是与马里接壤的国家,受到这种威胁的程度将最为严重。在这方面,布基纳法索、尼日尔、毛里塔尼亚和塞内加尔都因 AQIM 的发展而受到越来越大的暴力威胁。

(3) 索马里"青年党"(al-Shabaab),根据地在索马里,活动范围在坦桑尼亚、肯尼亚、埃塞俄比亚、乌干达等国,目标是在大索马里建立实行伊斯兰教法统治的哈里发国家。2017 年,索马里"青年党"仍然是最血腥的伊斯兰组织(1593 起袭击),之后是"博科圣地"(500 起)。虽然青年党部分武装宣布脱离原组织而向 IS 效忠,但是非盟驻索马里特派使团和乌干达特遣部队的撤出,导致青年党可以占领由前两者控制的地区,其对索马里和肯尼亚目标的袭击变得更加凶残,成为非洲快速壮大并且最致命的极端主义组织。2017 年 6 月 8 日,一伙全副武装的青年党极端分子袭击了位于半自治的邦特兰省的一个索马里军事基地。袭击导致近 70 人死亡,另有几十人受伤。这是近年来该地区遭遇的死亡人数最多的一次袭击。2017 年 10 月,"青年党"策划了严重程度为史上第三的恐怖袭击,卡

---

① Foundation for Defense of Democracies, https://www.cnbc.com/2017/12/06/al-qaedas-arm-in-north-africa-has-made-100-million-dollars-via-ransom-drug-trade.html.

车炸弹在摩加迪沙造成至少 512 人死亡。袭击发生后，“全球风险洞察”网站称，此次可怕的袭击事件表明青年党是一个“正在复兴的”恐怖组织，“虽然‘青年党’实施的小规模针对性袭击在索马里十分常见，但 10 月 14 日那次爆炸的规模是史无前例的。这表明青年党的战术越来越复杂，并且索马里政府未能应对这项威胁。青年党也扩大了它在国外的影响力，并在东非构成跨国威胁”。①

(4) “基地”组织叙利亚分支即努斯拉阵线(Jabhat Al-nusra)，目前势力遍及叙利亚。在叙利亚，“基地”组织分支“支持阵线”虽然更名易帜，但仍是“基地”组织势力最大的分支。“支持阵线”2016 年更名为“征服阵线”，并宣称与“基地”组织脱离关系，不过仍被国际社会认定为恐怖组织。“征服阵线”主导的“解放叙利亚”联盟主要盘踞在叙利亚与土耳其接壤的西北部省份伊德利卜，有 7 000—11 000 名成员，其中包括数千名外籍武装人员。位于也门的“基地”组织阿拉伯半岛分支成为这一组织的“指挥部”和“宣传站”，发挥着越来越重要的作用。俄军情报机关 2017 年 10 月 3 日获悉“征服阵线”领导层将召开高层会议，并得知其头目阿布・穆罕默德・朱拉尼将参加，俄军驻叙利亚指挥部决定对其实施空袭，出动苏-34 和苏-35 战机参与空袭，导致头目朱拉尼身上多处重伤，并被炸掉手臂。此外，包括 1 名安保负责人在内的 12 名战地指挥人员及约 50 名武装分子被歼灭，另有十几名武装分子被炸伤。俄罗斯武装力量总参谋长格拉西莫夫在接受俄罗斯《共青团真理报》采访时表示，俄罗斯 2018 年在叙利亚的主要任务是击溃位于降级区内的“征服阵线”极端组织及其同伙，并称叙境内有很多相互差异很大的团伙，“其中一些支持停火。‘征服阵线’坚决反对(停火制度)，这意味着，他们只能被消灭”。②

二、IS 在中东地区的行动

IS 最初于 2014 年成为伊拉克“基地”组织的分支，但由于其对平民和什叶

---

① 《索马里青年党比 IS 还凶残？单次恐袭造成 512 人死亡》，http://www.xinhuanet.com/mil/2018-01/10/c_129787577.htm。

② 《俄军总参谋长：2018 年在叙主要任务是击溃征服阵线》，http://baijiahao.baidu.com/s?id=1587899029032509660&wfr=spider&for=pc。

派穆斯林的猛烈攻击,"基地"组织宣称与其正式断绝联系。IS的雄心壮志是管理包括伊拉克、约旦、黎巴嫩和叙利亚在内的黎凡特地区。IS与"基地"组织为代表的"传统型"恐怖组织不同,更像一个"准国家"组织:拥有大片领土、数百万民众及数万武装人员,并且建有一整套政治、经济、宗教、法律制度,对控制区民众实行所谓的教法管理,同时利用现代化网络传媒招募世界各地极端分子入伙。在2014年8月15日通过的联合国安理会第2170号决议中,IS、"胜利阵线"被国际社会定性为鼓吹"暴力极端主义思想和行动"以及"采用多种恐怖主义犯罪行为"的团体。IS在2016年进行了更多的致命袭击。从2015年的955次上升到2016年的1 132次袭击,死亡人数进一步上升,增加了近50%,达到9 132人。该组织实施恐怖袭击的有效性也有所提高,2016年,平均每次袭击中有8.1人死亡,相比之下,2014年,平均每次袭击中有5.7人死亡。2016年,该组织的活动影响了世界上15个国家的308个城市。它最具破坏性的活动是在伊拉克和叙利亚,总共占了其袭击活动的93%以上。巴格达和摩苏尔是受影响最多的城市,占全部袭击的23%。2016年,在巴格达有近1 000人死于IS发动的袭击,平均每次攻击有9.2人死亡。摩苏尔的人数甚至更高,有1 834人,占死亡总数的13.8%。平均而言,摩苏尔的每一次袭击造成11.8人死亡。2016年5月28日,其哈里发领袖巴格达迪在俄罗斯领导的叙利亚市拉卡附近的空袭中丧生,据报道,他的死亡是该组织最大的挫折之一。IS最常见的攻击方法是炸弹或炸药(bombings and explosions),在753次攻击中使用,占2016年所有攻击的66.5%。自杀式爆炸是最有效的,每次攻击的死亡率为14.2%。①

(一)IS在中东以外的活动

依据Jane's Terrorism & Insurgency Centre的报告,2017年,IS在全球发动了4 500次袭击事件,造成6 500人死亡,该组织造成的死亡人数比过去几年少得多,这与其在伊拉克和叙利亚的溃败有关。"由于受到越来越大的领土压

① Institute for Economics and Peace. Global Terrorism Index, 2017.

力，IS重新转向低烈度的袭击行动，对新近从该组织夺回领土的安全部队和对手进行骚扰与袭击。”①这个组织2017年没有在西方发动任何较大规模的恐怖袭击。根据不完全统计，在中东以外的地区，2017年IS制造的、有显著影响的暴恐事件7起，对国际安全造成了一定的影响。5月22日，曼彻斯特演唱会发生爆炸，造成22死59伤，IS宣布负责；8月17日下午，巴塞罗那市中心兰布拉大道加泰罗尼亚广场发生撞车事件，一辆白色货车冲入布拉大道人行道上的人群中，冲撞事件已造成13人死亡、100余人受伤，其中15人重伤，IS宣称这次袭击是其“战士”所为；在阿富汗，特别是喀布尔的IS武装分子则推出了一些毁灭性的自杀式袭击。在这些类型的攻击中，该集团的首要目标一直是不断强调IS的持续作战能力，并瞄准其他宗教团体，同时把自己定位为真正的信仰捍卫者。这些暴力行为的嫌疑人都表明自己是IS的支持者，这些袭击是由“独狼”计划的，并利用刀具、枪支和汽车等易于获取的武器发动攻击行为。

表2-2　　2017年IS宣称负责的暴恐事件

时　间	暴恐地	伤　亡	袭击方式
3月	伦　敦	4死50伤	货车冲撞
5月22日	曼彻斯特	22死59伤	爆　炸
6月3日	伦　敦	10死48伤	货车冲撞及持刀下车追斩途人
6月9日	巴基斯坦	2名中国人质被残忍杀害	斩　首
8月13日	布基纳法索瓦加杜古	17人死亡，8人受伤	枪　击
8月17日	巴塞罗那	13人死亡、100余人受伤，其中15人重伤	货车冲撞
12月17日	巴基斯坦奎达	8人死亡	爆炸和枪击

（二）IS在利比亚的活动

在美国空军和西方特种部队的支持下，利比亚于2016年12月艰难地收复

① 《简氏：2017年全球恐怖袭击开源信息分析》，http://www.sohu.com/a/218396332_389790。

了北部港口城市苏尔特——IS在北非的主要据点。从东部的德尔纳和班加西，到首都的黎波里和靠近突尼斯边境的小镇塞卜拉泰，IS的秘密据点和恐怖分子都已被清除。但是失去大本营和主要集散地的恐怖分子又会带来其他隐患。IS的残余力量仍会纠集起来制造麻烦。苏尔特被收复后，原先盘踞于此的恐怖分子逃往苏尔特南部山谷，他们打算在那里重新组织起一个小型训练营。①2017年9月，利比亚分支曾发布视频称，该组织在利南部山区和河谷地带建立了训练营。2017年10月初，IS利比亚分支在第三大城市米苏拉塔发起的自杀式炸弹袭击中，4名安全人员死亡，21名安全人员受伤。10月25日，袭击了东部武装力量"国民军"在利东部城市艾季达比耶的一个检查站，造成两名"国民军"士兵死亡、3名士兵受伤。这表明已溃逃至南部沙漠地区的IS利比亚分支虽无力攻占大城市，但仍在通过不断制造恐袭显示其存在，并积蓄力量随时准备反攻。利比亚研究恐怖组织的学者穆罕默德·霍贾认为，尽管IS利比亚分支目前已无力攻占大城市，但他们并不承认失败。其残余力量在利南部山区等地设立临时据点，意欲随时发起反攻。他表示，"IS在对'国民军'士兵发动心理战。他们搞突然袭击，然后斩首俘虏，要在心理上让士兵们感到害怕"。他认为，与此同时，眼下还须警惕IS利比亚分支对利南部邻国苏丹、乍得、尼日尔的渗透。②

（三）IS在埃及的活动

2014年10月，"圣城支持者（Ansar Bait al-Maqdis）"宣布效忠IS组织，并更名为"伊斯兰国西奈省"（Wilayat Sinai，以下简称"西奈分支"）。该组织已成为IS在叙利亚和伊拉克之外最大的分支机构。IS组织在西奈地区的扩张已引起国内学界的关注。近两年来，"西奈分支"已经策划了多起针对埃及军队、政府机构、平民、外国游客以及西方国家在埃及机构的袭击事件，造成了重大人员伤亡。③2017年是埃及大型恐怖主义袭击的多发之年，中东地区的形势发展加剧了

---

① Wehrey, F. and Lacher, W. Libiya after ISIS: How Trump can prevent the Next War. Foreign Affairs. 2017.

② 《利比亚又发恐袭"伊斯兰国"欲死灰复燃》，http://www.xinhuanet.com/2017-10/27/c_1121862770.htm。

③ 王晋：《"伊斯兰国"组织西奈分支的演进及影响》，《阿拉伯世界研究》2017年第2期。

埃及国内安全形势的严峻性。伊拉克与叙利亚地区IS组织实体流散后，作战人员、资金与武器或进一步流入“西奈分支”，在伊叙战场上有着实际作战经验的埃及籍武装分子有“本土化”回归的可能，这将极大增强“分支”的武器装备、袭击与实际作战能力。IS西奈分支仍是埃及境内恐怖袭击的主要实施者。目前西奈分支建立了名为“上埃及伊斯兰国”的组织，并发展了48名成员。从袭击目标上看，它由从前单一的袭击油气管线、军事目标、政府官员、军人和普通游客，扩展至袭击科普特基督徒和穆斯林苏菲派的宗教场所。4月9日，坦塔和亚历山大的两座科普特教堂遭到自杀式爆炸袭击，共造成47人死亡、100余人受伤。5月26日，一辆载满科普特基督徒的大巴车在明亚省遭到武装分子袭击，造成28人死亡和26人受伤。10月20日，埃及特警在吉萨省的沙漠地区遭到“基地”组织武装人员袭击，造成至少16人死亡，是少有的发生在埃及本土的重大军警伤亡。11月24日，40名武装分子袭击了位于北西奈“阿布德井”村的“花园”清真寺，造成至少311人死亡，122人受伤，其伤亡人数在2017年仅次于10月14日索马里的摩加迪沙恐怖袭击。埃及政府军警利用先进武器和西奈部落武装的协助，对西奈分支开展了多次强力打击。7月28日，埃及军方发表声明称，埃及武装部队针对北西奈省极端分子的打击行动已持续7天，对阿里什、谢赫祖韦德、拉法等城市的极端分子窝点进行了突袭，击毙40名极端分子，逮捕5人，摧毁了20多部车辆和100多个爆炸装置，收缴大批武器和通信设备。虽然反恐行动成功剿灭了部分恐怖分子，但由于西奈地区长期缺乏政府管制且经济发展落后，埃及政府在西奈地区的反恐可能会长期化。此外，西奈分支和其他恐怖组织试图渗透进入埃及本土的意图愈发明显。

三、IS 何去何从

（一）IS的新据点

尽管IS已经无法控制伊拉克或叙利亚的主要人口城市，但这并不意味着该组织不会再构成重大危险。全球反恐已经进入了“后IS时代”。所谓“后IS时代”，并不意味着IS及其影响已经彻底消亡，或是其所代表的全球“跨国圣战”运动已经偃旗息鼓，而是指其作为一个超大型跨国军事政治实体的存在已经终结，短期内要想重现昔日攻城略地、开疆拓土的举动已不复可能。该组织不仅会通过化整为零、改变效忠、转入地下等方式继续在这一地区活动，未来还将通过其跨国网络和“圣战老兵”返乡加速在全球扩散，乃至形成新一轮恐怖活动浪潮。

恐怖主义调查项目的报告指出，IS的新据点需要具备两个条件：①有深厚的宗教土壤；②中央政府控制力较弱。从目前中东各国的情况来看，阿富汗、利比亚、巴基斯坦为IS驻扎提供了良好的条件。独联体反恐中心主任安德烈·诺维科夫上将表示，恐怖组织IS在叙利亚和伊拉克遭受溃败后，其新的大本营正在阿富汗和巴基斯坦境内逐渐形成。诺维科夫在独联体反恐中心主任第11次会议上说：“‘伊斯兰国’大部分核心作战人员被粉碎后，其残部转移到了其他地区。阿富汗和巴基斯坦境内正在形成新的IS大本营，取代他们在叙利亚和伊拉克所失去的那个。”他指出：“‘伊斯兰国’实际上得以改头换面，并保留其全球政治宗教计划和军事政治模式。”诺维科夫说：“根据伙伴方的情报，我们认为，‘伊斯兰国’近期可能会在阿富汗活跃起来。”①

据法新社12月10日报道，阿富汗朱兹詹省官员达沃(Baaz Mohammad Dawar)指出，从11月开始，一批法国籍和阿尔及利亚籍的武装分子就进入了IS控制的北部杜尔扎卜(Darzab)地区。武装分子中有两名女性，还有多名车臣人、乌兹别克斯坦人和一名塔吉克斯坦籍翻译。达沃表示，至少有3名阿尔及利亚籍武装分子曾在叙利亚和伊拉克作战，而他们抵达阿富汗是为加入IS呼罗珊分支。朱兹詹省省长发言人卡夫里(Mohammad Raza Ghafoori)称，当地居民曾看见法国籍的武装分子训练当地的IS士兵。IS已在当地招募了至少50名儿童，年龄最小的仅有10岁。杜尔扎卜居民还透露，约200名外国武装分子在当地一所村庄外设立了一所基地。官员称这些武装分子给当地IS士兵培训如何使用自杀性爆炸物和埋设地雷，基地附近的居民大部分已逃离。②

---

① 《独联体反恐中心：IS在阿富汗和巴基斯坦重建大本营》，http://www.sohu.com/a/223418035_774715。

② 《除了经营新“大本营”阿富汗　IS残部还会转战哪里？》http://www.sohu.com/a/209800922_313745。

事实上，伊拉克尚未宣布打击 IS 胜利时，土耳其、库尔德媒体和社交媒体就指出，叙利亚和伊拉克的 IS 士兵开始大批前往埃及、利比亚等北非国家。从地理位置上来看，北非是距离叙利亚和伊拉克最近的地区。埃及境内的 IS 西奈半岛分支、利比亚的内乱以及有数千人加入 IS 的突尼斯，让北非成了 IS 最便利的重新集结地。埃及国教为伊斯兰教，信徒主要是逊尼派穆斯林，占总人口的 84%，科普特基督徒和其他信徒约占 16%，这是 IS 得以在该国生存发展最重要的根基。沙特阿拉伯的《阿沙尔克奥萨报》11 月曾对利比亚的 IS 前据点进行探访，发现了据称是 IS 头目巴格达迪写给 13 名支持者的信件。在信件中，巴格达迪要求支持者将利比亚南部变为 IS 的新大本营，以接纳来自叙利亚和伊拉克的 IS 士兵；同时以利比亚为据点，在埃及、突尼斯、阿尔及利亚等北非国家扩张。除了阿富汗、巴基斯坦等国之外，IS 可能扎根的地方还有尼日利亚、也门、马里、苏丹、索马里、喀麦隆、巴基斯坦，以及包括菲律宾和印度尼西亚在内的东南亚国家。①

(二)“独狼”将成为主要攻击形式

随着有形组织的解体，IS 的发展战略也会不断演变。它越来越有可能避免在中东和其他冲突地区进行恐怖袭击。为了保持军事上的相关性，IS 越来越倾向于进行单独的自杀式袭击和汽车冲撞行动。2018 年 1 月初，该组织的官方媒体联队发布了一份名单，庆祝在 2017 年发生的近 800 起此类袭击事件，其中包括针对伊拉克军队（近 500 起）、库尔德武装在叙利亚（136 起）、阿萨德政权及其盟友（120 起）以及叙利亚温和反对派团体（数十起）的袭击。虽然这些攻击发生在解放摩苏尔和拉卡的行动中，但很明显，IS 领导人认为这种攻击行为是其在可预见未来的最佳选择。事实上，2018 年 1 月初的 IS 无人驾驶飞机攻击叙利亚的俄罗斯军事设施，是该组织希望对其敌人造成尽可能多的痛苦的另一个具体例子，同时避免了大规模的直接军事接触。随着叙利亚和伊拉克占领地的丢失，

① 《除了经营新“大本营”阿富汗　IS 残部还会转战哪里？》http://www.sohu.com/a/209800922_313745。

欧洲各国加入 IS 的士兵将返回自己的国家。他们带回去的除了作战技术之外还有实战经验,而由于实体 IS 的覆灭,部分士兵会有更强烈的动机在自己国家内部发动袭击。IS 通过社交媒体来影响全球支持者的能力是“前所未见的”,而该组织与大量本土极端分子都保持着联系。美国官员认为,今后 IS 将继续通过网络在全球招募新成员,在网络上打造一个“虚拟伊斯兰国”。

根据总部设在纽约的情报公司苏凡中心(The Soufan Center, TSC)发布的最新报告,截至 2017 年 10 月,已有至少 33 个国家的 5 600 名 IS“圣战”老兵已经返回故土(参见表 2-3)。如果考虑到许多参战人员是通过非法的秘密渠道出入境,其实际数字应当更高一些。俄罗斯总统普京 2017 年 2 月表示,在来自俄罗斯及中亚诸国的 9 000 名“外籍战士”当中,返乡者约占 10%。激进化意识网络(Ran)在 7 月份的评估中也指出,约有 30%来自欧洲的“外籍战士”已经返乡。其中,来自英国、丹麦和瑞典的返乡老兵可能已接近 50%。①

表 2-3 叙利亚和伊拉克外籍战士主要来源地及返乡情况

国家	外籍战士数量	被阻止人数/请求土耳其截获名单人数	剩余人数	返乡人数
俄罗斯	3 417	804/4 128	—	400
沙特	3 244	141/7 523	—	760
约旦	约 3 000 人	—	约 900	＞250
突尼斯	2 926	4 605	—	＞800
法国	1 910	254/2 622	约 700	271
摩洛哥	1 623	183/2 831	500	198
乌兹别克斯坦	＞1 500	—	—	—
土耳其	约 1 500	＜7 240	—	
塔吉克斯坦	1 300	308/2 651	＞700	约 900
德国	＞915	133/657	约 450	147
阿塞拜疆	＞900	252/1 677	—	约 300

资料来源:The Soufan Center(TSC), Beyond the Caliphate: Foreign Fighters and the Threat of Returnees, October, 2017, pp.12—13.

① Richard Barrett. Beyond the Calphate: Foreign Fighters and the Threat of Returnees, The Soufan Center(TSC), October 2017, pp.7—10.

(三)其他恐怖组织的崛起

IS是自2011年以来形成的数百个伊斯兰极端主义组织中的一个。所有的这些团体有类似的目标——集中使用军事力量建立一个跨国的哈里发。在IS被削弱的背景下,只要条件允许,其他激进组织将准备采取措施来取代它。过去的6年里,中东的主要趋势之一是伊斯兰极端主义团体在穆斯林占多数的国家的内战中崛起。到2016年,伊拉克所有主要的激进组织有35%为伊斯兰激进组织,在索马里这一比例为50%,而在叙利亚则为70%。激进组织兴起的主要原因是自2001年起伊斯兰国家的内战数量急剧增加。内战造成被削弱或失败国家的灰色地带,非国家行为者可以操作和建立自己的组织。这正是许多世界上最恐怖的组织,包括哈马斯、"基地"组织和IS开始繁荣的政治环境。今天,"基地"组织及其分支主要威胁源自不稳定政府导致国家经历的暴力。极端主义团体在更稳定的国家,如埃及、约旦、摩洛哥和沙特阿拉伯争取力量的努力继续失败。恐怖组织往往在内战中茁壮成长,因为不确定和不安全的环境为其提供了土壤。极端主义意识形态如激进组织可以从两个方面拉拢反叛精英,应对常规组织面临的挑战,并使其在与其他组织的竞争中胜出。为了动员和维持军队,叛军领导人必须说服至少一些人支付高昂的战斗费用,这是大多数人都希望避免的。通常,反叛组织企图通过提供金钱、安全或允许掠夺的方式给予私人奖励来克服这些问题。但是极端主义团体,特别是信仰宗教的团体,有一个特殊的优势,因为他们可以以永恒的来世或天堂的回报来提供廉价的递延补偿。他们也承诺了一个潜在的具有毁灭性特征的个人处罚(如在伊斯兰教、基督教中教会的永恒诅咒)是不可能逃避的。

为了避免失败,精英们必须招募志愿者,即使在他们被部署到实地后,他们也会对组织保持忠诚。一个极端主义的意识形态可以帮助筛选出不那么忠诚的士兵,这样就减少了表现不佳、双向切换和背叛的问题。叛军领导人也可以利用意识形态来表明自己对一项事业的献身精神,从而使他们能够吸引更多的献身精神和战斗力强的士兵加入他们的行列。

（四）IS的信息战及人员渗透

IS的信息收集技术比较复杂，因为他们不仅吸取了为萨达姆·侯赛因政权情报机构工作的经验，而且也借鉴了来自不同国家的外国战士的经验。为争夺伊拉克主要城镇的控制权，IS可能会通过渗透到政府机构的方式来收集信息。即使当地人知道，也不敢报告给当局政府。虽然IS通常专注于安全机构，但他们也会进行经济间谍活动。在占领摩苏尔之前，他们把间谍人员安置在摩苏尔博物馆，最终成功将之洗劫一空。在IS控制主要领土之后，他们转向收集伊拉克控制地区的情报。当地出租车司机在这方面尤其有用，特别是当它仍然可以在IS控制的领土和伊拉克其他地区之间自由穿行时。许多司机后来被逮捕。此外，在2015年，几个巴格达饭店经理因协同IS而被政府逮捕。在2016年，库尔德地区的一位教师被逮捕，因为他不仅暗中向IS提供信息，而且还为他们购买手机卡，来接收来自上级的信息。与此同时，IS也会在自己的领土上利用间谍来窥视平民。例如，这个组织雇佣孩子们在街上、市场上甚至在公共交通车辆上打探民众的对话。成年人会经常去其他公共场所，如理发店、清真寺等。在某些时候，IS似乎已经渗透到了敌军，库尔德情报怀疑其中的一些成员可能受雇于IS，并向他们传递信息。在叙利亚，IS在其他非国家武装组织中进行间谍活动。在2017年10月，叙利亚政府军发现隶属于Hayat Tahrir al-Sham（胜利阵线）的一个外国战士被认定为IS的线人。

此外，IS开发了一套复杂的反间谍行动方案，重点抓捕间谍人员。这种操作的需要是可以理解的。伊拉克军队开始夺回领土后，许多中低级的IS成员开始考虑与伊拉克政府合作，来挽救他们的生命。随着时间的推移，IS也越来越担心外国情报机构的入侵。不仅联合国空袭精准地打击IS领导人，同时外国领导人也公开谈论渗透IS。车臣领导人Ramzan Kadyrov说，“即使在IS被称为IS，我们有我们的代理人”。

IS内部负责铲除背叛者的机构是Emni，他们招募的是IS中经验最丰富和最衷心的成员，而且有严格的审批程序。例如，战士在叙利亚各组织中切换多次很正常，但是Emni只招募从未为其他组织战斗的IS成员。除了一般的

Emni成员，IS也招募了一支在其他身份遮掩下的线人部队，成功提供一次情报可以得到5 000美元的报酬。对线人而言，不仅薪水高(IS战士的平均薪水在每月100—250美元之间)，而且也是一个开始职业生涯的好方法。例如，一个几乎文盲的人受雇在摩苏尔以外的一个村庄里作线人，后来能够在IS控制的摩苏尔地区法院找份工作。理论上，任何人都可以在IS下开展业务，但在实践中，个人需要得到IS组织的信任，当然这种信任可以通过向IS提供信息来获得。事实上，IS非常害怕在组织层面被渗透，所以它经常使用卧底告密者来监视自己的成员。对于外国战士来说，这种监视通常在他们来到叙利亚之前就开始了。

在外国社区的团体支持者中的IS线人先对潜在的战士进行初步审核。然后，他们在到达土耳其后不断受到监控。例如，一位来自哈萨克斯坦的未来战士拍摄了自己从土耳其穿越叙利亚的场景。被情报搜集人员发现这一举动，并上报了Emni，他立即被逮捕、囚禁，随后处死，这一切都在他加入IS之前，因为IS怀疑他正在拍摄十字路口，将他的坐标传送给一个外国政府。在IS内部，"每个人都害怕被监视"，一位退役的前外国战士回忆说。据他说，即使在共同民族的朋友之间也不可能讨论，因为Emni线人会记录谈话的内容。当被怀疑为间谍的人员被逮捕时，IS将他们送进一个内部安全监狱。他们一般被安置在单独而不通风的小牢房内。甚至连狱警也不允许和他们说话。根据战俘们的说法，有嫌疑的间谍被折磨得很厉害，他们因腿太肿而不能走路或手被打断而无法进食。大部分嫌疑犯被处决，但当地人有时会被无罪释放。据一位前外国IS战士(后来被指控的间谍，IS的囚犯)说，那些证据不充分的人会贿赂Emni来获得自由，也有一些当地人可以利用他们的关系让他们出来。一名平民因间谍罪被监禁，但后来获释。他说:"我之所以出来是因为我的一个亲戚在这个组织里有很高的地位。他帮助了我，但他后来后悔这么做，因为这阻碍了他的提拔。"对于被指控从事间谍活动的外国人来说，情况更为严重。

当地囚犯的处决通常是在公众场合进行，以示警告。外国战士经常被要求在执行前，拍摄视频并使他们认罪。这些视频随后通过互联网在国际范围内传播。监狱里的常识是，犯人在忏悔之后就会被处死，所以许多外国人拒绝这样做，试图争取时间。可以肯定的是，即使在IS内部，这一切也都是有争议的，一些士兵觉得这样做是不道德的，从而拒绝与情报机构配合。Emni曾试图招募监视高级领导人的保镖，但许多人拒绝窥探他们应该保护的人。一些普通的战士站在了他们的对立面，还有针对Emni线人的袭击案例。例如，一名突尼斯的外籍战士怀疑他的出租车司机是Emni成员，因为尽管这名司机穿着平民服装，他却有一把手枪和一枚手榴弹在车上。所以这名战士用刀刺伤了他。事实上，有数百人因攻击Emni成员而被捕入狱。随着时间的推移，这种对抗逐渐升级，一些IS分支甚至攻击了Emni的监狱。例如，在2015年，哈萨克斯坦的一个16岁女孩被Emni逮捕，她的父亲也在IS的战斗组织，带领10个手持重型武器的战士，威胁监狱要求释放他的女儿。迫于压力，Emni的狱警就释放了她。后来，所有参与袭击的人都被逮捕或失踪。尽管如此复杂的内部监控机制保护了IS，但它也增加了组织内部的不信任感，阻碍了领导能力的提升，导致内部冲突和IS的最终垮台。

在伊拉克，领土的战争已经结束，但是信息战争并没有结束。首先，当IS殒落时，许多最有经验和专业的Emni成员能够逃生。因为与IS战士相比，他们享有相对自由的行动。因此，当伊拉克解放摩苏尔的行动开始时，许多特工转移到了解放的领土，并借此提升了IS应对伊拉克军队行动的能力。即使现在，他们的存在也不是什么秘密。解放地区的男性甚至拒绝刮胡子，因为这违反了IS的妆容政策，他们害怕由此吸引隐藏起来的Emni成员的注意。据一位隐藏起来的Emni高级官员说，大约有1 500名IS成员进驻摩苏尔，随时准备拿起武器战斗。然而，目前还不清楚IS是否能够再次渗透当地执法机构。伊拉克部落动员力(TMF)，它主要由当地的逊尼派，取代了非本地的什叶派，负责许多地区的安全事务。虽然本地人更信任TMF，但一些平民和其他武装团体也担心，IS是否已经渗透到了该组织。这些担心可能并不多余，在部署训练的一年中，TMF逮捕了一名IS的间谍。解决IS情报问题需要伊拉克军队赢得当地人民的信任，增加不同武装组织和国家之间的情报合作。如果驻扎在同一城市的武装团体共享情报，这将使得更容易逮捕IS告密者，这不仅仅是伊拉克的问题。Emni的外籍人士(尤其是领导)是最有可能逃离伊拉克和叙利亚，然后去其他地方做头领。还有一些继续为Emni工作的人，完全可以在一个新地方，继续IS的暴恐活动。

四、中东地区恐怖主义蔓延的环境分析

（一）极端主义团体对极端思想的宣传

恐怖主义是弱者的武器，是不对称冲突中的一种政治暴力，需要通过舆论战来克服力量不对等问题。极端组织像重视恐怖袭击一样重视宣传，为此专门建立了宣传部门，投入大量精力进行建设，从而使其成为有效的政治工具。对极端组织而言，宣传运动是其最重要的塑造意识形态的方式，能够有效动员数量虽小，但是破坏力极强的那些挣扎于社会边缘的支持者。例如，“世界民意组织”于 2007 年、2009 年和 2011 年先后发布的伊斯兰世界民意测验报告显示，多数受访者赞同“基地”组织要求美国撤出其位于伊斯兰国家的军事基地的诉求，而巴勒斯坦、埃及、约旦和摩洛哥的多数受访者支持为实现上述目的对美军发动恐怖袭击。部分受访者甚至强烈支持无限制的恐怖手段，愿意捐助恐怖组织，赞成亲人加入恐怖组织，并相信其身边支持恐怖组织的人会多于立场相反的人。虽然多数受访者反对“基地”组织针对美国的恐怖袭击，但是许多人赞同“基地”组织对美国的一些看法；在摩洛哥、埃及、巴基斯坦、印尼等低收入国家里约有 50% 的受访者支持“基地”恐怖思想，约有 23% 的受访者支持“基地”组织对自杀式袭击手段的使用；即使那些反感恐怖手段的受访者也都支持“基地”组织的诉求，普遍不相信“9・11 事件”是“基地”组织所为。研究人员在调查中发现，几乎所有受访者都倾向于相信其观点会得到亲友们的支持，其中支持本・拉登的人远比立场相反的人自信，而少数持中立态度的人则倾向于相信其他人会支持恐怖主义。

IS 组织强调公正、荣誉和抵制腐败来吸引伊拉克和叙利亚等穆斯林国家的大部分人口，这些国家都有压制政权的历史。公民们希望能有机会效忠于一个公正的伊斯兰国家的领导人，而这些团体的极端主义思想解决了更多温和派公民的关切，即领导人一旦执政就不会腐败。伊斯兰教使用的语言使在内战中被撕裂人群产生共振，如前“基地”组织领导人扎卡维正是利用这些优势，战胜其他的逊尼派团体。展望未来，其他人也将使用这些战术。这意味着，只要这些国家

的条件仍然存在,这些国家将继续出现 IS 风格的团体。这也意味着,在任何一个国家,无论是穆斯林还是非穆斯林,反政府领导人都有强烈的动机接受内战中的极端主义意识形态,他们有腐败的历史,很少有权力制约。为了成功地与其他派系作战,叛军领导人必须向他们的士兵和支持者保证,他们一旦掌权就会严惩腐败行为。这在那些历史上对政府精英缺乏制度约束的国家尤其重要。一个极端思想,特别是强化个人的牺牲精神时,可以作为反叛精英获取执政权力的可信承诺。总之,这可能有助于解释即使在大多数公民的偏好并不极端的环境中,极端分子依然可能在招募士兵和支持者方面胜过中等群体的缘由。所有这些都表明,反叛领袖和温和派公民不需要信奉意识形态来接受它。

(二) 恶劣的自然环境导致的落后和贫穷

自然条件是制约阿拉伯世界工业化的重要内因之一。除海湾地区盛产石油以外,其他阿拉伯国家基本上属于资源匮乏型国家。阿拉伯世界虽地域广袤,但大多为沙漠地带,不仅严重缺乏现代工业发展所需要的大量水资源,而且人口密度不够,劳动力资源不够集中。这些因素客观上制约了阿拉伯国家工业化进程的发展。中东地区属于气候变化高度暴露和极其脆弱的地区。该地区的人均耕地面积普遍较少,气候恶劣、经济落后以及抵御自然灾害能力差;社会动荡、战争、腐败、恐怖袭击等导致该地区面临严重的粮食危机,危及国家安全。联合国发布的《2017 全球粮食危机报告》显示,在全球范围内,2016 年有 1.8 亿人面临危机水平的食品不安全或更糟(IPC 阶段 3 及以上),比 2015 年增长了 35%。受地区冲突的严重影响,粮食不安全的人口主要分布在也门(1 700 万)、叙利亚(700 万)、南苏丹(490 万)、索马里(290 万)、尼日利亚东北部(470 万)、布隆迪(230 万),有数据表明,其中一些地区的环境在不断恶化并存在饥荒的危险。冲突导致内部和外部大量的粮食难民,受影响最严重的是叙利亚(630 万名国内流离失所者)和邻国叙利亚难民(480 万)、伊拉克(310 万)、也门(320 万)、南苏丹(300 万)、索马里(210 万)和尼日利亚东北部(210 万)。冲突对粮食安全、营养和农业的负面影响是一个没有争议和全球公认的现象。[①]冲突是世界上部分地

① 2017 GLOBAL REPORT ON FOOD CRISES.

区粮食不安全和饥饿的主要原因，以多种方式破坏粮食安全。由于生计所迫，从事贩毒、武器走私、贩卖人口和绑架等犯罪活动的人员逐渐增多，其中不少人加入恐怖组织，参与针对政府或平民的恐怖袭击。为求得自身安全，一些人不得不支持恐怖组织，寻求它们的保护。这使得恐怖主义在该地区的坐大有了民众基础。据 2009 年《阿拉伯人类发展报告》统计，2005 年，阿拉伯国家约有 20.3% 的人口生活在每天不足 2 美元的国际贫困线标准之下，其中，埃及低于国际贫困线标准之下的人口比例为 41%，也门低于国际贫困线标准之下的人口比例为 59.5%。2005 年，阿拉伯国家平均失业率为 14.4%，其中毛里塔尼亚失业率为 22%，而当年全球平均失业率为 6.3%。[①]美国和平基金会发布的"2015 年脆弱国家指数"根据人口压力、难民和流离失所群体、不平衡发展、贫困和经济衰退、国家合法性、公共服务、人权、安全设施、外部干预等指标，对全球 178 个国家进行了统计，索马里（第二）、苏丹（第四）、也门（第七）、叙利亚（第九）4 个阿拉伯国家进入全球十大脆弱国家的行列。[②]

（三）持续的动荡恶化了地区安全环境

2017 年，中东地区格局具有两大突出特点，即碎片化和冷战化同时加剧。碎片化突出表现为中东国家和中东地区的力量分化日趋严重；冷战化突出表现为以沙特和伊朗为中心的两大阵营的对抗不断加剧。中东地区的碎片化加剧首先表现为部分中东国家内部政治力量的碎片化，如叙利亚、也门、伊拉克、黎巴嫩内部的族群和教派对立。在叙利亚和伊拉克，库尔德人建立的"北叙利亚联邦"势力不断扩大、伊拉克库尔德人举行公投都是其碎片化加深的体现。2017 年 6 月，沙特与卡塔尔断交危机，不仅导致海湾合作委员会内部发生严重分裂，也进一步加剧了沙特、伊朗、土耳其等地区大国的复杂博弈。中东地区格局的冷战化突出表现为以沙特和伊朗两大地区强国为核心形成的阵营化的对抗。其具体表

① United Nations Development Program, Arab Human Development Report 2009, Regional Bureau for Arab States, 2009, pp.9—11, http://www.undp.org/content/dam/undp/library/corporate/HDR/ahdr2009e.pdf.

② Fragile States Index 2015, The Fund for Peace, http://fis.fundforpeace.org/rankings-2015.

现主要有三个方面:首先是中东国家的阵营化。中东国家日渐分化成以沙特和伊朗为核心的两大阵营,导致海合会和阿拉伯国家的分裂进一步加剧。此外还有阿曼、伊拉克等部分国家在两派矛盾的夹缝中左右逢源,唯恐引火烧身;另有一些地区大国游离于两大阵营之间并企图渔利。其次是中东地区矛盾的教派化。沙特与伊朗对抗、阿拉伯国家国内矛盾、地区热点问题的教派化倾向不断增强,不仅为大国操控和干涉提供机会,也为 IS 利用教派冲突扩大其社会基础提供了机会。最后是地区热点问题的代理人化。2017 年,沙特与伊朗围绕叙利亚、也门、卡塔尔、黎巴嫩等国展开了持续不断的博弈,并有进一步恶化和升级的危险。①

五、2017 年中东的反恐趋势

针对中东地区面临的恐怖主义威胁,各方力量 2017 年开展了大规模、重力量的反恐斗争。从总体看,美国主导的国际反恐联盟及俄罗斯主导的俄罗斯、叙利亚、伊拉克和伊朗四国反恐联盟,均在打击 IS 的战斗中贡献了各自的力量。随着战场形势的变化,美俄加紧争夺在叙利亚问题上的主导权。俄战略明确,即牢牢掌握在叙战、和方面的主导权,坚持军事先行,高举反恐大旗,力推政治解决进程。11 月,叙利亚总统巴沙尔访问俄罗斯,同普京会谈,商讨下一步叙政治解决问题。尔后,普京迅即分别同美、沙、埃、以领导人通电话,通报有关情况,以显示俄方的重要作用。美国也不甘寂寞,对叙动武,发射"战斧",击落叙战机,增兵叙北部地区,建立多处军事基地,大力支援库尔德武装,以提高同俄讨价还价筹码。双方既争夺,又合作。争夺是长期的,而合作是暂时的。另外,沙特主导的伊斯兰国家反恐军事联盟则在 2017 年召开了首次成员国国防部长会议,力图从框架走向反恐的实践。

(一)美国主导的国际反恐联盟

2014 年 9 月 10 日,在"9·11"事件 13 周年之际,美国总统奥巴马高调宣布

① 刘中民:《中东地区持续震荡》,《光明日报》2017 年 12 月 29 日。

了美国对极端组织IS实施系统军事打击并最终予以摧毁的新反恐战略。其主要内容包括：第一，继续对IS实施空袭，并将空袭范围从伊拉克扩大到叙利亚；第二，向伊拉克增派军事顾问，并为进行地面作战的武装力量提供装备、训练及技术支持；第三，加强国际合作，以防范IS对美国和国际社会的袭击；第四，为流离失所的无辜平民提供人道主义救援。奥巴马强调，新反恐战略的实施需要争取更多的合作伙伴并构建广泛的国际反恐联盟，60多个国家和国际组织参与其中。美方主导的国际反恐联盟2017年12月30日发表报告说，2014年8月—2017年10月，国际反恐联盟在叙、伊两国共进行超过2.8万次空袭、炮击等打击行动，共接到1 790份关于打击行动可能造成平民伤亡的报告。该联盟下属的平民伤亡评估小组确认其中的199份报告为可信，695份报告处于评估之中。报告说，基于现有信息，国际反恐联盟认定，自2014年8月以来，该联盟在叙伊两国的打击行动造成至少801名平民丧生。该联盟公布的数字与一些非政府组织的评估结果相差很大。据“空中战争跟踪组织”的数据，国际反恐联盟在叙伊两国的空袭行动已造成至少5 961名平民丧生。[①]

2017年11月，美国政府公布了特朗普上任后首份《国家安全战略报告》。报告指出：“IS和‘基地’组织等圣战恐怖组织处心积虑攻击美国，并以其可憎的意识形态使美国人变得激进。非国家行为者通过毒品和人口贩卖网络破坏社会秩序，利用网络实施暴力犯罪，每年致数千美国人死亡。”“美国继续与IS和‘基地’组织等圣战恐怖组织进行长期战争。这些组织由共同的、激进的伊斯兰主义意识形态联系在一起。这种意识形态鼓励对美国和我们的合作伙伴进行暴力对抗，并为他们控制下的人们带来痛苦。尽管美国和我们的合作伙伴对叙利亚和伊拉克的IS和‘基地’组织造成了重创，但这些组织仍在其战略地建立分支形成全球控制。即使我们加紧努力阻止圣战恐怖主义分子对美国人民、我们的盟友和合作伙伴的袭击，但这种威胁仍将持续存在。”“打击跨国恐怖组织：没有比击败圣战恐怖分子和其他煽动仇恨与使用暴力来推进至上主义的伊斯兰教意识形态的群体更能有效维护个人权利的行为了。我们将继续同其他国家一道，打败这一所有文明民族的祸害。”[②]

---

① 国际反恐联盟说在叙伊行动造成至少801名平民丧生，新华网，http://www.xinhuanet.com/world/2017-11/30/c_1122039196.htm。

② The White House, National Security Strategy of the United States of America, December 2017, Washington, DC.

从这份报告可以看出，特朗普政府依然将恐怖组织视为严重的安全威胁，并将采取措施继续打击跨国恐怖组织。事实上，随着 IS 有形组织的溃败，其以小型化、分散化、草根化的方式对西方世界渗透破坏的趋势将更加明显。一方面，从 IS 溃散返回本国的人员，将会把从战场上学到的战斗技能带回本土，从而把“返回式圣战”扩展到全球；另一方面，没来得及到叙伊参加“圣战”的人员、以难民身份蒙混过关的恐怖分子，以及新被完成洗脑的“独狼”，将试图在全世界掀起一股恐袭狂潮，让欧美国家防不胜防。

（二）俄罗斯主导的中东反恐力量

为了对抗美国主导的国际反恐联盟的影响力，俄罗斯、叙利亚、伊拉克和伊朗则在 2015 年组建了四国反恐联盟。这两个联盟都直接参与了伊拉克和叙利亚打击极端组织 IS 的战斗，他们在多个战场的武力投入最终导致 IS 组织的瓦解。2017 年，俄海军航母首次参战，舰载航空兵完成 420 次战斗出动。俄军发射“口径”和 X-101 导弹对敌重要目标实施打击。在 500—1 500 千米范围内，水面舰只与潜艇对敌共实施打击 100 次，大多数导弹均准确命中目标。俄军特种部队多次深入敌方纵深执行“斩首”任务，并引导航空兵和炮兵对敌实施火力打击。俄军 S-400、S-300B 与“铠甲”防空导弹部队则协同航空兵，夺取了战区制空权，并有力地保卫了塔尔图斯与赫梅米姆基地的安全。仅“铠甲”防空导弹就先后摧毁 16 架无人机和 53 枚火箭弹。截至 2017 年 12 月下旬，驻叙俄军已消灭了 8 000 辆敌方装甲车与武装皮卡，摧毁了 718 处武器工厂与作坊，歼敌 60 318 名，捣毁非法石油生产与加工厂 396 个以及 4 100 辆运油车，而前者每天产销石油价值高达 300 万美元。①由于俄罗斯在反恐战场的表现，及在调解和平解决叙利亚问题上所持相对公正的立场，也令中东民众对其好感度快速上升。美国《国家利益》援引 2017 年针对阿拉伯青年的民意调查数据显示，21%的阿拉伯国家青年人认为俄罗斯是他们国家的主要盟友。

---

① 《2017 年俄罗斯军情：提拔猛将治懒官　鏖战中东练精兵》，http://new.qq.com/omn/20180122/20180122A05EDQ.html。

他们对与俄罗斯结盟的支持率和 2016 年的 9%相比有显著增加，并明显超过了美国的 17%。①

另外，四国在伊拉克成立了打击 IS 信息中心，四个国家都有代表，以加强军事情报合作，旨在共享并分析情报信息。信息中心着重于监视恐怖分子行动，并削弱他们。基于信息中心共享的情报，伊拉克军方 2017 年 4 月 15 日发表声明，“近期与叙利亚军方联合开展的打击叙境内极端组织 IS 行动中，叙战机炸毁了 IS 多处指挥部，炸死多名武装分子”。叙伊联合行动指挥部在这份声明中说，根据伊拉克方面提供的情报，叙利亚空军空袭了 IS 在北部城市拉卡、叙伊边境阿布凯马勒镇的多个指挥部，还对 IS 武装头目重要藏身地、叙伊边境达西沙村的据点实施了轰炸，此外还炸死多名试图从叙利亚进入伊拉克的自杀式袭击者。而在 2 月 24 日，伊拉克总理阿巴迪曾下令伊空军对叙利亚境内的 IS 阵地实施空中打击，是两者在 2017 年的首次合作。

（三）伊斯兰国家反恐军事联盟

2015 年 12 月，沙特宣布组建由 34 国参加、总部设在利雅得的伊斯兰国家反恐军事联盟，以打击恐怖主义。该联盟成员国后扩充至 41 个，包括埃及、土耳其、阿联酋、巴基斯坦、马来西亚等穆斯林人口比重较高的亚洲和非洲国家。但该联盟中并没有叙利亚、伊拉克和伊朗等什叶派当政的国家。2017 年 11 月 26 日，在沙特首都利雅得召开首次成员国国防部长会议，就共同努力从多方面打击恐怖主义达成一致。会后发表的声明说，恐怖主义对世界和平与安全构成巨大威胁和挑战，伊斯兰世界更是深受其害。与会国决心展开更紧密的协调与合作，从揭露极端思想本质、传播正确宗教理念、展开有效宣传教育、切断恐怖组织资金来源和实施军事打击行动等方面对恐怖主义宣战，直至将其彻底消灭。但伊斯兰国家反恐军事联盟成立已经两年多，迄今为止还没实施过任何军事行动。萨勒曼宣布联盟成立时也间接承认，联盟还缺乏具体的行动纲领。

恐怖主义的根源复杂，不公平不公正的国际政治秩序、贫富悬殊的社会差

① 董磊：《有人缘有武力美国还“助攻”俄罗斯在中东正“左右逢源”》，《参考消息》2017 年 12 月 15 日。

距、深刻尖锐的民族、宗教矛盾以及不同文化间的融合困难，由战乱、贫困产生的千百万难民都是产生恐怖主义的根源性问题。宗教教育是伊斯兰世界传统教育的基本形式。穆斯林自幼学习《古兰经》、伊斯兰教常识和阿拉伯语法。清真寺是穆斯林接受教育的主要场所。自 610 年先知穆罕默德在麦加开始传布启示，至 1258 年蒙古铁骑攻陷巴格达，伊斯兰世界历经 600 余年的演变进程。随着伊斯兰教的广泛传播和穆斯林分布范围的急剧扩展，伊斯兰教自身发生着深刻的变化。政治观点的分歧和文化背景的差异，决定了穆斯林社会中各个阶层对伊斯兰教的认知差异。诸多教派运动皆有相应的政治基础、政治目的和政治手段，体现了不同的社会群体之间政治利益的矛盾与对抗。此外，通过互联网等新媒体传播手段，可以将极端宗教和恐怖主义的意识形态广泛地、深入地传播到几乎所有国家和社会阶层。恐怖组织的社会基础是对生活现状不满的群体，他们通过新媒体接受极端理念、学会了制造武器和爆炸装置，学会了用简易工具进行恐怖袭击。因此，未来反恐形势依然严峻。

（辛方坤　副教授）

第三章　北非反恐形势分析：埃及的案例研究[①]

在埃及、利比亚等国陷入内战后，基地组织和 IS 等恐怖组织从伊拉克、叙利亚等国大量转移至北非，与当地宗教极端组织有合流的趋势。“伊斯兰国”自宣布脱离基地组织后，其发展势头与基地组织形成了竞争关系，推动了恐怖组织扩张战术的多样化，非洲国家的反恐能力面临极大的考验。

本章主要介绍恐怖组织和极端势力对北非，特别是埃及的渗透与袭扰，侧重结合国内外政治、宗教等情况加以分析。

一、恐怖组织在埃及和北非的发展现状

原以为基地组织伊拉克分支会因领导人扎卡维的死亡而受挫，结果，巴格达迪接手后将其更名为“伊拉克和大叙利亚伊斯兰国”(IS)后，在叙利亚和伊拉克不断扩张。为了遏制该组织的壮大，各国不断加大对该组织的军事打击和遏制。“伊斯兰国”将更多的目光放到了非洲，特别是北非和西非地区。IS 借助利比亚和马里动乱，成功对非洲地区国家进行渗透。北非“伊斯兰国”的分支组织主要

① 课题资助：“政策终结决策机制研究”，上海市社科规划青年课题(2016EZZ001)。“海外利益、监管体系与中国核安全”，中国—上海合作组织国际司法交流合作培训基地研究基金项目，2017 年。

包括:西奈军区(埃及)、利比亚伊斯兰国、哈里发战士(阿尔及利亚)、奥克巴战士旅(突尼斯)以及西非伊斯兰国(博科圣地)。①

在IS悄然向北非渗透的同时,基地组织也在北非迅速扎根。扎瓦希里为巩固基地组织在北非的地位,于2012年通过接纳西奈半岛一股新势力为其分支,在埃及获得一片立足之地。埃及国内形势因穆巴拉克的下台而变得十分复杂,埃及穆斯林兄弟会的强势崛起,让基地燃起了插手埃及事务、在北非做大的希望。本·拉登在非洲培养的最早的分支是伊斯兰马格里布基地组织(阿尔及利亚),该组织在马里发生动乱之后重新活跃起来。"伊斯兰马格里布基地组织"与萨赫勒地区的"西非圣战和统一运动""利比亚伊斯兰战斗组织""伊斯兰教法支持者组织",尼日利亚"博科圣地"以及"索马里青年党"等恐怖组织之间形成了或合作或竞争的关系,于是一条从萨赫勒至非洲之角的"恐怖主义动荡弧"形成了。②

具体就埃及来看,在埃及境内的恐怖组织主要分为两大类:一是来自中东其他地区的恐怖组织;二是埃及本土的极端势力。近年来,埃及政权频繁更迭,政府无暇顾及中东地区外溢的极端势力,未能对其进行有效打击,导致西奈半岛成为极端势力的"温床",加上埃及国内宗教矛盾尖锐和经济不景气,不少民众丧失了对政府的信心,加入了极端组织。

(一)外来恐怖组织

1. 基地组织

美国为了报复"9·11"恐袭,于2001年发动了阿富汗战争以打击塔利班武

① 李伟:《全球恐怖主义与反恐斗争的现状与趋势》,《世界知识》2017年第24期;汪川:《非洲面临恐怖主义威胁整体态势评估》,《军事文摘》2016年第15期。

② 陈敏华:《冷战后中东极端组织行动研究——社会学视角》,时事出版社2008年版,第239—262页;王涛、曹峰毓:《伊斯兰马格里布基地组织产生的背景、特点及影响》,《西亚非洲》2016年第3期;刘中民、赵跃晨:《"伊斯兰国"在撒哈拉以南非洲地区的渗透及其影响因素分析》,《国际展望》2018年第2期;UNDP(联合国开发计划署),Journey to Extremism in Africa: Drivers, Incentives and the Tipping Point for Recruitment, http://journey-to-extremism.undp.org/en/findings。

装分子和基地组织。但是这场战争似乎并没有粉碎恐怖主义,随后又发动了伊拉克战争,结果极端组织势力不减反增。

进入后拉登时代,基地组织为扩大影响,不断吸收新的恐怖组织为其分支,保持密切联系,比如:阿拉伯半岛基地组织(包括沙特阿拉伯基地组织、也门伊斯兰激进组织)、伊拉克基地组织、伊斯兰马格里布基地组织、索马里青年党(圣战青年运动)、埃及伊斯兰激进组织、利比亚伊斯兰战斗组织、东突组织,等等。①

如今,基地组织结构发生了较大的变化。本·拉登生前,基地组织有着严格的等级制,第一层为高层管理层,由本·拉登本人以及那些自基地组织创建以来一直追随他的人组成。第二层为中层管理层,是数十个扩散在全球各地的分支领导人。第三层是分散在世界各个角落搜集情报和筹集组织运作资金的本·拉登的追随者。而扎瓦赫里把它发展成了一个以基地组织为核心,分支组织、合作组织和非附属恐怖主义小组、个人分散在外的多层次全球圣战网络。加上国际反恐力度的加大,其在结构上越来越呈分散化的趋势。虽然基地有很多分支,但是实际掌控这些分支的并不是扎瓦赫里,如今的基地组织更像是一个"发起圣战"的标签。②

基地组织招募成员的方式也在发生变化,早期招募成员主要依靠信仰,在阿富汗训练营中到处都是穆斯林青年,他们年轻冲动希望自己能够干成一番"大事业",因此很容易就被招募为基地成员。同时,本·拉登还创办了"圣战大学",给年轻穆斯林激进分子灌输要勇于为真主献身的极端思想。在"9·11"事件后,基地组织骤得大名,许多青年不远万里奔赴中东成为"圣战者"。向来反对世俗化的极端分子利用起了互联网来宣传他们的主张。"队伍""云彩""圣战之音"和"媒体委员会"这四大媒体中心成为网上宣传的核心。③除了运用互联网,招募人员还会去清真寺和监狱等场所。清真寺本来就是众信徒常常聚会和祈祷的场所,民众对于恐怖分子言辞激进的宗教、政治宣传,在心理上难以设防。④这就使得"圣战"思想在民众之中广泛传播开来。后来,监狱也成为新的招募场所。比如

---

① 阿卜杜勒·巴里·阿特旺:《基地秘史》,北京大学出版社2013年版,第179—226页。

② 张家栋、朱道运:《基地组织现状与发展趋势》,《国际观察》2012年第5期;张国庆:《后拉登时代的"基地组织"》,《党政论坛》2011年第8期。

③ 唐岚:《恐怖组织"圣战"新战场》,《世界知识》2009年第8期。

④ 吴经泳:《"9·11"之后伊斯兰恐怖组织的招募活动》,复旦大学博士论文,2010年。

扎卡维和他的精神导师麦格迪西就是通过在监狱中给那些狱友布道，招募了一大批忠诚的“圣战者”，这些人在出狱后制造了多起惨绝人寰的爆炸袭击事件。

2.“伊斯兰国”

其前身是由约旦人阿布·穆萨布·扎卡维领导的“统一激进组织”，后来该组织加入基地组织成为基地组织伊拉克分支。在扎卡维死后，由阿布·贝克尔·巴格达迪出任该组织领导人，并将该组织改名为“伊拉克伊斯兰国”，而后凭借着叙利亚内战与叙利亚反对派领导的武装组织“胜利阵线”联合，更名为“伊拉克和黎凡特伊斯兰国”，又称“伊拉克和大叙利亚伊斯兰国”。IS凭借着老练的军事战略、战术能力和极为充裕的资金在叙利亚和伊拉克迅速扩张。据统计，在其“鼎盛”时期，有来自100多个国家约4万名外籍“圣战”分子赴伊拉克和叙利亚。但是随着近几年各国对恐怖组织的打击力度加大，IS在伊拉克和叙利亚战场上节节败退，恐怖分子开始向外流窜，将袭击目标转向埃及、利比亚等非洲一些战乱国家。①

IS能在全球“遍地开花”，主要是由各国政治经济因素和宗教因素造成的。绝大多数的中东国家都是信仰伊斯兰教的，不少国家发生内战的主要原因是伊斯兰教各个教派的斗争，因此，当地政治势力的变化与宗教是密不可分的。自2011年以来席卷阿拉伯世界的政治风暴使得伊斯兰教两大教派——逊尼派与什叶派之间的矛盾再次爆发，成为影响多国政治变局的重要因素。这两个教派的矛盾由来已久。在先知穆罕默德去世后，因对合法继承人问题存在分歧，教内分裂成了拥护四大哈里发的逊尼派、支持阿里及其后裔担任伊马目的什叶派和其他较小的派别。近些年来在一些伊斯兰国家中，这两派为了争夺政治权力不断爆发暴力冲突，甚至引发国家内战，由此催生了一些极端主义派。②

IS意识形态的核心内容源于“圣战萨拉菲主义”，其为许多伊斯兰极端组织共同信奉，“伊斯兰国”的领导人也承认这一点。扎卡维就深受该极端思想的影响，认为这世界上只有伊斯兰教和异教徒这两种阵营，而自己则是安拉钦定的圣

① 乔比·沃里克：《黑旗：IS的崛起》，中信出版集团2017年版，第321—332页；查尔斯·利斯特：《“伊斯兰国”简论》，中信出版集团2016年版，第57—87页。

② 丁隆：《逊尼派VS什叶派：旧恨新仇》，《世界知识》2012年第4期。

战者,对于异教徒他们有权对其进行消灭。在 IS 的官方杂志《Dabiq》中一直在鼓吹圣战的合理化和神圣化给那些极端分子绘制一幅美好的蓝图。①

“伊斯兰国”近几年在埃及境内制造了一系列恐袭事件:俄罗斯客机在埃及坠毁(2015 年 10 月 31 日)、埃及首都开罗附近的吉萨(金字塔所在地区)恐怖袭击事件(2016 年 1 月 23 日)、西奈省拉法市一处检查站发生袭击(2017 年 7 月 7 日)、北西奈省首府阿里什市以西阿贝德镇清真寺恐袭(2017 年 11 月 25 日)、开罗马尔·米纳教堂恐怖袭击(2017 年 12 月 29 日)。

(二) 本土恐怖组织

1. 穆斯林兄弟会

其前身是“班纳运动”,穆斯林兄弟会成立于 1928 年,当时哈桑·巴纳希望推进以宗教激进主义为核心的社会改革,加之埃及是一个有着浓厚阿拉伯文化背景的伊斯兰国家,因此,穆兄会在短短十几年间发展成为拥有近 100 万成员的政治团体。穆兄会领导人称“总指导”,最高行政领导机构“训导局”,设有协商机构“创建委员会”,穆兄会成员分为四个等级,即助理兄弟、正式兄弟、行动兄弟和圣战者兄弟。近年来,穆兄会内部传统派与改革派矛盾日渐激化。主要原因是改革派希望实现决策民主化,权力不是只掌握在“总指导”的手上,因为其内部矛盾不断,导致该组织慢慢走向分裂。②

2012 年 6 月 24 日,穆罕默德·穆尔西成功当选为埃及第五任总统,这是穆兄会组建的政党——自由与公正党在后穆巴拉克时代第一次成为执政党。6 月 30 日,穆尔西作为埃及历史上首位非军人总统宣誓就任。但是,好景不长,埃及军方和国内民众就要求穆尔西下台,主要原因之一是他未能协调好世俗势力和宗教势力之间关系,两者之间的关系依然剑拔弩张,社会分裂依旧严重。③另外,

---

① 黄文丽:《〈DABIQ〉的恐怖主义传播研究》,兰州大学硕士论文,2017 年。

② 哈全安:《埃及穆斯林兄弟会的演变》,《西亚非洲》2011 年第 4 期;吴冰冰:《中东伊斯兰教派矛盾的新变化》,《西亚非洲》2012 年第 5 期。

③ 赵建明:《穆斯林兄弟会与埃及政治变局》,《现代国际关系》2011 年第 6 期。

埃及军方干预政治历史悠久,虽然交出了政权,但是其在埃及的政界地位依然根深蒂固。加上国内经济依然萧条,无法满足人民的各种诉求,经济和民生并没有得到根本性改善。[①]2013 年 7 月 4 日,埃及军方宣布解除穆尔西的总统职务,此举引发了穆兄会与埃及警方之间的暴力冲突。埃及当局于同年 12 月宣布穆兄会为恐怖组织,其导火索是发生在 9 月 5 日的埃及过渡政府内政部长易卜拉欣的车队遭到的爆炸袭击和 12 月 24 日的埃及曼苏拉爆炸案。

2. "伊斯兰国"西奈省

前身是"耶路撒冷支持者",别称"西奈军区",是"伊斯兰国"在埃及政权动荡时期的 2011 年成立的第三个分支,该组织长期在西奈半岛活动,受基地组织的影响,2014 年宣布加入"伊斯兰国"。"伊斯兰国西奈省"的目的是推翻埃及政府,在西奈半岛推行宗教激进主义并建立哈里发国,该组织也继承了 IS 的极端思想,认为应该推翻异教徒政权并消灭其支持者,它的主要袭击目标是油气管道、军方和普通游客。采用的主要恐袭手法是绑架、暗杀、自杀式爆炸、破坏关键性基础设施、低强度炸弹攻击以及用迫击炮袭击埃及和以色列的安全部队。[②]

2011 年 8 月,埃及军队在征得以色列政府同意后,调集 2 500 余名军人部署西奈半岛,发起名为"猎鹰行动"的大规模搜捕行动,击毙和抓捕了大批可疑分子,但该地区的局势并未明显好转。就近几年的恐袭事件发生的频繁度来看,埃及似乎遭到了其更为猛烈的反扑。

"伊斯兰国西奈省"近几年在埃及境内制造了大量主要恐袭事件,恐袭事件发生的时间间隔较短,造成的伤亡较大:韩国游客埃及遭炸弹袭击(2014 年 2 月 16 日)、开罗科普特基督徒大教堂附近发生炸弹爆炸袭击(2016 年 12 月 11 日)、阿里什一岗哨遭恐怖分子袭击(2017 年 1 月 9 日)、北部城市坦塔和亚历山大分别发生针对教堂的爆炸袭击(2017 年 4 月 9 日)、两辆公交车在南部明亚省遭恐怖分子袭击(2017 年 5 月 26 日)……

---

① 丁隆:《后穆巴拉克时代的埃及穆斯林兄弟会》,《阿拉伯世界研究》2012 年第 1 期。

② 王晋:《"伊斯兰国"组织西奈分支的演进及影响》,《阿拉伯世界研究》2017 年第 2 期。

二、埃及政治势力对恐怖组织的影响分析

恐怖组织之所以能对埃及渗透得如此之快,与埃及国内政权动荡分不开,特别是国内的三大主要政治势力——埃及军方、埃及穆斯林势力和自由世俗派冲突不断。

(一) 埃及军方

埃及军方在埃及社会中一直扮演着一个重要的角色——保卫者,通过独立战争、反侵略战争以及对以战争实现了国家独立、民族独立和宗教独立,这也一步步巩固了埃及军方在埃及的重要地位。纳萨尔政权建立后,采取了取缔反对派政党、解散穆斯林兄弟会等行动,军方的政治势力急剧膨胀,成为埃及政治的核心群体。埃及军方拥有直接参与国家政治的权力,有力地推动国家现代化。在萨达特时期,军方成为巩固萨达特政权的保障,通过第四次中东战争顺利将西奈半岛收回。到了穆巴拉克时期,许多退役军官步入政坛,担任重要职位,使得军方的社会政治影响力变得更强大,加之军方掌握着大量的公司企业和土地,同时也扮演着为埃及民众提供就业的角色。军队既是埃及世俗政权的维护者和社会稳定的基石,又是埃及的经济支柱,构建了庞大的"军队经济帝国",形成了一个特殊的利益集团。塞西的上台意味着埃及政权又重新回到了这个特殊利益集团的手上,原本相互制衡的三方势力又演变成一方独大的局面。①

(二) 埃及穆斯林势力

穆兄会是埃及最强大的穆斯林势力。1952 年,纳赛尔和穆兄会联合发动政

---

① 王建:《军队在埃及政治和经济秩序重建中的作用》,《阿拉伯世界研究》2016 年第 6 期;Omar Ashour, Collusion to Crackdown: Islamist-Military Relations in Egypt, https://www.brookings.edu/research/collusion-to-crackdown-islamist-military-relations-in-egypt/。

变,推翻了埃及君主制,但是与企图建立政教合一的穆兄会不同,纳赛尔主张世俗的社会主义模式,两者关系迅速恶化,政府开始不断打压穆兄会,使得该组织的意识形态分裂出了两股势力,一股是温和派;另一股则是极端派。在萨达特继任后,穆兄会作为非正式政党重回政坛,但始终无法夺得政权,直到爆发"一·二五"革命,穆巴拉克政权被推翻,穆兄会才有机会崛起,成为埃及最大政治力量。

2011年,穆兄会组建的"正义与自由党"正式加入议会,2012年,该党在议会中获得235席成为第一大党。同年,该党主席穆尔西参与总统选举,成功当选为首位非军人"民选总统"。穆兄会与军方一直以来都处于一种互相制约抗衡的关系。穆兄会与军方不可避免地在制宪、总统选举法制定等问题上产生矛盾,但均认可对方是埃及政坛的重要力量并彼此尊重,保持一定程度的默契。

除了穆兄会,还有一股较有影响力的穆斯林势力是萨拉菲派势力。根据萨拉菲派行为方式的不同,当代萨拉菲主义可分为政治萨拉菲主义、传统萨拉菲主义和"圣战"萨拉菲主义这三个主要流派。随着中东剧变、伊斯兰力量的崛起,萨拉菲派内部分化日益严重,原本主张不参与政治的萨拉菲派中的一部分开始转变理念主张参政。在埃及,穆巴拉克政权被推翻后,数个过去被政府镇压的萨拉菲派别开始崭露头角,光明党、美德党以及真源党相继成立,其中,光明党于2012年成为议会第二大党,穆兄会和光明党在穆尔西参与总统竞选时进行了短暂的合作,穆尔西当选后并未实现当初对光明党的承诺,因此,光明党与穆兄会彻底决裂。2013年军方政变后,埃及萨拉菲派分裂严重,主要分为两大阵营,一方坚持传统伊斯兰教法而另一方则主张放弃一些"旧"伊斯兰意识形态。①

(三)自由世俗派

自由世俗派是这三股势力中力量最为薄弱的一方,该派主张务实治国,政教分离,比较推崇西方的价值观。在2011年发生的"阿拉伯之春"运动的影响下,民众自发进行大规模的示威游行,将执政30年的穆巴拉克赶下台,其中的一股

① 包澄章:《中东剧变以来的萨拉菲主义》,《阿拉伯世界研究》2013年第6期;刘中民、俞海杰:《"伊斯兰国"的极端主义意识形态探析》,《西亚非洲》2016年第3期。

主要势力就是自由世俗派，但其主张缺乏广泛的群众支持，始终无法成为带领埃及走出困境的领袖。军方主导着埃及后权威时代的政治过渡，自由世俗派在2011年底的埃及议会选举和2012上半年的总统选举中未受到选民青睐，穆兄会则凭借深厚的群众基础和强大关系网络在动荡中崛起。在代表伊斯兰势力的穆尔西被选为总统后，他未能为埃及的社会问题带来解决之道，反而不断发展穆斯林势力，排挤自由世俗派和其他政治势力，再一次激化了社会矛盾，自由世俗派作为最主要的反对者走上大街示威，不少失业民众也纷纷加入游行，这位满载着人民希望的“民选”总统时任一年之后，又因辜负人民的期望而下台。①

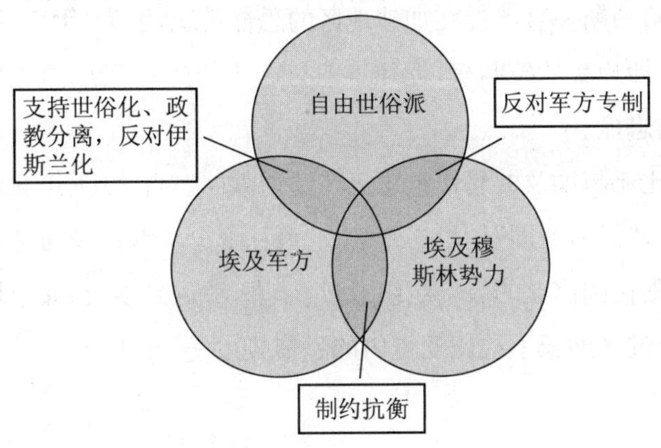

图 3-1　埃及政治势力

三方势力对埃及政权的争夺，导致埃及一直处于政权动荡的状态，未对恐怖势力实施有效打击，使得恐怖组织在缝隙中不断壮大，其中最为猖狂的就是西奈半岛的恐怖势力，新的政府也开始加大对该地区的反恐力度。

自塞西上台以来已经多次宣布延长全国紧急状态。埃及民众普遍支持政府延长紧急状态的做法，期望恐怖活动尽快得到遏制，以使国家形势恢复稳定，过上安定的生活。恐怖势力在埃及日益深入，国内频频发生恐袭，塞西采取的是强硬的武力措施，比如今年发动了“西奈2018”反恐行动，以打击猖獗的恐怖分子，但遭到了恐怖组织更为强烈的反扑。②部分穆兄会成员逐渐走向极端化，如果不

① 王猛：《后威权时代的埃及民主政治建构：回顾、反思与展望》，《西亚非洲》2013年第3期。

② 《埃及反恐形势依然严峻》，《人民日报》2018年1月4日；Egypt launches unprecedented assault against Isil militants on Sinai peninsula，https://www.telegraph.co.uk/news/2018/02/09/egypt-launches-unprecedented-assault-against-isil-militants/。

停打压，这个庞大的组织恐将成为极端恐怖组织，更可能与外来恐怖势力合成一股，严重威胁埃及的国家安全。

埃及的反恐形势对周边地区也产生了扩散，比如加沙地区。“伊斯兰国西奈省”宣称要将以色列消灭，而加沙地带就成了他们活跃的地区，该地带就在以色列和西奈半岛之间。2007 年，以色列和埃及都对哈马斯控制的加沙地带实施了封锁，导致加沙地带和西奈半岛的交界处成为武器走私的核心地带，助长了恐怖主义的壮大。如今控制加沙地带的则是穆兄会的一个分支——哈马斯组织。哈马斯与西奈恐怖组织一直保持着若即若离的关系。尽管他们在走私上存在着共同利益，但是哈马斯一直严控在加沙地区的恐怖组织，因为“伊斯兰国西奈省”一直企图夺取加沙地带的控制权，近几年来与哈马斯交火不断，这无疑也增加了加沙地带居民的恐慌。

此外，利比亚与埃及的恐怖组织也在暗通款曲。自 2011 年起利比亚就一直处于内战之中，“伊斯兰国”伺机扩张建立“利比亚分支”，埃及西部沙漠地带与利比亚接壤，盘踞在利比亚的恐怖组织通过该地区渗透到埃及，如今埃及恐怖势力愈发猖獗又反过来助长了利比亚境内的恐怖势力。

三、反恐为何难以见效？

埃及政府发起“猎鹰行动”、颁布新反恐法等一系列措施似乎并未起到作用，埃及反恐为何效果不佳？以对西奈半岛恐怖组织的打击为例，主要原因有以下几个方面：

（一）埃及驻西奈半岛军事力量薄弱

埃及尚未完全掌握西奈半岛的主权，在西奈半岛兵力不足，而埃及西奈半岛的恐怖势力猖獗，拥有精良的装备和丰富的作战经验。在 1978 年埃以签署的《戴维营协议》中要求以色列将西奈半岛归还给埃及，协议还限制了埃及在西奈的驻军人数、位置，因此在西奈半岛驻扎的埃及军队的军事力量十分有限，难以与日益壮大的恐怖势力抗衡。盘踞西奈半岛的极端势力主要分为两种,一是伊斯兰极端组织,还有当地的武装分子,当中势力较为强大的还属“伊斯兰国西奈分支”,自 2011 年以来埃及政局一直处于动荡之中,对于大量武器的走私问题并未重视。这些来自埃及周边国家的武器有不少落入了恐怖组织和当地武装分子的手中。其中,“西奈分支”就掌控了其中的大部分,他们不仅有精良的装备还有周密的多点袭击作战策略,使得西奈半岛的恐怖势力无法得到彻底的遏制。①

(二)埃及对西奈半岛及原住民采取的政策偏差

埃及长期封闭西奈半岛,导致该地区经济发展滞后,加上对原住民贝都因人采取边缘化政策,使得反恐更加艰难。因为历史原因,当地的贝都因人一直都无法获得埃及公民的身份,缺乏就业机会,只能依靠游牧来勉强维持生计,不少原住民为了生存而加入极端组织,他们从事各种违法活动以获取巨额利益。塞西上任后采取了更为强硬的政策,逮捕了大量有协助恐怖组织嫌疑的西奈居民。政府采取了不当的囚禁政策,将这些贝都因人与伊斯兰极端分子囚禁在一起。他们在狱中深受极端主义的影响而变得极端化,并加入极端组织。同时,政府为了打击恐怖分子,将岛上许多居民的家园拆除,居民被迫搬迁,而政府却并未给予他们任何补贴。埃及政府的种种举动引发了原住民的不满,不少贝都因人被激怒,成为反政府武装分子,他们对当地情况极为熟悉,可以毫不费力地躲过政府的打击,这也加大了埃及政府的反恐难度。②

(三)政府治理能力孱弱

埃及政府在治理国家方面能力还是不够的,加上周边国家局势动荡,无法联合起来有效打击恐怖组织。埃及政府的治理能力一直受到发展艰难、安全脆弱

① 刘中民、赵星华:《埃及西奈半岛极端组织浅析》,《国际研究参考》2015 年第 12 期。

② 刘中民、赵星华:《埃及西奈半岛为何沦为极端组织的“温床”》,《解放日报》2017 年 11 月 27 日;《外媒称部落犯罪与恐怖主义沆瀣一气:埃及难以应对困局》,http://www.cankaoxiaoxi.com/mil/20180425/2263690.shtml。

以及二者之间恶性循环的考验，而诸多极端组织的存在和IS的渗透，均严重威胁到埃及的国家与社会安全。塞西上台后，埃及政权才刚刚稳定，在经济、民生等方面政府需要花很长一段时间来恢复，无法集中精力有效打击恐怖分子。埃及邻近利比亚、苏丹，利比亚和苏丹陷入战争之中，恐怖组织借机渗透，活跃在埃利、埃苏边境。

埃及学者和政治家都认为，军事手段并非目的，要想彻底改变西奈半岛乃至整个埃及的安全和社会环境，还得依靠经济发展。另外塞西应为当地修建更多基础设施来改善居民的生活条件，给贝都因人提供更多优惠政策，改善政府与当地部落的关系，通过这一系列手段来减少贝都因人对政府的敌意，让他们放弃武装斗争，尽可能地帮助政府来反恐。埃及政府还需加强自身军事实力和装备。据《华盛顿邮报》2018年2月5日的报道，几个月来，以色列与埃及合作，秘密空袭了在西奈半岛北部活动的恐怖组织。[①]想要彻底消灭恐怖组织，埃及还需要加强与周边国家的合作，共享情报和反恐经验，积极参与国际联合反恐。

（刘伟伟　教授；沈雪妍　上海政法学院学生）

① 《以军战机轰炸西奈半岛？外媒：埃以秘密结盟联手反恐》，《参考消息》2018年2月13日，http://www.cankaoxiaoxi.com/mil/20180213/2255676.shtml。

第四章　欧洲国家的恐怖主义活动及相关反恐措施

恐怖主义威胁是目前欧洲面临的首要安全风险。2017年，法国、英国、德国、瑞典、芬兰、希腊、意大利、比利时、西班牙等国相继发生了多起恐怖袭击，令整个欧洲风声鹤唳。2017年，欧洲的恐怖主义主要表现出两大特征：一是受中东地区恐怖主义外溢的影响，源自欧洲的中东武装分子（“外国战士”）大批回流制造恐袭；二是低成本、难防范的本土“独狼”袭击成为主要的恐袭方式，尤其多发生于人口密集的城市。这些特征的出现，是目前欧洲内部与外部多种因素共同作用的结果。针对恐怖主义新态势，欧洲在国家层面、欧盟层面以及国际层面推出了相应的反恐政策与举措，但也受制于不少合作机制与政策执行上的桎梏，令反恐之路任重而道远。

一、欧洲恐怖主义的历史与现状

欧洲与“恐怖主义”有着特殊的历史渊源。尽管作为一种极端破坏性行为，恐怖主义已经存在了2 000多年之久，但“恐怖主义”（terrorism）一词最早则是出现在18世纪末的法国大革命期间。以罗伯斯庇尔为首的雅各宾派为保卫新生的共和政权，使用血腥手段镇压反对派，史称“红色恐怖”。这种国家性质的恐怖主义作为革命的必要手段，在当时具有合法性。此后的200多年里时移势易，恐怖主义的动机、筹资机制、攻击方式以及实施目标都在不断变化，恐怖主义本身也早已被公认为是非法非人道的人类公敌。然而，由于各国在政治制度与政治立场上的差异与对立，国际社会始终无法形成一个公认的"恐怖主义"共识，①令国际反恐事业室碍难行。欧盟作为当今世界一体化程度最高的区域性组织，反恐合作尽管早于其他地区，却也因成员国对"恐怖主义"的理解缺乏共识而难有突出的成效。

（一）欧洲恐怖主义的历史回顾

以"恐怖主义"一词的出现为起点，欧洲的恐怖主义经历了近代、现代和当代三个时期的变化：

（1）近代（19世纪后期—20世纪中期）。当时的欧洲普遍实行君主制，一些反对君主统治的政治团体或仇视王室的无政府主义者为了表达政治诉求，针对王室成员实施绑架或暗杀。例如：1881年俄国沙皇亚历山大二世遇刺、1898年奥匈帝国皇后茜茜公主遇刺、1908年葡萄牙国王卡洛斯遇刺，以及成为一战导火索的1914年奥匈帝国王储斐迪南大公遇刺。

（2）现代（20世纪60年代—21世纪初）。这一时期的恐怖分子来源混杂，既有60年代非殖民化过程中的民族主义者，也有70年代本土的分离运动和极左极右组织，如代表种族民族主义和分裂主义的爱尔兰共和军（IRA）、西班牙巴斯克埃塔（ETA）；属于左翼极端主义的意大利红色旅、德国红军旅等；80年代的中东恐怖组织以及90年代的伊斯兰极端组织（如："基地"组织、车臣恐怖分子）等。恐怖势力的复杂多元化导致恐袭数量飙升，20世纪70—80年代达到顶峰，其间每年超过400人死于恐袭，相当于过去5年因恐袭死亡人数的两倍②；同

---

① 据Jonathan Matusitz对全世界超过200种"恐怖主义"定义梳理后认为，最普遍接受的"恐怖主义"定义是：因政治的、宗教的或意识形态的原因，对非战斗目标使用暴力制造恐惧，以实现对一个团体、事业或个人最大程度的宣传。参见Jonathan Matusitz，*Terrorism and Communication*，SAGE，2012，P.4，https://www.sagepub.com/sites/default/files/upm-binaries/51172_ch_1.pdf。

② Florence Gaub，"Trends in terrorism，" EU publications，2017-03-20，https://publications.europa. eu/en/publication-detail/-/publication/eecd6c2b-0e03-11e7-8a35-01aa75ed71a1/language-en/format-PDF/source-70633606.

时,更多平民成了恐怖主义的牺牲品,欧盟也正是在此期间为应对 1976 年慕尼黑奥运会的人质危机而成立了旨在整合跨国力量打击恐怖主义、培训警察和维护核基地安全的 TREVI(Terrorism, Radicalism, Extremism and Political Violence)小组,并以此为框架开始了内部反恐合作。

(3) 当代(2001 年"9·11"事件至今)。进入 21 世纪后,欧洲逐渐沦为了伊斯兰极端势力全球扩张的重灾区,特别是 2015 年巴黎恐袭事件后,IS 作案成为了欧洲的"新常态",由此也迫使人们更加关注欧盟的反恐合作进程。根据恐怖主义的发展特点,当代欧洲的恐怖主义又可分成三个阶段:

① 以本土个案为主的发端期(2001—2005 年)。"9·11"之后,欧盟一度反应迅速,仅 10 天后的 9 月 21 日,欧洲理事会就在特别会议上宣布将打击恐怖主义列为欧盟的优先目标。[①]但此后两年内由于未受重大恐袭威胁,欧盟对于恐怖主义的认知并未有实质性变化,仍将其视为内部治安问题,反恐行动也只针对内部的恐怖主义。2004 年的马德里"3·11"连环爆炸案成了一个转折点,事件导致 191 人遇难、1 800 多人受伤,成为西班牙历史上最严重的一次恐袭事件;2005 年的伦敦地铁爆炸案[②]再次震动欧洲。虽然两起事件都与伊斯兰极端组织没有直接联系,属于本土个案,但欧盟为此调整了政策优先级,推出了第一份正式的反恐战略。

② 以"基地"组织为主的激进期(2006—2013 年)。这一时期欧洲零星地发生各种类型的恐袭,大多是"独狼"作案,有显著的激进化倾向,但直接来自伊斯兰极端组织的恐怖活动尚未形成气候。2012 年 3 月 19 日,一名自称"基地"组织成员的男子穆罕默德·梅拉赫在法国图卢兹地区射杀 2 名士兵、3 名犹太学生和 1 名教师;2013 年 5 月 22 日,两名与"基地"组织有关的极端分子在伦敦街头开车撞倒并刺死一名英国士兵;不过相比之下,挪威人布雷维克的独狼袭击更具"杀伤力",他在 2011 年射杀了挪威于特岛上的 77 名青少年,而其动机则是与国际恐怖组织无关的极右翼思想。因此,这段时间欧洲的关注点更多是在理解

---

① European Council, Conclusions and Plan of Action of the Extraordinary European Council Meeting on 21 September 2001, https://www.consilium.europa.eu/media/20972/140en.pdf.

② 2005 年 7 月 7 日,4 名受"基地"组织指使的英国人在伦敦三列地铁和一辆双层巴士上引爆自制炸弹,造成 52 人死亡、700 多人受伤。

恐怖主义的根源问题，处置行动仍是“个案应激型”的。

③ 以IS为主的频发期(2014年至今)。2014年，IS恐袭开始取代其他形式恐袭，成为欧洲的头号杀手，加上回流的中东武装分子，使本土恐袭频发。从2013年开始，一些欧洲人陆续前往中东加入IS，成为其“外国战士”(foreign fighters)，这一趋势在2014年6月伊拉克极端组织宣布建立IS后加速，然后两股势力互相帮衬，在欧洲制造恐怖袭击。2015年1月，3名与也门“基地”组织和IS有关的恐怖分子以专业的手法袭击了《查理周刊》(Charlie Hebdo)巴黎总部，致12死11伤；11月，IS制造了法国自二战以来最严重的恐袭事件，致130死、352伤。这两起案件都是由IS组织、“外国战士”协助实施的；2016年3月，布鲁塞尔机场和地铁站发生爆炸，则是由“外国战士”主导的恐怖分子网络所发动，造成31死、270伤。大部分国家都在恐袭之后实施了紧急状态法，并将构建本国反恐体系置于优先等级。

(二) 欧洲恐怖主义的现状

根据经济与和平研究所(IEP)发布的《全球恐怖主义指数2017》(GTI 2017)显示，2016年是经合组织(OECD)成员国自1988年以来恐袭致死人数最多的一年，2017年恐袭致死人数相比2016年有明显下降。[①]从欧盟来看，恐袭的高峰在2014年(共226起)，此后两年逐年下降：2015年193起，2016年142起，但2017年又有明显回升(205起)。以逮捕为例，2014年共逮捕774人，2015年1 077人，2016年1 002人，2017年975人；2017年逮捕人数最高的三个国家分别是法国(411)、英国(168)和西班牙(91)，[②]与其当年的恐袭形势成正比。IS最具破坏力，据欧洲刑警组织(Europol)公布的数据显示，近几年欧洲有5 000多人前往中东，成为IS或其他极端伊斯兰组织的“外国战士”，目前1/3(大约1 700人)已经回国，其中丹麦、瑞典和英国的返回量达到一半。可以确定的是，欧洲恐袭数

① Institute for Economics & Peace, Global Terrorism Index 2017: Measuring and understanding the impact of terrorism, P.3, http://visionofhumanity.org/app/uploads/2017/11/Global-Terrorism-Index-2017.pdf.

② Europol, TE-SAT 2018, P.10, https://www.europol.europa.eu/activities-services/main-reports/european-union-terrorism-situation-and-trend-report-2018-tesat-2018.

量的反弹与“外国战士”的回流直接相关，仅在2017年，德国起诉的涉恐案件就增加了近4倍，其中约800起与伊斯兰激进分子有关。[①]随着IS在中东地区的式微，它正利用这批回流的武装人员，直接策划或煽动“独狼”在欧洲各个人口密集的城市中心和交通枢纽发动针对平民的、手段简易的（主要使用简易爆炸物、车辆、刀具以及小型枪支武器等）、杀伤力强的袭击事件。2017年，欧洲共发生至少33起这种类型的重大恐袭事件（见表4-1），其中，法国共发生11起，挫败20起。[②]2017年11月，巴黎恐袭两周年前夕，《星期日周报》公布的一项IFOP民调显示：92%的法国人认为法国遭受恐袭的威胁仍然很大。其次是英国，共发生6起，挫败9起，[③]造成37人死亡。

表4-1　　2017年欧盟重大恐袭事件[④]

序号	时　间	地　点	事件概况	工具	死伤情况
1	2月3日	法国巴黎	一执行维安巡逻的军人在卢浮宫附近遭持刀袭击	刀	0死1伤
2	3月18日	法国巴黎	一男子在奥利机场射伤一名女警并抢夺一女兵的枪，后被机场巡逻士兵杀死	枪支	0死1伤
3	3月21日	意大利福贾	一穆斯林移民先用汽车冲撞警察，后用小刀袭警	汽车和刀	0死1伤
4	3月22日	英国伦敦	一英国公民驾驶一辆租来的轿车在威斯敏斯特桥上撞击行人，后冲击议会大厦并刺死一名警员，后被警察击毙	汽车和刀	6死50伤
5	4月7日	瑞典斯德哥尔摩	一乌兹别克移民劫持卡车驶上商业街冲撞行人	汽车	5死14伤
6	4月19日	希腊雅典	一欧元银行遭袭	爆炸物	0伤亡

① Colin P. Clarke, “All for One and One for All: Toward a Coordinated EU Approach on Returnees,” https://www.rand.org/blog/2017/11/all-for-one-and-one-for-all-toward-a-coordinated-eu.html.

② “Vingt attentats déjoués en 2017, annonce Gérard Collomb,” Europe 1, 2018-01-08, http://www.europe1.fr/politique/vingt-attentats-dejoues-en-2017-annonce-gerard-collomb-3540677.

③ “Nine terrorist attacks foiled in past 12 months, MI5 chief Andrew Parker tells Cabinet,” The Telegraph, 2017-12-05, https://www.telegraph.co.uk/news/2017/12/05/nine-terrorist-attacks-foiled-past-12-months-mi5-chief-andrew/.

④ 根据网上资料整理。

（续 表）

序号	时 间	地 点	事件概况	工具	死伤情况
7	4月20日	法国巴黎	一男子在香榭丽舍大街向一辆路边警车开枪	枪支	1死2伤
8	4月27日	法国留尼汪岛	一极端分子向两名警察开枪	枪支	0死2伤
9	5月18日	意大利米兰	一穆斯林武装人员在米兰火车站行刺3名旅客	刀	3伤
10	5月22日	英国曼彻斯特	一出生于曼彻斯特的利比亚人后裔使用自杀式炸弹袭击参加曼彻斯特体育馆演唱会的群众	爆炸物	22死59伤
11	6月3日	英国伦敦	一小货车在伦敦桥上冲撞行人，随后3人在附近的博罗市场持刀行凶，被警察击毙	汽车和刀	8死48伤
12	6月6日	法国巴黎	一阿尔及利亚人手持锤子袭击巴黎圣母院警卫，且携带刀具	锤子	0死1伤
13	6月13日	德国慕尼黑	一男子在地铁站抢夺一女警手枪并向她及其他人开枪	枪支	
14	6月18日	英国伦敦	一货车冲撞芬斯伯里公园清真寺附近人群	汽车	1死10伤
15	6月18日	法国洛特—加龙	一年轻圣战者高呼真主至上，刺伤一名法国农夫	刀	0死1伤
16	6月19日	法国巴黎	一载有枪支武器和爆炸物的雷诺汽车在香榭丽舍大道上突然冲向宪兵部队的巡逻执勤车	汽车	1死0伤
17	6月20日	比利时布鲁塞尔	一男子引爆自杀式爆炸腰带，被执勤士兵当场枪毙	爆炸物	0伤亡
18	6月30日	奥地利林茨	一激进穆斯林对一对老年夫妇实施割喉	刀	2死0伤
19	7月17日	意大利米兰	一移民袭警并高呼真主至上		0死1伤
20	7月28日	德国汉堡	一企图杀死基督徒的男子冲进一家超市袭击5人	刀	1死4伤
21	8月9日	法国勒瓦卢瓦佩雷	一非法移民开车冲撞一群士兵	汽车	0死6伤

（续　表）

序号	时　间	地　点	事件概况	工具	死伤情况
22	8月17日	西班牙巴塞罗那	一恐怖分子刺死一男子	刀	1死
23	8月17日	西班牙巴塞罗那	一穆斯林司机驾驶货车在商业步行街兰布拉斯大街上冲撞行人并来回碾轧	汽车	14死130伤
24	8月17日	西班牙坎布里尔斯	5名圣战者用卡车冲撞人群，并刺死一名女性	汽车和刀	1死6伤
25	8月18日	芬兰 Turku	一恐怖分子沿街刺死两名女性	刀	2死6伤
26	8月25日	英国伦敦	一男子高呼真主至上，开车冲撞一群警察并用剑猛砍对方	汽车和剑	0死3伤
27	8月25日	比利时布鲁塞尔	一索马里难民用弯刀袭警，并高呼真主至上	刀	0死2伤
28	8月31日	瑞典斯德哥尔摩	一穆斯林移民刺伤警察脖子	刀	0死1伤
29	9月14日	法国图卢兹	一男子高呼真主至上，残暴袭击4名路人和3名警察	刀	0死7伤
30	9月15日	英国伦敦	一圣战者小组在市中心早高峰时段的地铁上引爆燃烧弹	爆炸物	0死29伤
31	10月1日	法国马赛	一男子在火车站对两名女性割喉并高呼真主至上	刀	2死0伤
32	11月10日	法国图卢兹	一男子驾车在一所商校门口蓄意冲撞人群	汽车	0死3伤
33	12月31日	德国柏林	一23岁叙利亚难民在地铁站袭击一名他所认为的“异教徒”	刀	0死1伤

二、欧洲恐怖主义的新特征及其原因

2017年，欧洲恐怖主义事件呈现出一些明显的新特征，主要表现在恐袭实施者、实施时机、实施手段及后果上。这些新特征除了与国际伊斯兰极端势力本身有关外，还与当前欧洲内部错综复杂的政治生态环境以及欧洲在对外政策上的表现有关。

(一)欧洲恐怖主义的新特征

(1) 实施者方面,IS结合欧洲回流“外国战士”发动恐袭成为新特征。IS无疑是当前欧洲的头号恐怖组织,据英国简式恐怖主义与叛乱活动情报中心(Jane's Terrorism and Insurgency Centre,JTIC)统计,该组织从2015年11月到2018年1月共制造了36起各种类型的恐怖袭击,导致至少327人死亡,1 376人受伤。①2017年发生的恐袭中虽然仍是传统恐怖主义占了大宗(分裂主义67%、激进组织恐袭16%,极左12%、极右3%),②但重大恐袭事件大多是有中东经历或受到IS极端思想毒害的极端分子所为,这与2016年的情况有所不同:当年欧盟8国(英国、法国、意大利、西班牙、希腊、德国、比利时和荷兰)报告的142起恐袭事件中,99起来自民族分裂主义分子,27起来自左翼暴力极端分子;③而2017年光逮捕类别来看,涉嫌圣战恐怖主义的人数就占到总数(975人)的72.3%(705人),这一数据还不包括逮捕量位居第二的英国(未提供对象分类)。④

由于欧洲在中东地区的“外国战士”数量众多且随着IS在中东势力范围的收缩而大量回流,因此成了IS在欧洲扩张的有力抓手,两者结合,在欧洲实施恐怖活动。目前两者实施恐怖袭击主要有三种方式:第一种是IS组织、“外国战士”实施的恐袭,如2015年的巴黎恐袭;第二种是“外国战士”主导的恐袭,如2016年的布鲁塞尔恐袭;第三种是IS通过互联网灌输极端思想并煽动其追随者在本土实施“独狼”袭击,包括身在中东战区的欧洲籍“外国战士”利用网络招募、教唆那些身处国内的激进分子直接在本国采取行动。所有这些方式使得当

---

① "European terrorism forecast: Trends in Islamist militancy in 2018," Jane's IHS, http://www.janes.com/images/assets/651/77651/European_terrorism_forecast_Trends_in_Islamist_militancy_in_2018.pdf.

② Europol, TE-SAT 2018, P.9.

③ Europol, TE-SAT 2017, P.10, https://www.europol.europa.eu/tesat/2017/trends.html.

④ Europol, TE-SAT 2018, P.55, https://www.europol.europa.eu/activities-services/main-reports/european-union-terrorism-situation-and-trend-report-2018-tesat-2018.

前的恐怖威胁极为分散,不易监控。

(2) 实施时机方面,2017 年的恐袭高发期集中在 6—8 月,共发生 18 次严重恐怖事件,超过全年总量的一半。考虑到该时段是欧洲国家的旅游高峰期,因此更加容易产生实施者想要的恐怖效应;而每年的穆斯林斋月期间和圣诞新年也是全球恐袭的高发时段。据统计,2017 年,全球斋月期间以 IS 名义发动的恐袭共计 174 次,致约 1 600 人死亡。5 月 7 日,“伊斯兰国”发布了一段名为“我们定将它们导向我们的路”(We Will Surely Guide Them To Our Ways)的 45 分钟视频,其中就有多名来自英国、比利时的极端分子,号召西方圣战者以平民为目标,利用卡车或刀具在欧洲发动“独狼”袭击。随后,英国在 5 月 22 日发生了曼彻斯特爆炸案,被视为斋月恐袭的序曲,该事件造成 22 人死亡、59 人受伤,成为英国自 2005 年以来最大规模的恐袭案,后又于 6 月 3 日和 6 月 19 日分别发生两次恐袭事件,共造成至少 7 人死亡、60 余人受伤。

此外,恐怖分子大多选择在欧洲主要城市的人流密集场所,包括:公共集会场所,如演唱会、体育场、剧院或集市等,以及交通枢纽,如机场、火车站或轨道交通站点等,这些场所易攻难守,易引发大规模伤亡和恐慌效应。

(3) 实施手段方面,以“独狼式”即兴低技术袭击为主。从表 4-1 不难看出,2017 年的 30 余起恐怖事件中除 4 次使用枪支、4 次使用爆炸物(主要是自制炸弹等简易爆炸装置)外,其余作案工具全部为汽车和刀具。自 2016 年 7 月法国国庆日尼斯货车冲撞人群事件后,这种方式被大量复制。由于汽车和刀具容易获取且操作简单,不易被事先发觉,因此大大降低了成本,特别适合“独狼式”袭击者和小规模组织。据悉,大多数欧洲恐袭的总费用都小于 1 万美元,①这就意味着大多数恐袭靠自筹资金就能完成,无需外部资助,也就能躲避被资金监控的风险。与此同时,由恐怖分子周密策划的袭击正在逐渐增加,如 2017 年 5 月 22 日英国曼彻斯特爆炸案,恐怖分子使用自杀式炸弹,精准锁定了演唱会散场时引爆炸弹,让袭击的杀伤力发挥到极致。

(4) 实施后果方面,恐袭的后续效应在加大,主要表现在三个方面:一是伤

① Institute for Economics & Peace, Global Terrorism Index 2017: Measuring and understanding the impact of terrorism, P.5, http://visionofhumanity.org/app/uploads/2017/11/Global-Terrorism-Index-2017.pdf.

亡数量大。仅英国一国在2017年恐袭中就有至少29人死亡、200人受伤；法国则至少4死、24伤。同时，恐袭涉及西欧、北欧及中欧的至少10个国家，影响广泛。二是影响面大。借用经济学术语，就是恐怖分子善于制造"注意力经济(attention economy)"或者说"眼球经济"。换句话说，虽然各种恐怖主义指数报告显示，发生在欧洲的恐怖事件相比其他地区，总量不算大，但由于互联网时代传播的现场性和扩散性，以及恐怖分子对特殊时机和地点的选择，使得其对欧盟产生的效应被几何级放大。通过最大限度地引起欧洲乃至全世界的关注，IS不仅可以维持自己的形象，更能形成宣传效应，鼓舞自己的追随者继续战斗。三是欧盟反应大。面对恐怖袭击的高频率和新形式，欧盟及其成员国也在近几年加快了反恐建设步伐，从21世纪初期的"个案应激型"处置方式转变为现在的"积极防御型"反恐合作，力图打造一条完整的欧洲安全"保护链"。

(二) 恐怖主义新态势背后的原因

2017年，欧洲恐怖袭击频发且呈现出新态势，其背后的原因既涉及全球伊斯兰极端势力的生存状况、中东地区恐怖主义和极端思想对欧洲的渗透，也与欧洲近年来的中东政策、经济滑坡与难民危机、极右翼势力抬头等内部因素相关。

1. IS的本土败退与战略转移

任何组织的生存发展都存在一个相似的周期，IS也不例外。该组织原是"基地"组织在伊拉克的一个分支，2011年后，西方为了转嫁内部危机，从北非到中东，一路搞和平演变，并挑起利比亚内战推翻卡扎菲政权，IS就是在这一过程中靠着西方的支持发展起来的，此后为了壮大组织，向全球扩张，因此，IS在欧洲的持续存在也是其全球扩张战略的一部分。2017年的变化在于，IS在美、欧、俄等多国的地空打击之下，在中东战场全面溃败，不仅丧失了在叙利亚和伊拉克境内的全部主据点，而且领导层和大批组织成员也被歼灭。据未证实的消息称，该组织的最高领导、"哈里发"阿布·巴卡尔·巴格达迪也在2017年7月死于俄罗斯军队的空袭之中。在这种情况下，IS为了维持生存，势必要向外扩张，将阵地转移到世界其他地方。据估计，来自120个国家的4万多名"外国战士"已经离开中东地区,其中就有约 7 000 名欧洲圣战者,这些人回去后选择在本国或第三国人口密集的城市中心发动恐袭的可能性极大。①

2. 欧洲参与打击 IS 遭报复

"9·11"后,欧盟一直以积极姿态参与全球反恐事业,在"基地"组织、IS 集中的中东地区参与以美国为首的武装打击,因此遭到对方的报复。实际上,当年"基地"组织在联军猛烈空袭下濒临解体时就曾呼吁其追随者在伦敦、马德里及其他西方城市发动袭击;而发生在 2017 年的恐袭事件中,就有多次是恐怖分子对欧洲的报复式袭击,如 8 月 17 日发生在巴塞罗那市中心著名景区兰布拉斯步行街的货车冲撞人群事件,造成至少 14 人死亡,上百人受伤。袭击发生几小时后,IS 就宣布对事件负责,并称袭击是对以美国为首的打击极端组织联盟成员的报复。

3. 穆斯林的生存状态催生极端分子

欧洲生活着约 5 000 万穆斯林,大多为来自中东北非地区的移民,其中法国最多,约有 500 万,超过全国人口的 7%,其次是荷兰、德国、丹麦、瑞典、英国和意大利。如今这批穆斯林已经发展到了第二代,母语大多为某种欧洲国家的语言,具有欧洲国家公民身份,然而由于族群差异和移民政策等原因,这一群体仍长期游离于主流社会和文化之外。以法国为例,穆斯林移民受住房政策所限,被高度集中于特定社区,与主体社会隔离,教育资源差,辍学率、失业率、犯罪率"三高"。"9·11"后,缺乏归属感的青年穆斯林更加感受到种族歧视,于是经常借机发泄对社会的不满,2005 年 10 月的巴黎郊区骚乱就是一次不满情绪的集中爆发;2015 年初《查理周刊》袭击案后,"危险郊区"93 省的一所小学内 80% 的学生拒绝为遇难者默哀,并集体对抗主流论调;该省还有 60 多名本地青年去叙利亚参加"圣战",②说明处境恶劣的穆斯林很容易被宗教激进主义利用,演变成极端

---

① "The Changing Face of Terrorism," 2018-05-02, https://www.jltre.com/what-we-do/terrorism-political-risk-credit-and-crisis-management/insights/the-changing-face-of-terrorism.

② 胡文燕:《法国"城郊骚乱"十周年祭:迷失的郊区》,http://huwenyan.blog.caixin.com/archives/136375。

分子。据总体估算,目前英国有 2.3 万名极端分子,比利时有 1.8 万名,法国有 1.7 万名。①

4. 地理条件为恐怖分子创造了机会

欧洲毗邻北非,与中东接近,且由于欧盟内部大部分国家都参与了《申根协定》,因此在地理上给恐怖分子的流动提供了便利。边界的开放性带来的潜在威胁主要表现在三个方面:一是便于恐怖组织建立跨国“格状网络”。类似于当年被打散的“基地”组织在欧洲重新集结,IS 也在欧洲多国分解实施恐怖计划,比如 A 国招募人员,B 国筹集资金,C 国发动袭击,D 国提供后勤支持。二是便于“外国战士”回流。据分析,借道北非前往欧洲的“外国战士”(欧洲回流人员或第三国人员)很可能利用深夜乘小船进入欧洲边缘地区,如意大利西西里岛的阿格里真托(意大利语 Agrigento)附近海滩,或采取复杂线路并中途改变身份,掩护自己进入欧洲。②由于这也是难民经常采取的入欧途径,甄别难度大,因此加剧了恐怖主义的风险。三是难民潮为恐怖分子提供了掩护。欧洲难民潮始于 2015 年,据国际移民组织的报告,2017 年,经地中海进入欧洲的难民为 171 635 人,比 2016 年(363 504 人)减少了一半,基本脱离了“失控且被犯罪分子把持”的状态③,但危机并未得到根本性解决,难民的安置与融合都十分困难,导致激进分子不仅有机会对难民“洗脑”,而且不满自身处境的难民也可能因仇视社会而自我极端化,成为潜在的恐怖事件制造者。

5. 积压 10 年的内部问题成恐袭温床

自 2008 年全球金融危机和欧洲主权债务危机发生后,欧洲承受了长时间的纾困压力,为恐怖主义的兴风作浪提供了温床。尽管 2017 年经济情况有所好

---

① “‘Thousands’ of violent Islamists in Sweden: security police,” The Local, 2017-06-16, https://www.thelocal.se/20170616/thousands-of-violent-extremists-in-sweden-security-police.

② Kit Nicholl, “Ability of foreign fighters to enter Europe undetected indicates heightened risk of multi-site mass-casualty attacks in 2018,” IHS Jane's Intelligence Weekly, 2018-02-05, http://www.janes.com/article/77596/ability-of-foreign-fighters-to-enter-europe-undetected-indicates-heightened-risk-of-multi-site-mass-casualty-attacks-in-2018.

③ 《难民危机仍在“折磨”欧洲》,《人民日报》2018 年 1 月 16 日,http://world.people.com.cn/n1/2018/0116/c1002-29766223.html。

转，欧元区和欧盟经济增长 2.5%，增速超过美国(2.3%)，为 10 年来最好，[①]但英国脱欧后出现了高通胀和低投资，2017 年的经济增长仅 1.8%，为 2012 年以来最低；就业压力也并非如国民所愿，因“关门”而缓解；国民医疗体系(NHS)等社会福利面临严峻挑战；甚至在反恐局势恶化的情况下，警察局还被不断削减预算，以至于警方在过去 4 年里放弃了上百起案件的调查。[②]

移民和难民问题加剧了欧洲的内部矛盾。2017 年初，英国正式进入脱欧程序，受其鼓舞，西班牙加泰罗尼亚也在 10 月举行独立公投，虽然西班牙政府最终强行平息了这场危机，但对于欧洲一体化和欧盟内部的多民族国家治理都造成了不小的打击。在此背景下，传统的族群民族主义和分裂主义分子又活跃起来，极左极右势力也席卷欧洲政坛，特别是主张排外和脱欧的极右翼阵营对 2017 年欧盟多国的大选冲击很大，如法国极右翼政党“国民阵线”(法语 Front national)掌门人玛丽娜·勒庞(Marine Le Pen)险些问鼎总统宝座；意大利民粹主义政党“五星运动”(意大利语 Movimento 5 Stelle)虽然在地方选举中受挫，但赢得 2018 年大选的概率依然很大；荷兰极右翼自由党也在议会选举中挑战传统右翼自由民主党。

6. 反恐措施不力成欧洲恐袭软肋

不可否认，近几年欧洲国家的反恐能力和主动性都在增强，挫败的恐怖阴谋也越来越多，但城市反恐和国家合作的整体效果还不甚理想，其背后原因颇多：

首先，恐怖组织本身也在自我更新，正所谓“道高一尺，魔高一丈”，反恐措施常常滞后于变化多端的对手。恐怖分子利用电信伪基站、暗网、PS4 游戏、加密的社交软件等网络渠道交流信息、买卖武器等。囿于技术和信息保护制度，即便是专业技术人员也很难获悉、跟踪和解析通信内容。而低成本、低技术含量的“独狼”行动也使传统的通过监控武器和资金流动等手段甄别恐怖分子的反恐模式失去了用武之地。

---

① 《2017 年欧洲经济增速超过美国》，http://www.mofcom.gov.cn/article/i/jyjl/m/201802/20180202711193.shtml。

② 《欧洲反恐：漏洞颇多　困局难破》，http://www.xinhuanet.com/2017-09/21/c_1121701561.htm。

其次，财政预算削减导致安全设施和警力不足、监狱条件恶劣等令反恐事业雪上加霜。很多国家在热点地段监控不力，火车站、地铁站内缺少安检设施和监控探头，警察配枪率低。监狱状况也不容乐观，比如法国监狱严重超员，2017年3月的数据显示，总共关押囚犯69 430人，监狱平均容纳量高达118%，巴黎维勒班特看守所的占住率更是超过200%。[①]其结果是监狱成了聚众传播激进思想的场所。2015年巴黎《查理周刊》恐袭案的罪犯之一谢里夫·库阿什就是在监狱中结识了伊斯兰激进组织的重要头目库里巴利。

再次，欧洲的自由民主价值和人权制度也在一定程度上阻碍了反恐措施的实施，如2015年制造巴黎恐袭案的比利时男子在行动的前一晚曾被击伤了腿，但人权保护原则使其免于审讯，令警方错失了遏制事件发生的机会；而前一晚本该对200户家庭实施的搜查计划也因为受制于种种人权和搜查权利的保护，只完成了20多户。

另外，欧盟成员国担心过多地让渡主权会导致外部势力干涉内政，因此在共享情报方面也缺乏必要的信任。2016年，欧洲刑警组织系统中90%的信息仅由5个成员国提供，[②]严重阻碍了反恐合作的深入开展。

三、欧洲的反恐措施

正是由于欧洲严峻的反恐形势及其背后盘根错节的社会原因，迫使欧洲国家必须作出集体回应，建立强有力的反恐机制，从联盟层面到国家层面，采取全方位的反恐措施，以应对当前乃至未来欧洲面临的恐怖主义威胁。

（一）欧洲反恐的历史进程

欧洲的反恐进程主要在联盟和国家两个层面上展开。联盟层面上，反恐属

① 《法国监狱人满为患成恐怖分子培养皿》，《欧洲时报》2017年4月15日，http://www.oushinet.com/europe/france/20170415/260383.html。

② 《“007”面对恐袭也没辙，欧盟讨论是否需要一个FBI》，《欧洲时报》，2017年8月21日，http://www.oushinet.com/wap/europe/other/20170821/270152.html。

于欧盟第三支柱“刑事领域警务与司法合作”(PJCC)中的核心领域。“9·11”以前，由于恐怖主义多为各国内部的族群民族主义和分裂主义，反恐基本上是国家各自为政；欧盟层面上，主要以20世纪70年代的TREVI小组为合作框架，除了1977年欧洲委员会通过的《欧洲制止恐怖主义公约》(European Convention on thc Suppression of Terrorism)外，并无明确的反恐政策。这与欧盟成员国在相当长的一段时间里缺乏集体安全意识和行动力有关。

“9·11”以后，欧盟对恐怖主义的态度开始转变，相继出台了一系列反恐政策与措施，不过直到2005年推出《欧盟反恐战略》，反恐基本上都属于“危机驱动型”。2002年6月，欧洲理事会在《打击恐怖主义的框架决定》(2002/475/JH)中第一次明确了关于“恐怖主义犯罪”(terrorist offences)的共同定义。①2003年12月，布鲁塞尔首脑会议通过了第一份《欧洲安全战略》，首次将恐怖主义列为欧盟的三大战略威胁之一。②2004年1月，欧盟15国推出了一份恐怖组织“黑名单”和《欧洲逮捕令》(European Arrest Warrant, EAW)；马德里“3·11”爆炸案后又迅速出台了一揽子反恐措施，包括：效仿美国在“9·11”后成立国土安全部的做法而设置的“欧盟反恐协调员”(EU Counter-terrorism Coordinator, CTC)；将欧盟与其他国家的经济合作与反恐合作挂钩；加强国家间情报警务合作、边界控制、建立欧洲恐怖嫌疑犯数据库等。2005年法国重大恐袭事件后，欧盟推出了首份具有里程碑意义的《欧盟反恐战略》，明确了反恐的理念、原则及方向。

从2006年开始，欧盟的反恐措施开始指向中长期规划。2007年起，欧盟在它的“第七个研发框架计划(2007—2013)”(FP7)中开始实施一项“欧洲安全研究计划”(European Security Research Programme, ESRP)，③主要从事有关公

---

① “恐怖主义行为”指意图进行的行动将严重危害国家或国际组织，其可能使用的手段包括威胁大众、非适当之强制行为或破坏政治、宪政、经济或社会基础建设。参见：Council Framework Decision of 13 June 2002 on combating terrorism(2002/475/JHA) OJL 164, 22 June 2002, https://eur-lex.europa.eu/legal-content/EN/TXT/?uri=celex:32002F0475。

② European Security Strategy: A Secure Europe in a Better World, Brussels, 12 December 2003, https://europa.eu/globalstrategy/en/european-security-strategy-secure-europe-better-world.

③ ESRP全称“安全社会——保障欧洲及其公民的自由与安全”(Secure societies—protecting freedom and security of Europe and its citizens)，2007—2013年预算14亿欧元，来自欧盟“第7个研发框架计划”(FP7)的研发预算(532亿欧元)；2014—2020年预算17亿欧元，来自“地平线2020”(Horizon 2020，即FP8)的研发预算(770亿欧元)。

民安全、基础设施和公用事业安全、智能监控和边境安全，以及危机下的安全保障恢复等四项安全研究任务。2010 年，欧盟发布了第一份《内部安全战略》(Internal Security Strategy, ISS)及相应的行动计划，旨在充分尊重隐私权和个人数据保护的基础上，通过联盟层面的共同行动去解决主要的安全威胁，为此确立了五大战略目标：切断国际犯罪网络；预防恐怖主义并解决极端化和招募问题；提高网络安全水平；加强边境管理以及增强欧洲对危机与灾难的抵御能力。①

2014 年，容克(Jean-Claude Juncker)接任欧盟委员会主席后，欧盟的内外反恐合作加速，主动性也逐步增强。2016 年 1 月，欧洲刑警组织正式成立欧洲反恐中心(European Counter-terrorism Center, ECTC)，作为欧盟国家之间以及与第三方交换信息的枢纽机构。2 月，欧洲理事会(European Council)通过了《欧盟打击恐怖主义行动计划》。值得一提的是，2015 年巴黎恐袭后，欧洲反恐出现了一大转变，即增加了战争行动。要知道，"9・11"后的几年里，欧洲国家大多不认同美国军事反恐的做法，批评美国的全球反恐战争违反国际法；然而持续存在的恐袭威胁使欧盟放弃了以前的做法。巴黎恐袭后的两天，时任法国总统奥朗德就下令对叙利亚境内的 IS 指挥所和训练营实施空袭；2016 年尼斯恐袭后，奥朗德又下令将"戴高乐号"航空母舰调回地中海东部，加大对叙利亚和伊拉克的空袭，说明欧洲已经接受了反恐战争的做法。②另外，自 2015 年 11 月到 2017 年底，欧盟委员会一共公布了 12 份关于《欧洲安全议程》的执行方案报告，欧盟的反恐事业正在加快走向制度化和一体化。

(二) 欧盟的反恐措施内容

在经历了近半个世纪的渐进式发展后，欧盟基本上形成了一个以反恐战略为顶层设计、法律政策文件为基础、反恐机构为抓手、国际合作为辅助的反恐体

① European Commission, An open and secure Europe: making it happen, Brussels, 11 March 2014, pp.8—9, https://ec.europa.eu/home-affairs/sites/homeaffairs/files/e-library/documents/basic-documents/docs/an_open_and_secure_europe_-_making_it_happen_en.pdf.

② Anthony Dworkin, "Europe's New Counter-Terror Wars," ECFR Policy Brief, October 2016, http://www.ecfr.eu/publications/summary/europes_new_counter_terror_wars7155.

系，具体体现在以下几个方面：

1. 以战略为顶层设计的制度基础

作为欧盟反恐政策体系的组成部分，立法工作主要在三个层面展开：

首先是欧盟安全战略文件《欧洲安全议程》(The European Agenda on Security)，它的作用是贯彻欧盟委员会主席容克提出的安全领域的政治纲领，取代此前的《内部安全战略 2010—2014》，指出未来 5 年的优先事项是恐怖主义、有组织犯罪和网络犯罪。2015 年 6 月 10 日，欧盟理事会(Council of the European Union)出台了新的《内部安全战略 2015—2020》(Internal Security Strategy 2015—2020)，进一步提出了新的反恐重点：恐怖主义、与恐怖主义相关的激进化、人员招募及资金筹集，以及“外国战士”。为了实现反恐目标，成员国应采取一致的刑事司法对策。

其次是专门的反恐战略——《欧盟反恐战略》(The European Union Counter-Terrorism Strategy)，它由欧盟反恐协调员草拟并于 2005 年被欧洲理事会正式采纳。这一战略的重大意义在于对原属各国内政的反恐事业给予了联盟层面上的支持，使之成为欧盟的共同安全政策。《欧盟反恐战略》开篇表明了欧盟的反恐原则：反恐与尊重人权并重，打造一个更加安全的欧洲，给予公民一个自由、安全、公正的生活环境。原则之下，明确了反恐的四大支柱：预防、保护、追捕和应对，①并指出反恐的主要责任在成员国，欧盟则是从四个方面——加强国家能力、促进欧洲合作、发展集体能力和推动国际合作——给予成员国支持。与大多数“危机主导型”的反恐立法一样，这份战略也有鲜明的后“9·11”时期本土恐袭的影子。

再次是围绕反恐战略的法律政策文件，它们在恐袭危机的驱动下不断推

---

① 四大支柱也称 PPPR 原则，包括：预防(Prevent)，即防范人们因激进化和恐怖分子招募而转为恐怖主义；保护(Protect)，即保护公民和基础设施，通过加强对边界、交通设施和关键基础设施的保护来降低遭受攻击的可能性。追捕(Pursue)，即追踪调查恐怖分子，阻断其计划、流动和交流；阻断其支持网络，断其资金来源，将其绳之以法。应对(Respond)，即以团结精神做好准备，管控恐袭后果，提高善后能力。参见 Presidency and CT Co-ordinator, The European Union Counter-Terrorism Strategy, 14469/4/05 REV 4, 30 November 2005, http://register.consilium.europa.eu/doc/srv?l = EN&f = ST%2014469%202005%20REV%204。

陈出新。①按照立法级别来看,依次包括:

(1)欧盟理事会的各种指令(Directive)、决定(Decision)等,如2002年的框架决定(2002/475/JHA)及其2008年的修正版(2008/919/JHA)主要界定了与恐怖主义有关的犯罪行为,要求成员国匹配国内立法,对这类犯罪采取最低刑罚。②

(2)欧洲委员会的各种通报(Communication)、执行报告等,如2007年的通报《加快打击恐怖主义》(Stepping up the fight against terrorism)罗列了落实战略的具体措施;2010年通报《欧盟反恐政策》(EU counter-terrorism policy)盘点了欧盟立法与政策的发展及未来挑战。2015年巴黎恐袭后,欧委会在未经效果评估的情况下加急推出了一份《打击恐怖主义的新指令提案》(A proposal for a new Directive on combating terrorism),重新界定了恐怖主义及其相关的罪行。③2016年布鲁塞尔恐袭后,欧盟委员会于4月20日发布了通报《为建立有效和真正的安全联盟铺平道路》;9月16日的《布拉迪斯拉发声明及路线图》(The Bratislava Declaration and Roadmap)则表示欧盟将尽一切可能支持成员国保障内部安全和打击恐怖主义,决不允许回到去年不受控制的移民流量,并进一步减少非法移民数量。从2015年11月到2017年底,欧盟委员会还公布了12份

① 欧盟的政策网络是由不同层次及效力的立法文件所组成的。从层次上看:第一层次是欧盟理事会的各种指令(Directive)、决定(Decision)、建议(Recommendation)、决议(Resolution)、结论(Conclusion)等,具有不同程度的法律效力;第二层次是欧盟委员会草拟的通报(Communication)、绿皮书(Green paper)等,具有通告性质;第三层次是其他类型的文件,如研究和出版物等,属于非正式文件。从效力上看:一是具有具体效力与个别效力的,如决定(Decision);二是不具有法律拘束力的,如立法提案(proposal)、建议(Recommendation)和意见(Opinion);三是适用于不特定当事人与不特定事实的一般性效力法律,如规章(Regulation)和指令(Directive)。其中,规章具有直接实施的法律效力;指令则仅指示成员国应达到何种效果,成员国必须将其转化成本国法律才能实施。

② EU rules on terrorist offences and related penalties, 2015-06-02, https://eur-lex.europa.eu/legal-content/EN/TXT/?uri=LEGISSUM%3Al33168.

③ 该提案引入的恐怖主义新形式包括:①出于恐怖主义目的在欧盟内外旅行;②通过后勤保障和物质支持,资助、组织和帮助这类旅行,包括提供枪支和爆炸物、住所、运输工具、服务、资产和货物;③接受针对恐怖主义的培训,执法部门将有可能调查和起诉可能导致实施恐怖主义犯罪的培训活动;④提供用于恐怖主义犯罪的资金以及与恐怖主义团体或恐怖主义活动有关的资金;⑤以恐怖主义为目的的招募、培训以及包括网络传播的恐怖主义宣传。Proposal for a DIRECTIVE OF THE EUROPEAN PARLIAMENT AND OF THE COUNCIL on combating terrorism and replacing Council Framework Decision 2002/475/JHA on combating terrorism, COM/2015/0625 final, 2 December 2015, https://eur-lex.europa.eu/legal-content/EN/ALL/?uri=CELEX%3A52015PC0625。

关于《欧洲安全议程》的执行方案报告。

（3）其他非正式文件，如研究报告、出版物等。其中以欧洲刑警组织的年度报告《欧盟恐怖主义形势与趋势报告》（TE-SAT）为代表。欧洲刑警组织自 2007 年起每年发布一份情势报告，至今已发表 11 期，是欧盟最重要的反恐战略分析报告之一。

由于各种法律文件效力不同，有些需转化成国内法才对成员国具有约束力，因此就出现了各国在纳新法或固旧法的问题上急缓不一的做法。一般而言，受恐袭危害大或危机意识强的国家反应更快，如法国在 2014 年时各种立法便已到位，其次是英国、西班牙、德国、比利时、意大利、葡萄牙、保加利亚、马耳他和卢森堡，均在 2015 年完成相关立法。其他一些国家则相对滞后，或是还没有对接欧盟法律框架，或是刚完成这一工作。①

2. 以机构为主要抓手的机制建设

欧盟为应对持续的恐怖威胁，设立了一些专门的反恐机构和职位，主要包括：反恐组织、情报部门以及反恐专员等。

欧洲刑警组织（Europol）处于反恐机制的中心位置，属于欧盟刑事司法合作的一部分，主要依靠通信网络和资料系统为成员国提供反恐所需的信息，加强成员国之间的执法合作。Europol 成立于 1993 年，在 20 世纪 90 年代末接管了 TREVI 的反恐工作，是目前欧盟最主要的反恐机构，其年度报告 TE-SAT 为欧盟反恐提供了权威分析。2017 年 5 月 1 日，Europol 实行新的规章（Regulation），强调该组织“应支持和加强成员国主管机构在防止和打击影响两个以上国家的严重犯罪、恐怖主义和其他形式的犯罪方面进行的相互合作”。②2016 年 1 月，Europol 启动了欧洲反恐中心（European Counter Terrorism Center，ECTC），目前由 80 多名工作人员和十几名借调的成员国专家组成，主要任务是在恐袭发生后的第一时间协助成员国开展调查。凭借其强大的实时运行数据系统能够迅速分析出所有可用的调查细节，ECTC 已成为欧盟重要的反恐信息枢纽。

---

① EPRS Briefing，Combating Terrorism，written by Sofija Voronova，September 2017，p.3，http://www.europarl.europa.eu/RegData/etudes/BRIE/2017/608682/EPRS_BRI(2017)608682_EN.pdf.

② Regulation(EU) 2016/794 of the European Parliament and of the Council of 11 May 2016，https://www.europol.europa.eu/publications-documents/regulation-eu-2016/794-of-european-parliament-and-of-council-of-11-may-2016.

在 Europol 内部，与 ECTC 协同作战的还有欧洲网络犯罪中心（European Cybercrime Centre，EC3）和欧洲移民走私中心（European Migrant Smuggling Centre，EMSC）等；在外部，欧洲检察官组织（Eurojust）和国际刑警组织（Interpol）也扮演着积极的角色。Eurojust 成立于 2002 年，也是欧盟刑事司法合作的一部分，但不同于 Europol 的是它有侦查权，它擅长评估已有反恐法律框架的适用性情况，比如它在 2014 年报告中建议欧盟更新立法以统一措施，确保调查和起诉“外国战士”。[①]Interpol 作为打击犯罪的国际中心，主要关注国际犯罪和跨国犯罪，其庞大的犯罪信息系统和通缉制度也是欧洲国家在打击跨国恐怖组织时不可或缺的工具。

情报机构方面，Europol 信息系统（Europol Information System，EIS）是目前欧盟反恐领域最大的情报数据库。EIS 运行于 2005 年，提供严重国际犯罪、嫌疑人和罪犯名单、犯罪组织架构以及犯罪实施手段等信息。2015 年开始，24 个国家和组织利用该系统分享“外国战士”名单。与此同时，安全信息交换网络应用程序（Secure Information Exchange Network Application，SIENA）也实现了升级换代，目前成员国已经能够利用该程序直接向 Europol 或其他反恐部门发送信息，而在此前的很长时间里，都只能借助于 Europol 国家处和联络局间接地向 Europol 传送信息。[②]

另外，欧洲对外行动局（European External Action Service，EEAS）下设有“情报与形势中心”（EU Intelligence and Situation Centre，EU INTCEN）。[③]该中心原为欧盟高级代表负责的“联合形势中心”（Joint Situation Centre），“9·11”后已转型为成员国外部情报系统交换敏感信息的平台。2004 年 6 月，中心又在内部设立了一个反恐部门，专门分析情报。其实，在欧盟内部成立一个欧洲情报局的呼声一直存在，可惜囿于成员国情报部门的保密性，至今未能实现。[④]

① EPRS Briefing，Combating Terrorism，pp.4—5，http://www.europarl.europa.eu/RegData/etudes/BRIE/2017/608682/EPRS_BRI(2017)608682_EN.pdf.

② Europol，TE-SAT 2018，p.61.

③ 详见 EU INTCEN factsheet，http://www.gdr-elsj.eu/wp-content/uploads/2016/01/20150206_factsheet_eu_intcen_en.pdf。

④ Nikolaj Nielsen，“EU intelligence agency not a priority，” EUobserver，https://euobserver.com/justice/138939.

2017 年 9 月 13 日，欧委会主席容克在发表年度盟情咨文时号召建立欧洲情报部门（European intelligence unit），确保有关恐怖分子和“外国战士”的资料在情报部门和警察之间自动分享。[①]9 月底，法国总统马克龙在巴黎索邦大学演讲时提出“重启欧洲”计划，希望 2020 年能够成立欧盟常规部队及联合反恐情报机构，推进欧盟防卫一体化建设。

除此以外，2004 年 3 月，欧盟任命了荷兰前内政副大臣德 · 弗里斯（Gijs de Vries）为反恐协调员（EU Counter-Terrorism Coordinator）。2016 年 9 月 19 日，英国朱利安 · 金爵士（Sir Julian King）被选为欧盟主管安全事务的专员（European Commissioner for the Security Union），着力解决三大问题：应对恐怖主义和防止激进化、打击有组织犯罪，以及网络犯罪。专业的反恐机构、专员的出现，体现出欧盟集体反恐意识的增强。

3. 以城市反恐为重点的综合举措

鉴于近年来欧洲恐袭大多发生在人流密集的城市中心，各国已经开始陆续加强城市安保措施，主要的做法是转变警务模式，扩大警察角色，从传统的“事后执法”转变为“事前预防”，包括新增应对恐袭新方式的各种手段和加强传统警务功能中的一些特殊模块，比如社区警务等。就目前来看，城市反恐还是以国家为主，因地制宜地开展，但也并不排除未来可能出现欧盟内部跨国反恐警务。具体而言，遭受重大恐袭的国家大都启动了“紧急状态”，授予警察和军队更大的搜查、扣押权限；设立专门负责执行反恐以及特别行动的特种部队（如英国的特种空勤团 SAS）；在重大节日或盛会前夕对主要地段布置防（卡车）撞栏，增派武装警察、便衣警察、警犬等。巴黎恐袭后的两年内，法国在埃菲尔铁塔下围起了金属栏，设置检查站；在著名景点和交通枢纽处派出携枪军警巡逻、警车驻守；进入商场和博物馆之前，实施行李搜查和金属探测；在闹市人行道旁也放上了水泥墩，防止汽车攻击。这些措施帮助法国在两年内挫败了 32 起恐袭企图，其中 2017 年挫败了 13 起。

---

① President Jean-Claude Juncker's State of the Union Address 2017，2017-09-13，http://europa.eu/rapid/press-release_SPEECH-17-3165_en.htm.

强制性和持续性的边境控制也是欧盟反恐的重要举措之一。2016年4月，欧盟理事会通过了关于欧盟旅客姓名记录(Passenger Name Record，PNR)①的指令，旨在收集旅客数据，用以预防、侦查和起诉恐怖主义犯罪；10月，欧盟边境与海岸警卫局(European Border and Coast Guard Agency)成立，用于密切监视欧盟的外部边界；11月，欧盟宣布拟设立一个“欧洲旅行信息及授权系统”(European Travel Information and Authorization System，ETIAS)，其性质类似于美国的“签证更新电子系统”(EVUS)，将由欧盟边境与海岸警卫局、欧洲刑警组织以及成员国相关机构合作管理，目的是通过与签证、犯罪、证件丢失等数据库的交互核查来审核入境者的身份信息。②2017年3—5月，申根信息系统全面升级，新增加了5个数据库信息，内含约8 000名潜在的恐怖分子信息；③11月，欧盟通过了关于推行“出入境系统”(Entry-exit system，EES)的规章，④决定对非欧盟公民使用出入境自动识别系统，便于及时查询其出入境日期、海关地点以及被拒绝入境的历史记录。

反恐战争是欧盟近几年出现的一大转变。“9·11”后，欧盟最初并没有加入美国全球反恐战争的战队，而是刻意与这种过分突出军事做法的反恐模式保持一定的距离，但是法国打破了这种局面。2012年当激进组织占领了马里北部的大片领土后，法国由于担心威胁已逼近欧洲，向马里派出军队夺回了北部领土，并对散布于萨赫勒(Sahel)沙漠的激进组织发起了跨越五国的追击。此后随着IS在叙利亚和伊拉克的壮大及其对欧洲造成的重大袭击，更多的欧盟国家加入了美国战队，或是直接空袭或是在侦察、加油、运输等方面提供支援。⑤法国和英国由于在近几年受到IS恐袭频繁，加上法国与北非国家的特殊关系，因此在军

① PNR是民航系统中反映旅客完整信息的记录，每个PNR都有一个计算机生成的编号，反映了旅客的航程、航班座位数量以及旅客信息等。

② 关于ETIAS的所有信息，参见申根签证网站：https://www.schengenvisainfo.com/etias/。

③ “协同作战，欧洲国家反恐必由之路”，http://world.people.com.cn/n1/2017/0614/c1002-29337490.html。

④ PE-CONS 47/1/17 REV 1，https://eur-lex.europa.eu/legal-content/EN/TXT/PDF/?uri=CONSIL:PE_47_2017_REV_1&qid=1528618419116&from=EN.

⑤ Anthony Dworkin，“The New Western Counter-Terror Wars: Toward US-European Convergence?” 2016-11-04，https://www.justsecurity.org/34151/western-counter-terror-wars-convergence-anthony-dworkin/.

事反恐上的表现也最为积极。

4. 以国际合作为切口的辅助措施

欧盟的国际反恐合作主要在三个层面上展开：其一是联合国层面，欧盟遵守联合国关于反恐的战略文件，包括《联合国全球反恐战略》、[①]安理会关于反恐问题的1566(2004)号决议、关于“外国战士”的2178(2014)号决议等，并借助联合国的涉恐名单开展反恐。欧盟还积极参与全球反恐论坛(Global Counterterrorism Forum，GCTF)，支持GCTF发起的机构，如海达亚反暴力极端主义卓越中心(Hedayah Center of Excellence for Countering Violent Extremism)、正义与法治国际研究院(International Institute for Justice and the Rule of Law，IIJ)以及全球社区参与及恢复力基金会(Global Community Engagement Resilience Fund，GCERF)等。

其二是欧美合作。欧洲今天遭遇的IS恐袭，与其紧密配合美国武力打击该组织有直接的关系。欧美在叙利亚和伊拉克紧密配合，不仅打击IS，而且消灭参与策划恐袭欧洲的个人，如英籍圣战者朱奈德·胡赛因(Junaid Hussain)和穆罕默德·埃姆瓦齐(Mohammed Emwazi)。除了在叙利亚和伊拉克的军事打击，欧盟国家也参与了美国在巴基斯坦、也门、索马里等地的反恐战争；欧盟与北约的合作也可视为欧美合作的另一种形式。

其三是与其他国家合作。北非国家(如摩洛哥、突尼斯等)是欧盟维护南部边界的重要屏障，欧盟国家与这些国家的合作包括提供反恐训练和装备，以及进行联合演习等；[②]土耳其因其在解决移民问题上的特殊重要性，因此也成了欧盟必须加强合作的邻国。2016年3月，欧盟与土耳其签订协议(EU-Turkey Deal)，提出每个不定期到达希腊岛屿的人，包括寻求庇护者，都应返回土耳其；土耳其同意收回进入希腊的难民，并将合法难民送到欧盟；作为交换，欧盟给土

---

① 《联合国全球反恐战略》，联合国反恐怖主义办公室网站，https://www.un.org/counterterrorism/ctitf/zh/un-global-counter-terrorism-strategy。

② Anthony Dworkin and Fatim-Zohra El Malki, “The Southern Front Line: EU Counter-terrorism Cooperation with Tunisia and Morocco,” ECFR Policy Brief, 2018-02-15, http://www.ecfr.eu/page/-/the_southern_front_line_eu_counter_terrorism_cooperation.pdf.

60亿欧元。欧盟还用72个条件[①]交换土公民在7月1日前免签证到欧盟旅游的权利。这72个条件包括了文件安全、移民管理、公共秩序与安全、基本人权等。此外，欧盟还积极寻求与其他国家建立双边或多边反恐合作机制，"9·11"后不久，欧盟就在中东、中亚、南亚、俄罗斯等地展开穿梭外交，建立了广泛的反恐联盟；欧、美、俄、中联合反恐机制也在持续深化。

5. 以防激进化为目的的社会动员

防止人们因激进化而转为恐怖主义是欧盟反恐战略四大支柱之一——"预防"支柱的主要内容，因此也是欧洲反恐的重点领域。对此，欧盟制定了专门性的《欧盟打击激进化和恐怖主义招募战略》（EU Strategy for Combating Radicalisation and Recruitment to Terrorism）和关联性的《媒体传播战略》（Media Communication Strategy）等政策文件；设立了网站审查计划（Check-the-Web project）[②]和覆盖欧盟范围的民间社会赋权项目（Empowering Civil Society-programme）等行动项目；还建立了一个激进化意识网络（RAN）卓越中心（CoE），RAN CoE 作为一个交流经验、收集良好实践并能够培训一线响应者的网络，可能会成为欧盟后续目标跟进的主要行为体。但归根结底，防止激进化仍属各国主权范围内的事务，欧盟的这些"公共产品"只能作为激励成员国加强本国或本地的政策工具，并无真正的法律约束力。[③]

监狱激进化倾向也是目前欧盟遇到的一个现实困境，很多国家监狱爆满，一些威胁较小的犯人容易在狱中受恐怖分子"洗脑"而走向极端化，而另一些极端分子可能乘机漏网，比如2017年10月在马赛火车站持刀袭击路人的突尼斯男子 Ahmed H.长期非法滞留法国里昂并多次作奸犯科，本应早早地被关进政

---

① "Turkey's progress on the visa liberalization roadmap," 2016-05-04, https://ec.europa.eu/home-affairs/sites/homeaffairs/files/what-we-do/policies/european-agenda-migration/background-information/docs/20160504/turkey_progress_visa_liberalisation_roadmap_en.pdf.

② Council Conclusions on cooperation to combat terrorist use of the Internet("Check the Web"), 8457/3/07 REV 3, 2007-05-29, http://register.consilium.europa.eu/doc/srv?l = EN&f = ST%208457%202007%20REV%203.

③ The European Union's Policies on Counter-Terrorism: Relevance, Coherence and Effectiveness, PE 583.124, January 2017, http://www.europarl.europa.eu/RegData/etudes/STUD/2017/583124/IPOL_STU(2017)583124_EN.pdf.

滞留中心(CRA,专门关押待遣返的无证人员)并遣送出境,然而里昂警方几次都因为CRA爆满而无法执行关押任务。为了缓解这类难题,2016年末,法国科尔马(Colmar)针对危险性较小的极端化犯人开展了一项"极端暴力者研究及干预工作"(RIVE,法语全称 Recherches et intervention sur les violences extrémistes)计划,[①]旨在狱外开放环境下监管具有极端暴力倾向的犯人,由一支多学科团队(包括教育者、心理学家、精神病专家和宗教教育专员)对犯人进行为期一年的跟踪干预,此计划将陆续在马赛、里尔和里昂实行。

此外,欧盟还推出一系列项目,从教育和公众舆论层面普及反极端化的社会文化。2004年马德里"3·11"爆炸案后,欧洲议会通过了一项动议,将今后每年的3月11日定为"欧洲恐怖主义死难者纪念日"(European Day of Remembrance of Victims of Terrorism)。2005年,欧盟委员会在一份通报中罗列了媒体、互联网和教育等领域的反极端化项目,比如在教育领域,有旨在促进对欧洲文化多样性理解的"青年项目"(the Youth programme),旨在推动文化间对话的"2007年文化项目"(2007 Culture programme),以及旨在发展欧洲公民概念的"苏格拉底项目"(the Socrates programme)等。[②]

四、欧洲反恐措施评述

欧洲并不缺乏与恐怖主义斗争的历史和经验,但2017年的情况与以往有所不同,恐袭与反恐更像是一场IS与欧盟之间的拉锯战:前者的每一次挑衅都是一份政治声明,让后者在风声鹤唳中仓促回应,这也将是未来几年的常态。事实上,欧盟并未消极怠慢——"9·11"事件后其反应之迅速令人印象深刻——然而正如法国总理爱德华·菲利普(Edouard Philippe)所言,反恐没有"神奇方案",

---

① "La France teste un dispositif de déradicalisation expériemental," France 24, 2017-11-10, http://www.france24.com/fr/20171110-france-deradicalisation-islamisme-rive-centre-experimental-nicole-belloubet-justice.

② Addressing the factors contributing to violent radicalization [COM(2005) 313 final], https://eur-lex.europa.eu/legal-content/EN/TXT/? uri=LEGISSUM:l14501.

只有“好的实践”。[1]欧盟在实践中摸索一体化道路，使其能够整合资源，成为全球反恐斗争中的一支重要力量；但同时它所暴露出来的有悖一体化理念的各种问题，也使其未来的反恐之路充斥着不确定性。

首先，一体化反恐有助于后危机时代的欧洲整合进程。一体化是欧盟存在的理由，也是维持其生存和发展的路径。在与恐怖主义的斗争中，欧盟只有充分利用一体化的思路与方式，统一反恐理念，整合反恐资源，才有可能取得最终的胜利。得益于上述提到的法律基础、机制建设、综合措施、国际合作和社会动员等反恐举措的出台，欧盟司法与内务合作在短短几年内得到了快速提升，加强了共同防务能力，对于后危机时代欧洲局势的稳定起到了重要的保障作用。

其次，多边主义有助于欧盟推广其民事强权的治理经验。欧盟向来注重打造“民事强权”形象，并将其“善治”经验向外推广。在反恐领域，欧盟凭借其多边主义的价值观和区域主义的组织优势，一方面努力推动域内国家间的多边合作，尤其是以欧洲刑警组织、欧洲检察官组织等机构为基础的情报共享机制和司法合作机制；另一方面则衔接起了作为一个整体的欧洲与外部世界的多边合作，即通过建设多国反恐合作机制、阻断恐怖组织的跨国资金来源、加强战乱地区的人道主义援助等多种手段在全球反恐治理中树立典范。

再次，反恐措施日臻完善有助于防极端化和挫败恐袭。虽然欧洲恐袭的总量在2014年达到峰值后，2017年再度反弹，但总体上欧盟挫败的恐袭阴谋数量、逮捕量都在稳步推进。据Europol对欧盟各国逮捕的参恐嫌疑犯数量统计，2015年后总量基本都维持在每年千人左右。同时，由于情报系统的不断更新，成员国与欧盟层面的信息交互渠道日益便捷，对于反恐调查与日常预防具有关键性作用。

在取得上述积极成效的同时，欧盟反恐事业也在诸多方面备受诟病。

第一，各国反恐定义差异不利于欧盟反恐政策整体协调。欧盟各国对“恐怖主义”及“恐怖行为”都有各自不同的定义，虽然2002年欧盟理事会关于打击恐怖主义的框架决定(2002/475/JHA)对“恐怖主义犯罪”进行了欧盟层面的界定，

---

① “Comment les personnes radicalisées sont-elles suivies en France?” franceinfo，2018-03-26，https://www.francetvinfo.fr/faits-divers/terrorisme/attaques-terroristes-dans-l-aude/comment-les-personnes-radicalisees-sont-elles-suivies-en-france_2673640.html.

所有成员国也都将其纳入了国内立法中，但对定义的措辞给各国留出了解读空间，这使得评估某一犯罪行为究竟是恐怖主义还是极端主义仍是困难的。极端主义并不总是诉诸暴力，但它可能与恐怖主义有关并且表现出与其相似的行为模式。①不同的国家对此有不同的理解，因此，Europol 在统计成员国恐怖主义事件时，只能采用各国自己的界定，使得 TE-SAT 的数据无法做到标准统一。

第二，反恐政策架构缺乏一致性间接消耗欧盟反恐资源。欧盟反恐政策架构是一个渐进式发展的结果，很大程度上受到了恐袭危机的推动，其结果是出现的许多政策、战略、行动计划、法律和其他政策措施以及各种机构并不都是自上而下协调一致的结果，而是事后给出的欧盟层面上应有举措的解释。②其次，机构与职权的重叠也是欧盟反恐的一大缺陷，比如欧洲刑警组织反恐中心(ECTC)与反恐小组(Counter Terrorism Group，CTG)在为成员国的安全部门提供信息交换平台方面存在功能重叠，如果不使其各自独立，同时又保持两队人马的联系，无疑会造成资源内耗；欧洲刑警组织、欧洲检察官组织以及欧洲边防局(Frontex)等反恐机构也存在职能重叠又缺乏交流的情况，降低了反恐运行框架的有效性。再次，反恐机制的决策程序也存在“先天不足”，如欧盟司法与内务合作在大多数场合都要实行全体一致的表决机制，对于争分夺秒的反恐议题而言效率太低。

第三，欧洲集体安全意识的普遍缺乏成为反恐负资产。与经济一体化相比，欧洲不论是在领导层面还是民众层面，也不论在欧盟层面还是国家层面，都普遍缺乏集体安全意识。国家在涉及主权让渡的安全问题上大多敏感而保守，对情报共享存在抵触心理，导致欧盟层面的大量反恐政策文件都成了纸上谈兵，很多战略、机制和行动计划也只能尽量激励成员国发展本国的反恐政策和行动方案，既不能直接干预国家行为，也没有机制或义务来监督欧盟战略文件中政策目标的实施情况，例如在恐怖分子跨国流窜问题上，很多国家出于自身安全的考虑，不愿与他国分享情报，从而给了恐怖分子生存空间。2015 年 11 月的巴黎连环恐袭案后，法国特工在布鲁塞尔展开了自己的行动而未与比利时方面分享成果，

---

① Europol，TE-SAT 2018，p.63.

② The European Union's Policies on Counter-Terrorism. Relevance，Coherence and Effectiveness，p.25.

而比利时当局也未将自己掌握到的有关巴黎袭击者之一曾被土耳其当局驱逐到荷兰的信息通告法方。2017 年 11 月，德国一名 35 岁的叙利亚难民 Hussein Z. 竟然佩戴着定位追踪脚环轻松离境，一度使舆论哗然。[①]值得注意的是，他只在巴伐利亚州被列入高危名单，在其他州却不在高危名单之列，这使其顺利地通过了汉堡机场安检，并经希腊雅典机场转机抵达土耳其；而在此期间，雅典也未获得柏林的通知。试想成员国如能共享高危名单并及时预警，那么情况可能会有转机。

第四，各国城市反恐水准参差不齐影响了欧盟整体安全。在反恐法律建设方面，由于成员国受恐怖主义威胁的强度不同，因此反恐立法进度不一，所受阻力也不尽相同，如法国从 2015 年实施“紧急状态”到 2017 年颁布新《反恐法》，一直饱受舆论争议，很多人认为这些举措是国家机器借以扩张权力的工具，侵犯了公民自由和隐私权。在城市安保举措上，也是受恐袭越多的国家回应越迅速，但即便如此，或因安全意识淡薄或因财政预算紧缩，很多国家的警力配备严重不足且装备匮乏，如大部分的伦敦警察是没有武器装备的；法国警察需要自己掏钱购买执勤上衣和手套；德国街头警察虽然配备了机关枪，但其武装水平根本不敌手持 AK-47 突击步枪或类似武器的恐怖分子，况且他们通常不穿戴防弹背心或头盔，手枪里也只有 15 发子弹，无法与恐怖分子长时间交火。[②]反恐一线力量薄弱的后果就是伦敦警察局长伯纳德・霍根-豪（Bernard Hogan-Howe）所说的，不是城市会不会遭袭，而是何时遭袭的问题（a case of when, not if）。[③]此外，一些欧洲主要城市的高速火车站内除了检票，全程再无安检或很少安检程序；在人流量集中的城市路段或建筑物周围也未配置足够的摄像头，所有这些都是赤裸裸的安全隐患。

事实上，今天的城市反恐并非无先例可循，虽然 IS 与过去几十年欧洲的恐怖威胁之间存在明显的意识形态和战略差异，但欧洲的地方执法部门仍可以从

① “Germany bans Syrian who flew to Greece with ankle monitor,” DW, 2017-11-17, http://www.dw.com/en/germany-bans-syrian-who-flew-to-greece-with-ankle-monitor/a-41430220.

② Peter Hille, “Police in Germany arm themselves against terror threat,” DW, 2015-11-25, https://www.dw.com/en/police-in-germany-arm-themselves-against-terror-threat/a-18874996.

③ Jamie Tarabay, “Europe Under Siege,” The Atlantic, 2016-08-11, https://www.theatlantic.com/international/archive/2016/08/europe-germany-france-britain-isis/495467/.

过去处置民族主义、分裂主义、无政府主义等恐怖活动的经验中借鉴一些经验，譬如20世纪70—80年代，为了防止爱尔兰共和军（IRA）运输可疑炸弹材料，北爱尔兰首府贝尔法斯特（Belfast）警方设立了检查站，搜查过往汽车和司机；当局还在市中心周围设置了一道“钢圈”（ring of steel）以防止私家车辆进入；IRA在英国发动袭击时，由于安全部门之间互通情报和落实检查站措施，当局可以掌握几乎所有的关键信息以及可采用的所有反应措施。[①]然而今天由于缺乏安全意识、资金来源以及明晰的机构职责划分等，使得这些做法在不同国家之间落实起来无比困难。

第五，与北约安全合作协调的滞后妨碍反恐任务的落实。欧盟与北约之间虽有反恐合作框架，但缺乏真正深入的合作：首先，欧美所持反恐理念不同，欧盟主张以外交与司法途径为主要渠道来解决恐怖主义和极端化问题，强调行动的合法性；而美国则是直接诉诸军事手段，强调行动的有效性。早在阿富汗战争中，联盟内部就曾因为欧洲国家限制使用武力而发生摩擦，在美国部队中流行的一个笑话是ISAF[②] 实为 I Saw Americans Fight（我看到美国人在战斗），[③]分歧可见一斑。其次，2015年巴黎恐袭后，法国更倾向于诉诸欧盟的集体安全条款而非北约，随着欧盟集体防务能力的加强，是否还能与北约形成互补也未可知，但至少可以确定的是，欧洲国家对北约集体防务的依赖性将会有所下降。到目前为止，双方的反恐合作仍是形式大于内容，目标、承诺或是任务分配都不明确，如此势必造成跨大西洋防御资源和安全资本的严重浪费。

欧洲的反恐议题就如同一面多棱镜，不仅映射出了欧洲恐怖主义的前世今生，也映射出了当前欧洲内部的种种矛盾与冲突，更映射出了欧盟一系列反

---

① Jamie Tarabay, “Europe Under Siege,” The Atlantic, 2016-08-11, https://www.theatlantic.com/international/archive/2016/08/europe-germany-france-britain-isis/495467/.

② ISAF全称 International Security Assistance Force（国际安全援助部队），是由联合国授权的维和部队，2003年8月11日由北约率领进驻阿富汗，主要目标是协助阿富汗政府创造全国范围的有效安全环境，发展新的阿富汗安全部队以确保该国不再成为恐怖分子的安全天堂。自2011年起，ISAF的安全使命逐渐过渡至阿富汗部队。参见 ISAF's mission in Afghanistan（2001—2014）, NATO website, updated 2015-09-02, https://www.nato.int/cps/en/natohq/topics_69366.htm。

③ Hajnalka Vincze, “NATO: Assessing the Alliance's Counter-Terrorism Efforts,” The Jamestown Foundation, 2017-04-21, https://jamestown.org/program/nato-assessing-alliances-counter-terrorism-efforts/.

恐举措背后集体安全建设的步履艰难。欧盟已寄希望于通过“永久结构性合作”(Permanent Structured Cooperation, PESCO)机制和“欧洲防务基金”(European Defense Fund)来建设自己的防务大厦,[①]反恐合作将是推动这一进程的契机;但当务之急是在欧盟内部尽快凝聚起安全共识,实现情报共享,并在整个欧洲范围内编织起司法合作网络,严密监控潜在的恐怖分子,真正做到有效预防;同时应提高欧盟反恐政策架构的一致性,使成员国反恐部门与欧盟机构实现有效对接,互相支持配合。短期来看,欧洲国家对外部军事干预还应更加慎重;长期来看,欧盟则需要下更大功夫改良移民政策和族群融合问题,从根源上铲除恐怖主义的温床。就目前欧洲反恐的形势来看,这一过程注定道阻且长。

(周秋君 讲师)

① European Commission Press release, European Commission welcomes first operational steps towards a European Defence Union, 11 December 2017, http://europa.eu/rapid/press-release_IP-17-5205_en.htm.

第五章　2017 年全球反恐观察之东南亚

自 2001 年“9·11”事件发生以来，恐怖主义以极其惊人的态势和速度席卷了全球。有组织的恐怖袭击活动在世界各地频繁发生、在索马里海域数量见长的海上抢劫，都说明恐怖主义已经侵入世界民众的常规生活当中，其所带来的恐慌也与日俱增。

在诸多受到恐怖主义严重威胁的国家和区域当中，东南亚的恐怖主义可谓起步晚，发展快。东南亚地区已经成为当今世界恐怖主义活动最为频繁、危害最为巨大的地区之一。根据全球恐怖主义指数(Global Terrorism Index, GTI)提供的数据，东南亚地区已经位列受到恐怖主义影响相当严重的地区之列，该区域中的国家，在 GTI 提供的受恐怖主义影响的国家排行榜中名列前茅(菲律宾排名第 12，泰国排名第 16，缅甸排名第 37，印尼排名第 42，马来西亚排名第 60)。

总体来看，东南亚地区在 2017 年的反恐形势并不乐观，随着 IS 在中东战场的节节败退，越来越多的武装分子开始向中亚和东南亚地区转移。2017 年 11 月，马来西亚国防部长希沙姆丁(Hishammiddin Hussein)在沙特阿拉伯首都利雅得参加伊斯兰军事反恐联盟部长会议时提出，随着东南亚多个地方恐怖组织宣布向 IS 效忠，它们已经开始扮演起从伊拉克、叙利亚回流的恐怖分子避难所的角色。这对于本土恐怖主义形势本来就很严峻的东南亚来说，无疑是雪上加霜。

为了把握 2017 年东南亚地区的恐怖主义局势和走向，本章将从该地区的客观条件入手，分析回顾东南亚地区近期的恐怖主义现状和存在的主要威胁，并以此为根据梳理东南亚各国政府针对其所采取的应对策略及限制条件。

一、东南亚地区恐怖主义的背景介绍

鉴于当前东南亚地区不断恶化的恐怖主义形势和极端主义趋势，了解其动因与过程迫在眉睫。因为只有摸清其具体诱因和情况，才能更明晰如何打击该地区的恐怖势力。结合当地的具体情况来看，造成并催发该地区恐怖主义态势的因素有很多，包括当地不稳定的政治环境、显著的社会不公平现象，因而造成民众特别是穆斯林群体不满情绪的释放。细化来看，这些因素可以分为以下几类：

（一）复杂的地缘政治和经济环境

东南亚地区地处亚洲东南部，由中南半岛和马来群岛两大部分组成。从外部地缘条件来看，这一地区本身的地理条件并不足以支撑起一个强大而统一的地缘体的形成与发展，具体来说，该区域的地理面积有限，地形较为崎岖且平原地区狭小，这也就意味着该地区无法形成规模的稳定农业生产体系，因而也就更不具备形成统一强大地缘体的条件。此外，东南亚地区海洋属性较强，所以更加容易与外界发生联系，这也就决定了该地区容易受到区域外其他国家的影响，并且不同时期的全球性力量也能够轻而易举进入该地区，从而对其产生影响。从内部地缘条件来看，活跃在东南亚地区的极端组织都有共性可循，即他们大都选择本地区经济落后国家的薄弱地区（以边境地区为主）作为驻扎地。在这些地方，政府权威式微，无力管控所有领土，为恐怖势力招募和训练成员提供了天然的避难所，如泰国南部以及菲律宾的棉兰老岛，他们所选择的这些地区也通常面临宗教文化冲突，当国家和宗教之间出现矛盾时，这些宗教人士就要被迫在两者间选边站，同时弱势群体又遭到排挤和迫害，例如在菲律宾，前总统阿基诺执政时期，被众多菲律宾南部穆斯林寄予厚望的《邦萨摩落基本法》（the Bangsamoro Basic Law，BBL）未能在国会通过，同时又在政府找工作和申请资助等民生问题上对穆斯林区别对待，这也激怒了众多中立派和部分温和穆斯林，导致极端组织受到追捧，从而将其中的部分人推上极端化的道路。此外，部分边境地带属于殖民地时期遗留下来的争议区域，国境线不明晰，管理混乱，流动人口多，极端组织能够招募到大量流散人群和同一教派的人作为其追随者。再次，由于该地区国家间领土争议较多，相互之间极度缺乏信任，因此导致政府间不愿意也不能够在巡查管制、军事行动以及情报共享等方面通力合作。

除了政治原因，社会经济因素也是造成东南亚地区部分国家陷入恐怖主义泥潭的重要原因，恐怖组织招募的主要人员一般包括思想激进的青年学生、生活贫困的社会下层青年以及有一定犯罪经历的暴力犯罪分子，而这些成员往往来自民族宗教矛盾严重、宗教氛围浓郁、生存环境极度恶劣的地区。在东南亚地区，以印尼和菲律宾为代表，国家现代化进程缓慢，导致经济落后，生存环境恶劣。贫穷迫使许多当地年轻人走上极端化道路，很多人加入极端组织的原因是能够获得食物和金钱，成为改善经济困境的一种方式。以 IS 为例，该组织向其招募的战士及其亲属发放工资，并提供住宿、医保、公共设施、日常用品等，同时还免除赋税。在这种情况下，IS 还大力宣扬其宗教类预言，加之该组织现下对中东部分领土的切实掌握，这些现实情况都在很大程度上刺激了本地区，特别是印尼和马来西亚的穆斯林群体，让其对伊斯兰的复兴信以为真。

（二）多元文明、宗教并存的社会环境

东南亚地区拥有大量穆斯林人口，民族宗教矛盾尖锐的东南亚一直是 IS 等极端势力扩张的重要地区。该地区人口约有 5.6 亿，其中穆斯林的数量就超过 2 亿，占其总人口的 1/3 以上。在这些东南亚国家中，印尼是世界上穆斯林人数最多的国家，约占总人口的 87.8%，马来西亚的穆斯林人数超过人口总数的一半，菲律宾和泰国也有大量的穆斯林人口。如前文所提，由于本地区独特的历史发展进程和社会政治文化结构，东南亚的民族宗教矛盾错综复杂，分裂势力、宗教极端势力异常活跃，民族宗教武装与政府分庭抗礼，这就给恐怖主义的滋生和发展提供了空间。近年来，包括印尼等国家在内的东南亚极端化趋势也在逐渐转向，过去，这一趋势多是由区域内部力量互相抗衡而产生，然而随着 IS 等恐怖组

织对该地区的渗透，逐渐开始与地方部分宗教势力结合，从而扩大其影响力，在这种情况下，当地民众由于缺乏对宗教的正确理解，加之外来极端势力的蓄意导向，在部分地区伺机推行极端化的伊斯兰教育，使得当地的极端化趋势进一步加剧。以 IS 为例，它能够将宗教因素与自身的野心相结合，利用其来为自己的行为正名，这一举措相当行之有效，为其在东南亚地区吸引到大量的支持者和参与者。此外，对《古兰经》的歪曲解读和渲染也是其手段之一，在宗教方面深有研究的学者翻译出的《古兰经》并不被极端分子所接受认可，在他们看来，这些译者对《古兰经》的理解有限，因而并不能够准确诠释出其完整意义，这就给了极端势力的所谓宗教领袖可乘之机，他们按照自己的意愿诠释《古兰经》，将反对自己的行为等同于反对安拉，因而将反恐力量打上宗教敌人的标记，而当地部分民众由于对圣战和政治伊斯兰等概念缺乏合理的认知，于是导致他们被极端势力洗脑，听命于恐怖组织，并为其卖命。据了解，部分东南亚的极端组织成员认为自己以前的生活过于世俗，生活行事不符合伊斯兰的要求，为了洗清过去犯下的错误，因而决定响应 IS 的号召加入战斗，并愿意为其献出生命，或者被极端主义宗教思想洗脑，认为作为人体炸弹牺牲，不仅能够帮助他们洗刷罪恶，还能够助其成为殉道者，成就其终极目标。

除了宗教民族因素，东南亚部分地区极端恶劣的社会环境也让恐怖势力有了可乘之机。在这些区域，由于地方恐怖势力猖獗，导致当地民众自小就浸泡在暴力和争斗的环境当中，习惯了用武器和暴力解决问题，而这些人长大后走上极端化道路的可能性就变得非常之大。这也就造成了当下的恐怖组织喜欢从辍学生中招纳新成员，因为他们更容易为金钱和武器所引诱。

二、东南亚地区恐怖主义的历史脉络与现状分析

近年来，东南亚地区频繁遭遇袭击，从 2016 年印尼雅加达市中心的爆炸案，到 2017 年菲律宾马拉维市被恐怖分子占领，再到泰国南部持续十几年的暴恐活动，东南亚的反恐形势呈现出小规模袭击不断、大规模袭击不少的局面，而在这些暴恐事件背后，反映出的该地区恐怖主义现状主要包括：

（一）IS对东南亚地区的进一步渗透

IS，全称为“伊拉克和大叙利亚伊斯兰国”（Islamic States），是一个自称建国的，活跃于伊拉克和叙利亚的极端恐怖组织。该组织声称自己发源自“基地”组织（Al-Qaeda），2003年以前以“基地”组织伊拉克分支的名义开展恐怖主义活动，之后伊拉克战争爆发，阿富汗生存空间紧缩，该组织迁往伊拉克，并正式加盟“基地”组织。2011年起，该组织逐步壮大，并开始走向攻城略地的“建国”道路。2014年，IS正式宣布建国，并与“基地”组织最终断绝关系。自彼时起，该组织在世界范围内策划并发动了一系列大规模恐怖主义活动，其恐怖活动遍布了包括阿富汗、阿尔及利亚、澳大利亚、孟加拉国、比利时、加拿大、丹麦、埃及、法国、印尼、科威特、黎巴嫩、利比亚、俄罗斯、沙特阿拉伯、突尼斯、土耳其、英国、美国和也门。IS极端暴力的手段，在叙利亚和伊拉克的部分领土上设立政府并行使行政权，并在全球范围内招兵买马吸引国外战斗人员，其行为震惊了全世界。

IS发源并兴起于中东地区，自2014年起，世界范围内以美国为首的多个国家，加大了对中东地区恐怖势力，特别是对IS的打击力度，此后IS的势力在中东地区有所收缩，然而其麾下战士却借道土耳其，加速渗透至亚洲的多个地区。新加坡总统李显龙于2015年5月发表讲话时声称，IS很有可能在东南亚地区建立其新据点，这将对整个地区产生灾难性影响。李显龙的担忧并非毫无道理。IS通常会选择对其具有战略意义的地区，根据该地区本土恐怖势力对IS的接受程度，在该区域建立分支，开展恐怖主义活动以扩大其自身势力。自20世纪90年代以来，东南亚本土极端主义势力出于对世俗政府的失望并企图建立一个泛伊斯兰东南亚，基于此开始了跟外部势力的沟通接触。时至今日，东南亚地区的多个本土恐怖组织已经公开和IS相互承认。2014年9月，IS在叙利亚的哈萨卡成立“马来群岛伊斯兰国部队”（Malay Archipelago Unit for the Islamic State in Iraq and Syria），该小组参与战斗行动，战略战术计划以及日常军事管理，主要服务于当地来自印尼和马来西亚，并使用马来语的战士，方便其效力于IS在伊拉克与叙利亚建立伊斯兰国。该组织内的东南亚战士一旦回流，就会成为IS在当地开展恐怖主义活动的中坚力量，因此该组织也被视作IS为进一步渗透东南亚打前站。IS在2014年宣布建立时,就要求全世界穆斯林对其效忠。根据联合国提供的数据,截至2015年12月,已经有34个组织宣布对其效忠,不论是出自真心还是借IS之名开展自己的恐怖活动,这对穆斯林人口数量占大多数的多个东南亚国家来说无疑加速了IS在当地的渗透。而除了这些暴力恐怖组织之外,东南亚地区的本土非暴力极端组织也渐渐出现问题,特别是在印尼和马来西亚,这些组织尽管在表面上不公开支持暴力,但同时他们也认同某些极端主义观念,想要把马来西亚和其他穆斯林人数占主体的国家都纳入其范畴。这些群体所传达的言论,尽管不提倡暴力,但还是从某种程度上推动了恐怖主义行为的发生。总而言之,由IS主导的极端化还是在很大程度上影响着东南亚各国。

就几个主要的东南亚国家来看,随着2014年IS宣布建国,印尼的诸多地方恐怖组织宣布对其效忠,IS的支持势力还通过各种方式说服了正在狱中的Abu Bakar Bashir加入同一阵营,从而大大加速了IS在印尼本土的渗透。然而,印尼当地依旧存在对IS持反对和否定态度的地方恐怖组织,其结果就是,IS的存在和扩散造成了印尼本土多个恐怖极端组织的内斗与分化,特别是在高级头目层面,JAT(Jamaah Anshorul Tauhid)就是个很好的例子,在不同头目(Santoso、Bachrumsya、Bahrun Naim及Salim Mubarak)的带领下各成一派,形成了东印尼真主伊斯兰教游击队(MIT)、西印尼真主伊斯兰教游击队(MIB)等多个极端恐怖势力。除了各组织内部的分化,不同组织之间,也由于其支持对象不同(IS或Al-Qaeda),矛盾斗争不断,加剧了印尼当地混乱的恐怖局势。总而言之,通过引发新地方恐怖组织的建立(Katibah Nusantara)以及外来恐怖势力与地方宗教的结合等方式,IS在印尼当地的渗透大大加速了其极端化程度。与此同时,大量来自该地区的本土恐怖分子也借道土耳其,前往伊拉克、叙利亚等中东国家。早在2015年11月,就有相关数据显示已经有129名经过确认的印尼武装分子活跃于叙利亚和伊拉克,而未确认的印尼武装分子数量则高达400名以上。为了进一步巩固其在当地的影响力,IS努力散布其意识形态和言论,在包括高等教育机构、监狱以及网络平台上,通过描绘伊斯兰帝国蓝图,渲染其在中东战场上的成绩以及其推崇的意识形态来扩大影响力,达到极端化、成员招募等目的。除了与当地宗教和地方恐怖组织的结合,IS在东南亚地区,特别是在印尼的渗透，还表现在对学生群体的极端化以及招募人员的低龄化，大量在校高中、大学生受到蛊惑，在精神方面接受其意识形态，相信暴力圣战，并且得到了物质方面的保障，作为回报，这些年轻人加入到极端组织的队伍当中，为其卖命。除了学生，监狱服刑人员也成为 IS 意识形态的主要传递对象，多个被监禁的东南亚本土恐怖组织首脑在监狱中被 IS 同化，宣布对其效忠，并号召该组织成员前往中东地区参加战斗。此外，除了传统恐怖组织的主要招募对象，包括宗教领袖、中东地区的回流人员或者受到过伊斯兰教育的年轻人，IS 还大大降低了其招募标准，所有愿意为其所用的人都被招至麾下。

至于马来西亚，2014 年，马来警方逮捕了 46 名企图前往叙利亚加入 IS 的马来西亚人。2015 年 4 月，马来警方又逮捕了 23 名正在策划炸弹袭击活动的恐怖分子，均疑似与 IS 有染。同年 7 月、8 月，相继有 12 名与 IS 有联系的恐怖分子被捕。根据马来警方的数据，从 2013 年到 2015 年，已经有 7 个马来西亚当地恐怖组织与 IS 相互勾结。2015 年底，IS 的忠实追随者 Dr. Mahmud Ahmad 计划在该地区建立一个更大的 IS 东南亚分支，以整合马来西亚、印尼和菲律宾等国家的恐怖势力。2016 年，IS 在东南亚的分支 Katibah Nusantara（马来群岛战斗小组）在网上发布视频，称马来西亚政府为世俗统治，并号召所有马来人响应 IS 的号召，推翻马来政府，以伊斯兰国统治取而代之。此外，由于马来警方缺少对外国传教士的入境监管，许多极端主义者借此身份入境，并在马来西亚高等教育机构或者宗教机构谋职，传播其意识形态。近期，IS 在马来西亚的渗透已经开始涉及非穆斯林人士，马来西亚警方指出，过去本土的恐怖分子大都具有宗教背景，而当下 IS 所招募的新成员则不限于此，包含了三教九流各路人马，其中既有受过教育的，也有社会游民，还有瘾君子。此外，马来西亚华人公会总会长廖中莱也提出，IS 正在试图从马来西亚当地的华人组织入手，通过吸收华人群体中的穆斯林成员入伙，借此影响整个群体。

与印尼和马来西亚相比，获取 IS 势力渗透菲律宾的相关信息较为困难。菲律宾官方对此态度较为乐观，认为 IS 的势力在当地还未有明显的体现，该组织在当地收纳新成员较为困难，并且也没有切实的数据显示有菲律宾人前往叙利亚或伊拉克。截至 2015 年年底，IS 势力在菲律宾未有明显的体现，且回流的菲律宾籍圣战士的数量也依旧不明确。尽管有菲律宾地方恐怖组织向 IS 效忠，但不清楚这只是为了宣传而口头效忠，还是意味着菲律宾极端化趋势方向的转移。由于菲律宾当地的伊斯兰学校中，仅有不到1/3是在教育部登记过的，其余2/3的学校不使用政府提供的教学大纲与课程，其毕业生也不允许进入公立学校，有消息称这些学校教授给学生极端主义伊斯兰意识形态。早在2014年时，就有报道称IS在棉兰老岛的高校里招收新成员，且邦萨摩洛伊斯兰自由战士(Bangsamoro Islamic Freedom Fighters, BIFF)的领袖Samer Samsudin声明大约有200名菲律宾人前往中东地区加入当地战斗。此外，IS还将目光瞄向了菲律宾庞大的海外务工人群，特别是前往恐怖活动密集的中东地区的人员，这一群体中的成员被极端化并且吸收入恐怖组织的事实，也加深了IS势力对印尼的渗透。与IS有关联的菲律宾当地恐怖组织主要包括：BIFF(2014年发布视频宣布支持IS)；ASG(The Abu Sayyaf Group，阿布沙伊夫，2014年发布视频宣布对IS效忠)；The Ansar Dawlah Fi Filibbin(2014年在Youtube发布视频宣布对IS效忠)；RSIM(The Rajah Solaiman Islamic Movement，与ASG关系密切，在2014年发布视频宣布对IS领袖巴格达迪效忠)；The Ansar Khalifah Sarangani(AKS, Jemaah Islamiyah Philippines, 2014年在视频中宣布对IS效忠)；The Khalifah Islamiyah Mindanao(KIM, IS的有力支持者)。2017年，IS在菲律宾南部加大投入，一再向菲律宾的穆斯林极端分子发出号召，要求他们支持在菲律宾棉兰老岛地区打击政府军队的战斗。此外，包括ASG、JI等宣布对IS效忠的东南亚本土恐怖组织宣布建立伊斯兰哈里发国家。根据印尼国防部的数据显示，当前活跃在菲律宾的IS成员大约有1 200人。与此同时，菲律宾本土效忠IS的势力保持着持续抬头的趋势，直至2017年5月，菲律宾本地效忠IS的多个极端恐怖组织(包括ASG和穆特组织)突袭并占领了棉兰老岛等地区，其中马拉维市多处设施被暴恐分子占领，随后菲律宾军队与暴恐分子之间爆发了长达5个月的战斗，同年10月，菲律宾国防部长和武装部队总参谋长宣布马拉维的恐怖分子已经被全部歼灭，马拉维的战斗已经结束。

(二) 激进分子回流和维吾尔族暴恐分子的涌入

恐怖主义势力的回流对于东南亚地区来说并非首次，20世纪90年代时期，对抗过苏联的阿富汗恐怖分子就大规模回流过，也正是在这批回流分子的策划下，发生了2002年的印尼巴厘岛恐怖袭击，造成了200多人死亡。同印尼一样，马来政府也面临同样的问题，这样的历史是否会重演，曾经在叙利亚和伊拉克参与战斗的马来籍恐怖分子会不会大规模回流已经成为当下政府最关心的问题之一，答案似乎不言而喻。自2015年下半年起，陆续有7名马来西亚籍恐怖分子被报道从中东地区回流。

从近几年的发展形势来看，IS等恐怖组织并未满足于吸引来自东南亚的极端主义者前往叙利亚和伊拉克，在当地加入战斗，相反他们开始寄希望于这些回流恐怖分子将圣战的概念带回印尼等东南亚国家去。对于印尼当局来说，这一批回流势力最大的威胁在于他们在当地对IS的意识形态加以传播和推广、用他们的技术和战斗经验培训印尼当地恐怖势力、吸引更多的本土恐怖分子，作为外国战斗人员前往伊拉克和叙利亚，以及在印尼当地参与策划更多的恐怖主义活动。同印尼一样，马来西亚政府也担心这批在经验、动机以及意识形态方面都受到过中东恐怖主义势力洗礼的回流人群，将对马来西亚本土造成相当严重的影响，因为这些回流分子带回的不仅仅是在中东作战的丰富经验、炸弹等简易爆炸装置的制作技术，还有来自中东恐怖组织的意识形态。

至2017年，随着包括美国、澳大利亚、法国、英国、德国、伊朗、土耳其、叙利亚、俄罗斯等多个国家对IS发起大规模的剿灭行动。11月21日，伊朗总统鲁哈尼宣布，极端组织IS已经被剿灭。这意味着该组织在战场上的有组织的军事力量被消灭，以及其作为占据大片领土的"准国家"形态的覆灭。但这并不意味着该组织所带来的威胁也随之消失。随着其在中东地区恐怖势力的溃败，被打散的IS成员化整为零，大量来自东南亚地区的恐怖分子选择回流至母国。如此大批量的回流势力将融入当地恐怖组织，并伺机发动新的恐怖袭击，给东南亚地区，特别是印尼和马来西亚，造成了相当大的麻烦。

随着IS在中东地区的溃败，作为"基地"组织分支的东突人员，突厥斯坦伊斯兰党(Turkistan Islamic Party，TIP)的部分成员不愿继续留在叙利亚，也企图回流。当然，维吾尔族暴恐分子潜入印尼并非鲜事，早在2012年MIT在波梭建立时，作为其创始人，印尼头号恐怖分子Santoso就发挥了自身"吸引力"，大量来自印尼国内外的战士们纷纷投入其麾下，其中就包括大量维吾尔族暴恐分子。2015年12月，随着一名名叫Alli的穆斯林维吾尔族人在一次未遂的爆炸袭击中被捕，Santoso正在召集大量的维吾尔族人加入其队伍的消息得以确认。2015年1月，马来西亚内政部长扎西德指出，有300多名中国人，以马来西亚作为中转站，前往第三国，再次进入叙利亚或者伊拉克加入IS。维吾尔族恐怖分子经由东南亚前往中东参加圣战的案例早非鲜事。在此之前，马来警方曾于2014年在吉隆坡逮捕了155名来自中国的维吾尔族偷渡人员。截至2018年初，根据东南亚各国的情报机构评估，约有共计1 000名维吾尔族人落脚于东南亚地区，包括在马来西亚的200—400名，印尼的150—300名等。

在当前的情况下，这批尚在中东地区的维吾尔族暴恐分子可能跟着多国武装人员向东南亚地区集中回流，并围绕东南亚地区的恐怖活动中心——菲律宾棉兰老岛地区开展活动。如此一来，不同国籍的极端分子将围绕该地区开展趋于一体化的活动，包括训练、中转、回流甚至就地发动武装活动，这一趋势自5月底ASG等多个菲律宾地方极端组织突袭棉兰老岛并占领马拉维开始，集中爆发，至同年10月底菲律宾官方宣布歼灭马拉维的恐怖分子得以减缓。

(三)“独狼”势力的崛起与网络恐怖主义形势恶化

除了传统的有组织的恐怖袭击，近年来的恐怖活动逐渐呈现出“独狼”式倾向，把目标瞄准那些政治敏感度低、人群比较密集以及预防措施不严密的地区，恐怖分子化整为零，由极少数人自主策划，直接发动。这种新型的恐袭方式隐蔽性强，很难被侦测到，一旦得手危害性相当之大。以往针对欧美等发达国家的恐怖袭击活动都以此类为主，包括2013年美国波士顿国际马拉松连环恐怖袭击，2015年法国巴黎的恐怖袭击，2016年美国奥兰多夜总会的恐怖袭击，以及美国2017年纽约曼哈顿的自杀式袭击等。

伴随着IS等恐怖组织极端意识形态的入侵，“独狼”在东南亚地区的崛起同样不容小觑。“独狼”一词最早由Bahrun Naim提出，在其2014年8月的一篇博文中，他高度评价了一次针对梭罗的未遂恐怖袭击，并称呼这一恐怖袭击背后的恐怖分子为“独狼”，并号召他们针对印尼群岛发动更多恐怖袭击活动。2016年1月，一名16岁的在校男生在马来西亚发动了一起未遂恐怖袭击，他试图绑架一名售货员，这也是第一起受到 IS 意识形态洗脑的未成年“独狼”式恐怖袭击。2016 年 5 月，IS 发言人在讲话中鼓励追随者们开展“独狼”式恐袭，因为他们相较大规模有组织的袭击“更加珍贵，更加有效，也对他们更有破坏性”。伴随着 IS 极端思想通过互联网的传播，这种无处不在的鼓吹宣传，东南亚地区出现大量自我激进化的“独狼”，小规模袭击数量增多。袭击的严重程度也伴随着数量上的递增有所增加，大批量训练有素的武装分子的回流使得这种自发组织的“独狼”式袭击具备了更大的杀伤力。

“独狼”式恐怖袭击数量之所以有大幅度提升，一个重要的原因就在于恐怖组织通过互联网以及新型社交媒体，将其极端思想、言论、暴恐视频等加以传播，不断号召其追随者进行独狼式攻击，大大提高了洗脑效率，互联网技术的快速发展也极大降低了恐怖袭击活动的成本，伴随着这些改变的发生，网络恐怖主义风生水起。

当下，东南亚地区的主要恐怖组织头目都十分善于利用网络传播其信息、意识形态，以吸引、影响并极端化其目标群体。相比其他恐怖组织，如 JI、Darul 等使用的上门招募法，IS 采取网上招募这一受众面更广且更为高效的方式，活跃于 Instagram、Facebook 和 Twitter 等多个网络社交平台，通过它们招募成员，并对其进行恐怖技能培训（炸弹制作等）。不得不说，IS 通过网络等多个渠道传播的恐怖言论或宣传视频确实行之有效，在很大程度上影响了以印尼、马来西亚和菲律宾的东南亚地区民众，极大加速了该地区的极端化程度，并实现了招募大量成员的目标。IS 通过网络在东南亚地区大规模招揽成员的趋势已经不容小觑，在马来西亚，极端化与恐怖组织的成员招募得到了社交媒介的极大“助力”，特别是用来吸引潜在成员的“脸书”（Facebook）。网络在催化这些人的兴趣与好奇心的同时也缩短了推动极端化与招募成员的时间成本，从以往的 3—6 个月缩短到仅仅几周。马来西亚网络安全部门也指出 IS 十分擅长利用社交媒体进行观念导向。

总体看来，随着 IS 势力对东南亚地区的渗透、IS 在中东地区的溃败导致恐怖分子的大规模回流以及维吾尔族暴恐分子的大量涌入，对东南亚的恐怖主义现状产生了相当的影响，首先，恐怖人员的回流可能会导致其他外来恐怖势力如 IS 等的意识形态和行事作风的转移，从而导致与东南亚本土的宗教意识发生冲突,引发混乱,加剧该地区的恐怖主义形势。其次,作为曾经在中东地区作战过的成员,他们能够轻而易举地在当地赢得"尊重"和"崇拜",并顺其自然地成为当地恐怖组织的头目。有了这些身经百战的老手加入,东南亚地区的恐怖势力被大大强化,行事作风更加激进,形成恶性循环,再吸引更多外来恐怖势力加入其中。最后,这一批回流人员长于武器使用和炸弹制作,具备丰富的作战经验,并且与其他 IS 外国武装分子有着密切联系,他们势必会在东南亚区域国家内造成更大规模且性质更为恶劣的恐怖主义袭击。同时,伴随着 IS 势力在东南亚地区的渗透以及大规模训练有素武装分子的回流,自我激进化的"独狼"式的恐怖袭击在质和量上都有了大幅度上升。

三、东南亚各国对恐怖主义的应对措施

自 2014 年开始,东南亚各国政府已经开始着手处理由于 IS 崛起所带来的各种问题,相比以往他们应对其他恐怖组织(Al-Qaeda)及其分支所带来的威胁更加积极主动。直至当下,该区域各国政府除了加强国内重要设施的安保力度,在反恐立法、加强区域和全球性反恐合作方面也都有了新的突破。总体来看,在国家层面,东南亚诸国包括新加坡、印尼、马来西亚、菲律宾和泰国在过去数年间均强化了国内的反恐措施,从法律、情报、金融、减贫等方面出台规定,不仅打击恐怖主义,也努力消除其滋生根源。具体地说,这些反恐措施主要包括了如下几个方面:

(一)推动反恐立法和去极端化项目

就印尼来说,其政府曾经在 2014 年宣布禁止 IS,时任印尼政治法律安全事务统筹部长的 Djoko Suyanto 提出要统合官方力量,阻止 IS 的分支在当地的建立及其意识形态在当地的传播。此外,官方还重申了在印尼公民法和刑法中,关于禁止公民加入国外反抗活动的规定。时任印尼总统苏西洛颁布了 7 条总统令以削弱 IS 教义日益增长的影响力。印尼国家反恐局(BNPT)推出了"反恐蓝图"

与“去极端化蓝图”。除了重申之前的相关法律以及发布新的总统令，印尼政府还联合包括国家反恐局、宗教部、通信与信息部、人力部、合作社与中小企业部、警方、军方、新闻委员会、教育与文化部、内政部、青年与体育部、国防部、财政部、最高检察机关、国家保密局、广电局、国家发展规划部、社会部、法律与人权部、外交部、儿童保护委员会、印尼国防研究院、国家金融交易报告与分析中心在内的多个国家部委，开展了去极端化项目（Deradicalization Program）。该项目的实施与开展主要包括以下五个步骤：①识别，主要包括确定疑似恐怖分子的身份，了解其世界观，并锁定其社交网络以抓取相关信息；②再教育，即为被确定为恐怖分子的人员提供正确的宗教教育，并提供生存技能以及职业培训；③再社会化，帮助经历过再教育的“前恐怖分子”重新融入社会；④端正思想，帮助前恐怖分子及其家庭成员重塑思维模式，提供恰当的宗教教育以去除其极端思想；⑤巩固与监管。

尽管印尼当局在反恐方面推行了总统令、去极端化项目等相关步骤加以应对，但它在立法方面，特别是针对在境外参与或支持恐怖主义活动的，以及在境外接受恐怖组织培训后回流的恐怖分子，对其加以起诉或判刑的法案，是严重缺乏的。在缺乏切实证据证明境内的 IS 支持者参与恐怖活动时，现有法律无法保障有关部门对其进行逮捕，而这一事实也成了印尼政府在去极端化过程中的潜在漏洞。2016 年 1 月雅加达恐怖袭击事件发生后，印尼议会开始重新考虑制定专门的反恐法。当前的紧张形势迫切需要印尼政府强化相关方面的法律规定，特别是在预防、保护、执行、去极端化、国际合作以及控制恐怖分子使用网络等方面。

相较印尼，马来西亚在反恐立法方面领先一步。2014 年 6 月，在马来西亚政府将 IS 认定为恐怖组织后，时任总理于同年 11 月向议会递交了题为《应对伊斯兰国威胁》（Towards Tackling the Threat of the Islamic State）的政府白皮书，其中详细描述了 IS 带来的威胁，其极端宗教思想在国内传播所产生的恶劣影响，以及倡议制定并推行新的反恐法案以打击该组织。2015 年 4 月，马来西亚议会上下议院通过了两个新的反恐法案，分别是预防恐怖主义法案 2015（Prevention of Terrorism Act，POTA），以及打击国外恐怖主义特别措施法案 2015（Special Measures Against Terrorism in Foreign Countries，2015）。前者主要内容包括疑似恐怖分子的拘留时间规定为 2 年,并能够按不同情况延期长达 2 年,在被拘留者身上安装电子监控设备已掌握其行动,制定措施将嫌疑人去极端化,允许将社交网络上获得的信息作为证据起诉极端主义者,以及应对来自国外的极端主义传教者;后者的主要内容包括采取特别措施应对所有在境外加入被认定为恐怖组织的个人,以及允许吊销护照和相关旅行文件,以阻止个人出国参与恐怖活动。根据报道,马来西亚前总理纳吉布还授意首席法官设立特殊法庭,专门处理与极端主义和恐怖组织相关的案例。除反恐立法,马来西亚政府也开展了针对暴力激进分子的矫正项目,内容主要包括由宗教专家以及警方咨询人员开展的讲座、课程、讨论及咨询,希望能通过该项目转变其极端意识形态。

(二) 加大对网络恐怖主义的打击力度

针对发展势头愈发猛烈的网络恐怖主义,亟需多方合力建立并推行对抗恐怖主义言论的机制。东南亚地区国家,特别是马来西亚,已经开始针对 IS 及其代理人在网上发布的恐怖视频,予以坚决反击,并发表声明称本国政府非常坚定,将全力致力于打击恐怖极端主义,并且已经做好准备,在恐怖事件爆发前阻止其发生。马来西亚警方此前曾经提出,他们总结出来的当地被抓捕的恐怖分子在网络社交媒体上所体现出的共性,主要包括,频繁浏览有关叙利亚和伊朗形势的网站,"脸书"的好友均为去过伊拉克和叙利亚或者打算前往的人群,加入落网聊天组,探讨中东地区的形势。针对这一发现,马来西亚前总理纳吉布在 2015 年时提出在外交部下设数字战略反恐部门(Digital Counter-Terrorism Division, DSCD),通过监测恐怖信息,打击恐怖信息发布,阻止恐怖信息传播等方式,揭露其错误和不实信息,以强化自身网络反恐的软实力,在网络空间对该地区恐怖主义言论和信息予以打击,稳定民心。此外,为了弥补自身硬件的不足,马来西亚政府还与美国政府合作,宣布设立地区电子反恐信息中心,用于监测恐怖信息传递,对抗恐怖言论以及遏制能影响大众的电子产品的传播,此举也是希望能够在网络世界打击反恐言论的散布,以强化政府在反恐方面的网络话语权。

(三) 强化国际反恐合作

诚然,东南亚遭受恐怖主义迫害相对严重的几个国家已经尽力,但 2017 年发生的多起恐怖袭击所呈现出来的分散度广、流动性强以及与 IS 的勾连度高等特点,还是对东南亚反恐的国际合作提出了更高的要求。加之东南亚各国经济发展水平差异大,部分国家的反恐硬件能力匮乏,因而更加需要加强区域内外的国际反恐合作。

在东盟框架内,东南亚国家之间设立了一系列反恐合作机制,自 2003 年马来西亚在吉隆坡设立东南亚区域反恐中心(Southeast Asia Regional Center for Counter-Terrorism, SEARCCT),与东南亚其他国家开展反恐合作开始,本地区的区域反恐合作逐渐成形。至 2017 年,印尼、菲律宾和马来西亚三国外交部长和高官 6 月在菲律宾首都马尼拉会面,联合商讨反恐战略以应对地区反恐形势;之后,在 6 月 19 日,三国在印尼打拉根正式启动"三边海上巡逻",联合打击苏禄海域的恐怖主义与跨国犯罪,新加坡和文莱也受邀以观察员身份参加仪式;同年 10 月,三国宣布正式启动联合空中巡演。

除了国家之间开展的反恐合作,如马来西亚前总理纳吉布在华盛顿参加反 IS 和极端恐怖主义首脑峰会(Leaders' Summit on Countering IS and Violent Extremis)时提出,马来西亚将加入反 IS 的国际联盟。东盟还作为一个整体,利用与域外国家的多边合作对话框架增设反恐议题,争取外界的援助与合作。其分别同美国、中国、日本、俄罗斯、澳大利亚、印度、加拿大、新西兰、巴基斯坦、欧盟等国家或国际组织签订了反恐合作宣言或协议。2017 年 10 月 23—24 日在菲律宾克拉克举行的第十一届东盟国防部长会议(ASEAN Defense Ministers Meeting, ADMM)期间,宣布联合启动"东盟直接联络沟通机制"的防务热线,东盟各国国防部长之间能够通过热线实现直接快速沟通,强化安全合作。2017 年 11 月 13—14 日,东盟峰会及东亚合作领导人系列会议在菲律宾首都马尼拉举行。其中,恐怖主义威胁成为此次会议的重点议题。菲律宾总统杜特尔特会后声称两天会议有大半时间都在讨论恐怖主义问题。

除了制定法律、开展国际合作等政府方面的反恐举措,正统的宗教界机构也希望通过发挥自身影响力阻止其成员参与、加入 IS 等恐怖组织，以遏制恐怖主义的势头。马来西亚国家伊斯兰宗教事务委员会（Malaysian National Council for Islamic Religious Affairs）分别于 2014、2015 年发布指令禁止本国穆斯林支持、参与或加入 IS。此外，政府还与地方正统宗教权威展开合作。鉴于外来恐怖势力试图通过本土宗教控制并招收更多穆斯林入伙，因而也需要正统宗教权威对圣战作出定义，并向大众传递其真正含义并纠正其可能造成的错误理解。但是这样做的风险也存在，这些宗教权威秉承相对传统的行事作风，年轻人不容易对其产生兴趣，因而也需要政府对这些信息进行再包装并且以一种更容易让年轻人接受的方式将其传递出去。

2017 年，随着 IS 在其本土的溃败，大批恐怖分子回流，而东南亚地区由于其特殊的地缘政治环境以及复杂的社会宗教背景，而成为恐怖势力渗透的重要目标之一，回流的圣战士与东南亚各国本土武装联合作祟，加之不断自我激进的"独狼"，使得东南亚地区原本就复杂的区域反恐形势雪上加霜。与此同时，与严峻的反恐形势产生鲜明对比的是东南亚个别国家薄弱的安保及反恐能力，以及在区域乃至全球性反恐合作中由于机制缺失等多种原因，无法完全发挥作用。因而东南亚各国不得不先从自身做起，分别强化各自反恐措施，加强立法和国内反恐力量的建设，并逐步在区域内深化反恐合作，或者以东盟的形式，寻求区域外的合作与帮助。

（张潇文　上海大学博士生）

第六章　南亚地区及阿富汗的反恐形势分析

2017年,国际反恐形势取得了较大进展,军事反恐使得伊斯兰国在叙利亚和伊拉克遭受到了溃败。据2017年Global Terrorism Index(GTI)显示,恐怖活动致死人数连续第二年下降。相比于2014年恐怖活动"高峰"(致死人数超过3.25万人),2017年恐怖活动致死人数降至25 673人,降幅为22%。

恐怖主义下降趋势彰显出打击伊斯兰激进主义的一个转折点,在受恐怖主义影响最严重的五个国家中,巴基斯坦、阿富汗实现了好转,但是恐怖主义威胁仍然是困扰这些国家的重要因素。尤其是伊斯兰国在叙利亚军事失败后,恐怖主义可能向南亚地区发生回流、渗透,对南亚和阿富汗的反恐局势极为不利。近年来,巴基斯坦暴力事件数量已呈下降趋势,安全局势有所好转。但2017年以来,恐袭数量又有上升势头。

长期以来,南亚地区的恐怖主义与分裂主义交织在一起。印巴相互指责对方支持不同的恐怖主义势力,严重影响了两国关系的发展,对南亚地区安全造成了负面影响。恐怖主义成为国家之间和国家内部冲突的主要表现形式。中巴经济走廊作为中国"一带一路"倡议的重要组成部分,将在很大程度上受到反恐局势的影响。

本章重点考察阿富汗以及南亚印度和巴基斯坦的恐怖主义问题。

一、南亚地区恐怖主义的历史

(一) 概况

南亚恐怖主义问题一直都极为严重,恐怖主义问题频发,是公认的恐怖主义重灾区,同时也是打击恐怖主义的前沿地区。南亚地区面对的恐怖主义威胁要远高于世界其他地区,特别是阿富汗、印度和巴基斯坦,恐怖主义威胁尤为严重。当代恐怖主义在南亚地区的崛起并非偶然,有其特殊的历史背景和政治文化因素,也与地缘政治因素密切相关。南亚恐怖主义的产生与发展既有地区内部的原因,也包括普遍性的国际性因素,这些内外因素的作用也在很大程度上解释了南亚恐怖主义问题的复杂性,以及应对恐怖主义挑战的持久性。

在南亚地区,主要的恐怖主义组织包括"基地"组织、阿富汗塔利班、IS、"拉什卡—简戈维组织"、"虔诚军"、巴基斯坦塔利班等。南亚地区的恐怖主义组织以宗教极端型恐怖主义组织居多,也有一定数量的民族分裂型恐怖主义组织及其他类型的恐怖主义组织存在。

恐怖主义的存在和发展在很大程度上恶化了南亚次大陆的安全局势,引发了地区性的动荡,制约着地区的稳定与发展。特别是,地区大国之间的关系状况对地区稳定与发展的制约更明显。这也就意味着,恐怖主义因素对地区大国之间关系的消极影响,对整个地区稳定与发展的制约更明显。

(二) 南亚恐怖主义产生的根源

从历史上来看,有几大因素是导致南亚和阿富汗地区成为孕育恐怖主义的温床。

1. 历史原因和领土争端

印巴分治导致南亚次大陆出现了印度联邦和巴基斯坦两个独立的主权国

家。而克什米尔地区的归属未定，也造成了两国的长期争端。由于领土、宗教等问题，印巴在历史上多次发生战争以及无数的边境冲突。这也成为影响南亚地区稳定的决定性因素之一。如果两国无法在反恐领域进行一定程度的合作，这一地区的恐怖主义问题也不会得到根本的改善。

印巴双方在对待恐怖主义问题上的不同态度和认识，长期制约着两国关系的发展，印度和巴基斯坦都指责对方煽动甚至参与本国的恐怖主义袭击行为，这加剧了双方的矛盾和不信任，也为双方的冲突埋下了隐患。同时，由于中国同巴基斯坦关系紧密，一定程度上更加刺激了印方的不安全感。

2001 年，印度议会大厦发生恐怖主义袭击事件，印度方面指责是巴基斯坦支持背景的武装组织所为，要求巴方缉拿、严惩凶手。而巴基斯坦则予以否认。巴方应印方要求采取了一些措施，如冻结了两个涉嫌恐怖主义活动组织的资产、逮捕其中一个组织的领导人等，但是印度认为这样的措施显然是不够的，印巴双方分别向边境地区大规模集结部队，并产生了小规模冲突。

2008 年，印度孟买市中心发生了长达近 60 个小时的恐怖袭击，造成 195 人死亡，另有 295 人受伤。印度不仅指责是巴基斯坦境内的穆斯林武装分子所为，要求巴基斯坦政府交出嫌疑组织领导人和嫌疑犯，还认为巴基斯坦三军情报局给予了恐怖分子暗中支持，巴基斯坦政府应对此事件负有责任。巴基斯坦坚决否认印方的指控。印巴两国关系一度陷入僵局。但是后来种种迹象表明，恐怖袭击和巴基斯坦的虔诚军有一定的关系。

而在 2016 年 1 月 2 日，印度空军靠近巴基斯坦边界的空军基地遭到武装分子袭击，这次攻击被看作是对数天前才发起的“印度—巴基斯坦和平动议”的打击。2016 年 9 月，4 名极端分子潜入印控克什米尔的印军军营发动了武装袭击，导致至少 17 名印度士兵死亡，30 多人受伤，成为印度陆军 20 多年来伤亡人数最多的事件。印军随后展开了报复性的打击行动。这一事件引发印巴双方政府相互指责，印控克什米尔地区关系持续紧张。在此之后的 2017 年，印巴双方不断在克什米尔地区擦枪走火。

与此同时，有理由认为，印度也资助反巴基斯坦的民族分裂活动，尤其是俾路支民族解放军(BLA)，并且对中巴经济走廊的建设也产生了负面影响。

2. 宗教极端化与宗教、教派冲突

一方面，中东和南亚地区伊斯兰极端主义盛行。从较近的历史渊源看，发生在20世纪70年代后期的巴基斯坦的伊斯兰化与发生在伊朗的伊斯兰革命，对伊斯兰激进主义和极端主义意识形态的发展和传播产生了重大影响，为其后阶段以伊斯兰“圣战”为招牌的国际恐怖主义提供了滋生的土壤，并成为南亚地区恐怖主义和暴力武装活动日益严峻的助推器。

伊斯兰革命将矛头直接指向西方及其在伊斯兰世界的政治盟友，致力于消除西方文化和价值观对伊斯兰国家的渗透，大力鼓吹在伊斯兰世界反美（反西方）反资本主义、反世俗主义、反社会不公的政治纲领，主张政教合一，直接促成了伊斯兰极端主义意识形态的产生和输出，从而影响了阿富汗、南亚中东及其他地区的伊斯兰“圣战”。伊斯兰逊尼派与什叶派的冲突也不断。

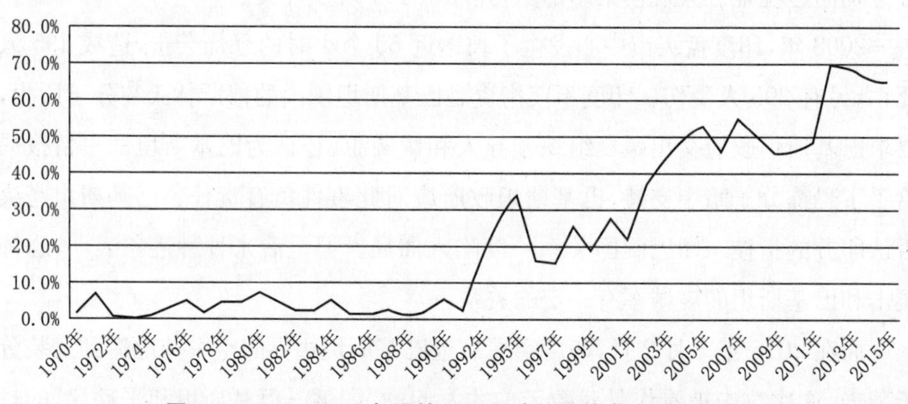

图 6-1 1970—2015 年恐怖组织制造的恐怖袭击所占比例

另一方面，印度教和伊斯兰教的直接冲突也造成了南亚地区恐怖主义问题。印度虽然自诩为是一个世俗化的民主国家，但是穆斯林群体与占主体的印度教徒相比而言，在政治、文化和经济上均受到不同程度的边缘化，印控克什米尔的大多数社会发展指标落后于印度其他邦，造成了印度教派和伊斯兰教之间的冲突愈加厉害。

例如，印度独立前后时期的恐怖主义形态主要以传统的恐怖主义形态，即刺杀政府重要的领导人员，往往带有极其浓重的宗教和民族主义色彩。恐怖分子

希望通过刺杀行动制造恐怖氛围，并希望改变国家的相关政策。印度民族解放运动领导人、印度国家大会党领袖甘地，不希望看到印度教徒和穆斯林直接的互相仇杀，呼吁双方保持克制，希望达成双方的和解，但是最终在1948年被印度教极端分子杀害。

巴基斯坦自1947年建国以来，是以温和著称的伊斯兰国家，宗教势力在国家政治生活中的影响力有限。但从20世纪90年代开始，伊斯兰极端势力在巴基斯坦全国迅速蔓延，在巴基斯坦全国开设了近5万所宗教学校。部分宗教学校向学生灌输伊斯兰极端主义思想，导致敌视印度教、基督教等其他教派教徒的情绪抬头。

3. 经济发展水平总体滞后，贫富差距大

贫穷不是产生恐怖主义的必然前提，但是却为恐怖主义的滋生提供了土壤，更容易引发极端主义思想的传播。南亚的恐怖主义与社会的不公平现象有着极为密切的关系。南亚地区的贫富差距较大，尼泊尔、印度、孟加拉国、斯里兰卡等国基尼系数远超国际警戒线（0.4）。尼泊尔是农业国，是世界上最不发达的国家之一，2016年人均GDP也不过只有730美元，远远低于南亚其他国家。印度贫富分化严重，是世界上贫困人口最多的国家。瑞士信贷银行最新报告显示，1%最富的人拥有印度全国财富的一半以上，5%最富的印度人拥有全国财富的68.6%，10%最富的人拥有全国财富的76.3%，全国一半以上的穷人仅拥有全国财富的4.1%。孟加拉国虽然GDP增长率较高，但社会贫富悬殊，贫困率较高。巴基斯坦也存在较大的贫富差距问题，但是巴基斯坦随着“一带一路”、中巴经济走廊和瓜达尔港的建设和运营，2017年经济增长率已达5.3%左右，也高于2016年4.7%的经济增长率。

二、当前形势和主要事件

在美国经济与和平研究所（IEP）以“全球恐怖主义数据库”（Global Terrorism Database）为基础而发布的“全球恐怖主义指数2017”中，阿富汗和巴基斯坦为全球最高危恐怖主义国家。

(一) 恐怖主义组织在南亚和阿富汗地区不断扩散，国际化趋势明显

阿富汗地区恐怖主义形势不断恶化。“基地”“乌伊运”“东伊运”、车臣及中亚恐怖分子等在阿富汗北部巴达赫尚省活动频繁。极端恐怖组织的频繁袭击造成了阿富汗军警与平民的大量伤亡。2014 年，约有 1.25 万名阿富汗军人和警察被打死或打伤。2015 年，这个数字增至 1.6 万名。由于阿富汗反恐斗争日趋激烈，阿富汗的军警伤亡激增，迟滞了北约对阿富汗安全部队的培训进度，长此以往将制约阿富汗的安全能力。联合国秘书长阿富汗事务特别代表兼驻阿富汗援助团负责人海索姆称，据联合国 2015 年度报告，阿富汗平民伤亡超过 1.1 万人，其中死亡人数超过 3 500 人，创历史新高。女性和儿童的伤亡人数均有所增加，增幅分别为 37%和 14%。

同时，域内外恐怖组织与阿富汗塔利班(阿塔)既合作又竞争，加强对阿富汗的渗透。扎瓦赫里领导的“基地”组织及其南亚次大陆分支均在阿富汗保持一定程度存在，并有死灰复燃的可能。“基地”正试图通过提供招募兵员、培训以及经费支持等重新与阿富汗塔利班加强合作，欲在帕克提卡、帕克提亚、努里斯坦、库纳尔等省建立训练营。在奥马尔死讯曝出后，扎瓦赫里宣布“基地”组织效忠阿塔新头目曼苏尔；曼苏尔被美军无人机击毙后，扎瓦赫里又宣誓效忠于继任者阿洪扎达。IS 也不甘落后，自 2014 年 9 月进入阿富汗后，扩张势头迅猛，在阿富汗 25 个省都有活动，主要集中于楠格哈尔、库纳尔省。

美军自 2015 年起仅留 9 800 人在阿富汗执行非作战任务，对阿安全部队的军事行动支持力度减弱，对打击恐怖主义问题也无法提供更多实质性的帮助。阿塔分裂重组，各分支为彰显力量竞相发动攻势，给阿富汗军队和平民造成重大伤亡。阿塔与“基地”组织、IS 等既相互竞争又勾连在一起，使阿富汗及地区安全形势更趋严峻复杂。2017 年，阿富汗塔利班有 4.5 万—6.5 万名武装分子，力量达到 2001 年阿富汗战争以来的高峰。

IS 积极致力于渗透南亚地区，培养当地的“圣战者”。IS 从南亚地区招募的

“圣战者”一部分留在叙利亚、伊拉克参战，另一部分则在受训后被派遣返回南亚各国，影响和改造当地的恐怖主义组织。

（二）印巴关系难以缓和

长期以来，印度和巴基斯坦这两个南亚主要国家关系并没有得到改善。2017 年印度外长斯瓦拉吉在联合国大会一般性辩论上的发言，在印巴两国对立的舆论场上添了一把火。她称在独立 70 年后，当印度成为世界 IT 大国时，巴基斯坦却仅被视作出口恐怖主义的工厂。关于什么是恐怖主义，印巴确实存在不同认识。印巴之间长期的对立，已经在事实上产生互相的不信任感，只要克什米尔领土争端和恐怖主义问题不解决，双方将难以产生实质性的合作。

同时，特朗普政府在对待印度和巴基斯坦关系时，对印度在反恐和地区合作方面更抱有希望，并且对巴基斯坦公开表示不满，指责巴基斯坦是“窝藏恐怖主义的天堂”，这一说辞无疑与印度指责巴基斯坦长期支持“跨界恐怖主义”论调相一致，明显偏袒印度。这也在一定程度上打击了巴基斯坦在反恐事务上的积极性。2017 年，美国国务院宣布将在巴基斯坦控制的克什米尔地区活动的真主穆斯林游击队（Hizbul Mujahideen）头目赛伊德·沙拉胡丁（Syed Salahuddin）认定为国际恐怖分子。印度外交部对此表示高度肯定。特朗普政府对阿富汗的新战略，也是直接向巴基斯坦政府施加了反恐怖主义的压力。美国和印度在南亚事务上将会有更加密切的合作。

（三）美国放缓从阿富汗撤军计划

尽管美国政府已宣布阿富汗战争结束，大部分美军及其盟军也撤离了阿富汗，但随着阿富汗安全状况恶化，地区反恐形势又趋严峻，美国从 2015 年开始明显放慢了撤军步伐。美国作为影响阿富汗局势的始作俑者，仍将继续左右阿富汗未来局势的走向，也会直接关系到阿富汗后续的反恐形势。

2017 年 8 月，美国总统特朗普提出了新的阿富汗和南亚战略，表明美国不仅不会从阿撤军，还要向该国继续增兵。美国增兵的目的在于加大对塔利班、

IS和“哈卡尼网络”等极端组织的打击力度和军事威慑，从而保障阿富汗政府的安全和社会稳定，以及维持美在阿的影响力。

对于阿富汗的重要邻国巴基斯坦，特朗普则多次指责巴基斯坦在反恐事务上出力不足，甚至“阳奉阴违”，不值得获得美国的大笔援助。其态度已招致巴方的强烈反弹，两国关系出现恶化趋势。此外，特朗普希望印度在阿富汗问题上发挥更大作用，巴基斯坦则不支持印度过多插手阿富汗事务，这也成为两国间一个突出的矛盾点。总体而言，虽然巴基斯坦自身近年也遭受着恐怖主义的巨大威胁，但仍然在阿富汗安全事务上发挥着非常重要甚至是不可替代的作用。

实际上，由于阿富汗复杂的局势，美国有限的增兵并不能够帮助阿富汗解决实际问题，而只是更多代表了特朗普解决阿富汗问题的决心。但是，美国与印度将如何在反恐问题上进一步协作，包括阿富汗重建、打击南亚恐怖主义行动，是值得关注的。

(四) 中巴经济走廊建设与反恐安全问题

2013年5月，李克强总理访问巴基斯坦时提出中巴经济走廊倡议(CPEC)，旨在加强中巴两国的能源、交通合作，帮助巴基斯坦发展基础设施建设，促进两国共同发展。同时，中巴经济走廊是“一带一路”共商、共建、共享的六条国际经济合作走廊之一，是“一带一路”建设的重要组成部分。在巴基斯坦，中巴瓜达尔港项目、中巴经济走廊各个建设项目已经进入加紧实施阶段，有的已经初具规模。中巴经济走廊对于中国而言，意味着中国将更多地深入到南亚事务中去，由于巴基斯坦国内恐怖主义问题严重，以及周边地区的不稳定因素，中巴经济走廊的建设不可避免地受到南亚地区恐怖主义的威胁。

巴基斯坦对于中巴经济走廊的建设实施具有较大热情和较高期望值。巴基斯坦方面希望相关建设项目能在改善民生、基础设施、创造就业等方面带动本国沿线省份的发展，同时希望通过提高经济发展促进繁荣稳定，从而加强国内凝聚力和中央政府权威，提高政府对各地区的治理能力。但是，对于中巴经济走廊，巴基斯坦国内也存在不同的声音，巴基斯坦的党派之争、依然突出的安全威胁等问题，仍有可能伤及这个巴基斯坦建国以来最大的发展项目。

其一，巴基斯坦国内的安全局势。从中国新疆疏勒开始，中巴经济走廊将穿越巴境内吉尔吉特-伯尔蒂斯坦地区、开伯尔-普什图省和俾路支斯坦省。尤其是后两个省都面临着复杂的安全挑战，为此，巴基斯坦政府决定组建1万人的部队，保护中国工程师的安全和整条走廊的贸易线路安全，但这种保护是否为有效的和长期的保护，将是考验中巴双方的重要问题。其二，巴国内对中巴经济走廊的共识问题。中巴经济走廊项目虽然受到巴各主流政党的支持，但是有些经济薄弱省份觉得未能从该项目中获得益处，这些省份的政党因而持保留甚至不满意见。同时，经济走廊建设过程中，特别是在交通不发达并且识字率低的地区，部落制度的根基非常强大，外资项目的进入会引起当地人的排斥和不理解，很容易被煽动进行破坏活动甚至发动恐怖袭击。

中巴经济走廊项目宣布后，巴基斯坦信德联合阵线、俾路支共和党等组织多次组织小规模的反华游行示威，不排除将来可能上升为暴力反华活动的可能性。[①]《今日巴基斯坦》和《巴基斯坦国防论坛》等一些主要媒体也不断出现反对的声音。

另一方面，作为南亚地区的大国印度，对于中巴经济走廊的建设保持高度警惕，并且认为中巴经济走廊的建设将威胁到印度的战略安全，无疑印度将会就此视中国与巴基斯坦是印度最大的潜在威胁。2017年1月，在由印度外交部和新德里智库观察研究基金会举办的瑞辛纳对话（Raisina Dialogue）上，印度总理莫迪也曾明确阐述道，"只有尊重有关国家的领土完整，地区连接发展才能履行承诺"。明确表明了对中国发展中巴经济走廊项目的不满。

2017年12月7日，巴基斯坦恐怖组织俾路支斯坦解放阵线（Balochistan Liberation Front BLF）宣称袭击并摧毁了瓜达尔附近的一座中国移动巴基斯坦分公司的信号塔。随即，中国驻巴基大使馆发出了安全提醒。俾路支解放阵线曾数次对俾路支省的中国人或中巴经济走廊发动过袭击，破坏涉及中巴经济走廊的设施和施工进程。

---

① Sajjad Shaukat，"Why Baloch Leader Opposes CPEC?"，http://readersupportednews.org/pm-section/86-86/31036-why-baloch-leader-opposes-cpec.

中巴经济走廊建设的关键工程瓜达尔港，位于巴基斯坦最不安全最贫穷的俾路支省，当地的分离主义者和极端主义者猖獗。瓜达尔港曾数次遭受过恐怖分子的袭扰，其中一次还袭击了位于瓜达尔港的巴基斯坦海军基地。而且瓜达尔港临近世界上最不安稳的中东地区，各路国际势力在此博弈，美印等国家也不会坐视中巴经济走廊顺利打通。

2017 年 7 月以来，俾路支解放阵线已经实施了 160 余次恐怖袭击，主要以巴基斯坦军方、工程以及中巴经济走廊在建工程为袭击目标。他们认为中巴经济走廊只是对中国和巴基斯坦联邦政府有利，但会损害俾路支人的利益。

最后，中国政府还要防范三股势力与南亚地区伊斯兰恐怖势力相互勾结来威胁中巴经济走廊。

三、主要组织及其发展态势

对什么是恐怖组织，是具有一定的争议的。比如阿富汗塔利班武装一般认为也采取了爆炸、绑架、自杀式袭击等恐怖主义袭击方式，大多数情况下还是认为塔利班属于恐怖组织。但是美国政府曾经声称阿富汗塔利班是非法政权、武装叛乱，“伊斯兰国”才是恐怖组织。主要原因可能还是塔利班曾经是作为一个合法的政权统治国家的，但是在很多人看来，就所采取的一些手段而言，塔利班也算是一个恐怖组织。

南亚地区存在着为数众多的穆斯林群体，印度虽然主要信奉印度教，但是穆斯林人口也有 1 亿多，为伊斯兰极端主义思想的传播和“伊斯兰国”的渗透提供了土壤。作为南亚大国，印度的恐怖主义问题稍有特殊性，印度的恐怖袭击事件近几年来有上升的倾向。与南亚其他地方不同的是，印度具有相对完善的联邦制度和民主政治体制，已经成为世界上经济发展最快的国家之一。虽然印度受到该国左翼激进势力（如纳萨尔派）与印度东北部地区分离主义叛乱的长期困扰，但是相对而言，印度所面临的主要问题还是产生于印度和巴基斯坦就克什米尔地区的领土问题和越界恐怖主义问题，使得印度的恐怖主义行动更具世俗性与浓重的地方色彩，印度面临的两个主要的恐怖组织“虔诚军”（Lashkar-e-Taiba)和"真主穆斯林游击队"(Hizbul Mujahideen)都以巴基斯坦为基地,并不是印度本土的恐怖组织,但是却深受其害。

(一) IS

IS 是"基地"组织的派生组织,它的兴起与伊拉克和叙利亚的无政府局势、穆斯林逊尼派与什叶派的冲突密切相关。

2017 年是 IS 在叙、伊战场全面溃败的一年,该组织基本丧失叙、伊境内全部主要据点。2017 年 7 月,伊拉克军队从 IS 手中收复北方重镇摩苏尔,同年 12 月伊政府宣布伊拉克全境解放。2017 年 10 月,位于叙利亚北部的 IS"首都"拉卡被由库尔德武装主导的"叙利亚民主军"攻下,其后 IS 在叙的剩余重要据点也被接连攻破。控制地区的丧失殆尽,标志着作为"国家形态"而存在的 IS 已走向土崩瓦解。IS 选择阿富汗作为中东地区以外的首要目标国,主要出于几方面的原因,一是阿富汗是"基地"组织的"大本营",本・拉登、扎瓦赫里等"圣战"领袖都长期在阿富汗盘踞,虽然阿富汗已经处于重建状态,但阿富汗中央政府缺乏权威,经济建设基础匮乏,需要长期依赖西方国家的经济援助和军队保障,并且对地方缺乏有效的管理,满足不了大部分民众的发展需求。2017 年 10 月,阿富汗 407 个地区中只有 57%在阿富汗当局的控制之下,30%的地区处在争夺过程之中,13%的地区处于叛军控制之下,主要是塔利班武装。而在 2015 年 10 月,72%的地区处于中央政府的影响之下,21%的地区处在竞争过程中,只有 7%的地方被叛军占领。①

阿富汗的地区稳定局势是不容乐观的。阿富汗地区还是充斥着极端主义问题,现今活跃在阿富汗和巴基斯坦的外国恐怖组织(美国所认定的)达到 20 个之多。因此美国政府也担心,塔利班对阿富汗加尼政府的胜利,将使得 IS 和"基地"组织的本地分支在阿富汗建立基地,使得阿富汗重新成为威胁美国安全的策源地。

二是阿富汗战略地位十分重要,具有"十字路口"的战略属性,控制它符合

① http://www.satp.org/featurelist.aspx? countryid=7&featurename=Assessments.

IS整体发展战略。阿富汗是亚洲中南部的内陆国家,处于亚洲心脏地区。苏联、美国都曾经在阿富汗地区进行过角力。

IS在这里建立根据地,向西可以威胁到什叶派的伊朗;北面与土库曼斯坦、塔吉克斯坦和吉尔吉斯斯坦接壤,方便向中亚地区渗透;向西南则有利于对巴基斯坦和印度的扩张。在它规划设计的"哈里发"国家版图中,阿富汗是足以撬动东部疆域建设的"支点国家"。

IS的发展势力近两年逐步受到遏制,特别是在美、俄各自反恐联盟的打击下,IS在叙、伊战场上接连受创,IS在中东地区遭受到沉重打击,控制区域不断被压缩,IS向其他地区渗透、扩张的步伐明显加快,除北非以外,南亚地区是渗透、扩张的重点地区。

2016年7月1日,孟加拉国首都达卡市使馆区发生恐怖袭击事件,造成20名人质遇害,其中包括9名意大利人、7名日本人。6名武装恐怖分子被安全部队击毙。这起恐袭事件专门针对外国人,IS宣称对该起事件负责,但孟加拉国政府人士否认IS策划袭击的可能性。不可否认的是,这是孟加拉国长期存在的极端伊斯兰势力的活动的爆发。2017年3月,印度发生了首起与IS有关联的暴恐袭击事件。一个效忠IS的小组在印中央邦首府博帕尔开往乌贾因的火车上放置小型炸弹并引爆,致10名乘客受伤。①

种种证据表明"伊斯兰国"势力在南亚的渗透是确定无疑的。2007年以来"基地"在伊斯兰国家逐渐失去了公众支持。南亚非政府武装力量呈现出的碎片化趋势,使得谁也无法做到一家独大,以"伊斯兰国"和"基地"组织为代表的新老恐怖主义组织在南亚地区正在展开一场争夺支持者与势力范围的"暗战"。② 2016年就有报道显示,"基地"组织在印度次大陆分支(AQIS)也在想方设法与伊斯兰国争夺印度激进的穆斯林青年的支持。塔利班和"基地"组织等武装内部"叛变者"不断向IS"投诚",更为后者"挖墙脚"提供了直接的便利。③

① 范娟荣、李伟:《"一带一路"建设面临的恐怖威胁分析》,《中国人民公安大学学报》(社会科学版)2018年第1期。

② 杨凯:《伊斯兰国与"基地"组织在东南亚、南亚的扩张比较》,《东南亚研究》2015年第5期。

③ 郑迪:《谈"伊斯兰国"对南亚的渗透》,http://www.cssn.cn/zk/wjyya/201509/t20150917_2345910_2.shtml。

(二)“基地”组织

“基地”组织成立于1988年,由本·拉登组建,成员身份具有广泛国际色彩。在阿富汗抗苏战争时期,“基地”组织赞助、招募、输送、培训并武装了成千上万的“圣战者”,使之成为一支抵抗苏联入侵的有生力量,在一段时间内,塔利班成为“基地”组织的保护者。“基地”组织公开宣称的长远目标是推翻“非伊斯兰”政权并从伊斯兰国家驱逐西方势力和非穆斯林,在世界范围内建立一个统一的泛伊斯兰教哈里发国家。在发展过程中,“基地”组织逐渐蜕变为一个声名狼藉的国际恐怖主义网络。可以说,“基地”组织在一段时间内成了伊斯兰极端主义组织的代名词。

“基地”组织将美国等西方国家、犹太人以及被视为“腐败堕落”或“不虔诚”的伊斯兰国家列为攻击对象,直接策划实施了美国“9·11”事件,成为国际反恐导向的重要转折点。“基地”组织通过其跨国网络,资助、培训和支持在阿富汗、巴基斯坦及世界其他地区的伊斯兰“圣战”武装人员,包括巴基斯坦“虔诚军”。连接“基地”组织与这些组织的精神纽带是共同持有的宗教激进主义理念。1996年,拉登受苏丹政府驱逐,潜回阿富汗,成为刚掌权的塔利班政权的座上宾,并在阿境内直接策划了“9·11”事件等一系列重大恐怖袭击。

“基地”组织在阿富汗被美国击溃后,在巴基斯坦以及南亚也有所发展,“基地”的南亚分支“印度次大陆基地”(AQIS)由“基地”组织最高领袖扎瓦赫里在2014年成立。印度的伊斯兰教徒只占总人口的15%,人数达1.75亿,伊斯兰教徒人口属全球第三多,仅次于印尼和巴基斯坦。但是,伊斯兰教徒一直是印度教极端运动的受害者。而克什米尔则是印度和巴基斯坦有争议的地区。那里向来是外国伊斯兰教战士和本土分离主义武装分子的温床,可以说印度也是容易受伊斯兰极端主义思想荼毒的国家。

为了生存,“基地”组织也同其他逊尼派极端组织如巴基斯坦塔利班和羌城军(Lashkar-e-Jhangvi)组成联盟。“基地”组织对领土控制不如“伊斯兰国”、塔利班等,因此并没有固定的根据地,但由此也更具有组织弹性和难以被连根拔起。

（三）阿富汗塔利班

巴基斯坦与阿富汗接壤的这一地区就是恐怖主义活动的发源地之一，最早苏联入侵阿富汗，来自全球各地的圣战者就把这一地区作为根据地接受培训，前往阿富汗与苏联作战。20世纪90年代末，塔利班在阿富汗建立政权后。1996年，塔利班掌控了阿富汗。随着2001年北约对阿富汗的入侵，塔利班开始失势，但是仍然试图夺回曾经的地盘。

阿富汗塔利班信奉宗教激进主义，对伊斯兰教法极为严苛的解释，在2001年被美国及其盟军击溃后，阿富汗塔利班在逐步恢复对阿富汗部分地区的控制。到2017年4月，估计有11%的领土已经处于塔利班武装控制之下。阿富汗塔利班带有强烈的地域、民族色彩，阿富汗作为中南亚地区主要的跨界民族聚居区，阿富汗主体民族普什图族也是阿富汗塔利班的主要构成民族，阿富汗和巴基斯坦边境地区生活了大量普什图族人。当初塔利班政权遭到击溃后，相当部分塔利班成员逃往了巴基斯坦境内，为巴基斯坦部落地区的塔利班化创造了条件，也促进了巴基斯坦塔利班组织的发展。①现在阿富汗塔利班武装在南部地区的基础十分牢固，主要包括Helmand、Nimroz、Uruzgan、Zabul和Ghazni这些省份。②可以看出，从大城市战略性撤退之后，塔利班武装以其阿富汗的传统方式撤退到了广大农村地带和巴基斯坦部落地区，并且呈现出重新崛起的迹象。

自从IS在2014年进入阿富汗之后，由于双方都是谋求领土控制，这两个组织就处于明显的竞争与敌对状态。因此，塔利班领导人曾公开指责“伊斯兰国”手段太过于暴力和血腥。2017年以来，阿富汗境内的IS阿富汗分支和当地塔利班武装为争夺势力范围而爆发冲突的事件时有发生。4月25日，双方曾在阿富汗北部朱兹詹省发生激烈冲突，共造成91人死亡、68人受伤。5月1日，双方又在阿东部楠格哈尔省发生冲突，造成至少28名武装分子和2名平民身亡。

IS当前在阿富汗还立足未稳，竭力壮大自身声势，寄希望于吸引当地极端

---

① 王联：《论巴基斯坦部落地区的塔利班化》，《国际政治研究》，2009，Vol.46(2)：112—135。

② Globe index 2017，p.76.

武装势力加入，与阿富汗塔利班在地盘、资源、人力等方面呈竞争态势。而阿富汗塔利班占据本土优势，既希望借力 IS 打击外国政府军队，又意图牢固把持主导地位，压制 IS 的过分扩张，防止其喧宾夺主。此外，阿东北部与巴基斯坦接壤的努里斯坦省、库纳尔省等历来是阿政府长期失控地区，也是阿塔控制力比较薄弱的地区，有多支外国极端组织及少量部落武装存在。

但是，IS 和塔利班的关系也绝不是完全水火不相容的。据阿富汗卡玛通讯社报道，塔利班最高领导人海巴图拉・阿洪扎达表示，塔利班和 IS 是相似的，有着共同的目标，因此双方之间的冲突应该停止。阿洪扎达还呼吁塔利班武装分子停止攻击 IS。随着 IS 在叙利亚和伊拉克地区的式微，IS 有可能改变其行动方针，谋求跟其他伊斯兰极端势力之间的联合和合作。

（四）巴基斯坦的主要恐怖组织

大量多国籍"圣战者"穿越阿富汗与巴基斯坦之间的边界进入巴基斯坦，在与阿富汗接壤的巴西北边境地区建立根据地，该地区出现了许多跨国武装人员的训练营地。阿巴边境以及巴基斯坦的联邦直辖部落地区（FATA），更长期被视为恐怖组织活动的"安全天堂"。南亚作为恐怖组织大本营的特点，为各种极端主义恐怖主义的生存提供了广阔的空间。巴基斯坦恐怖组织为数众多，但是令人诧异的是，在巴基斯坦安全与稳定以一种消极状态存在着。当一个武装组织控制一个地区的时候，暴力恐怖活动反而会减少甚至是消失。①

同时，巴基斯坦国内教派斗争激烈，特别是穆斯林逊尼派和什叶派长期内斗，助长了宗教极端主义势力的发展势头。地区分离主义势力利用族群冲突和利益分配不均等问题制造恐怖袭击和恶性治安事件。巴基斯坦国内局势不是特别稳定，在民主化进程中曾经历过军事政变，最近的则是穆沙拉夫军人政权曾长期执政。

1. 伊斯兰极端势力型恐怖组织

巴基斯坦塔利班（TEHREEK-E-TALIBAN PAKISTAN，简称 TTP）主要是

---

① 张家栋、韩流：《巴基斯坦恐怖主义状况及发展趋势》，《国际关系国际观察》2017 年第 4 期。

在巴基斯坦和阿富汗交界处,巴基斯坦塔利班与阿富汗塔利班相互渗透。该组织过去一直在开伯尔—普赫图赫瓦省以及联邦直辖部落区发动恐怖袭击,而2016年,其势力开始向俾路支斯坦省全面延伸。他们在俾路支斯坦地区的扩张对我正在扩建的巴基斯坦瓜达尔港构成了直接威胁。2016年,其在俾路支斯坦省发生恐袭的次数比2015年增加了40%。2014年10月,巴基斯坦塔利班发表声明,宣布"效忠"IS,并称将为IS提供一切可能的支持,助其"建立全球性的哈里发国家"。

同时,巴塔也拥有一些重要分支。比如,坚戈维军(羌城军)被认为是巴塔武装在旁遮普省的重要分支,是逊尼派极端武装,主要针对什叶派发动袭击。在2016年,该组织在开伯尔—普赫图赫瓦省发动了17次恐怖袭击。而2015年该组织共发动33起恐怖袭击。由于受到巴基斯坦政府军队的打击,被严重削弱。阿拉米—坚戈维军是这一组织更加残酷的分支,被认为是巴基斯坦社会政治稳定和国家安全新的最大威胁之一。

虔诚军(Lashkar-e-Toiba)成立于1993年,以巴基斯坦领土为基地,活动范围包括巴基斯坦、印度尤其是印控克什米尔地区。2001年底印度议会袭击事件发生后,美国将其列入"外国恐怖主义组织"名单,巴基斯坦穆沙拉夫政府冻结了其财产。尽管遭到禁止,该组织仍改头换面在克什米尔及巴国内继续进行恐怖活动,被指控策划并参与了近年来某些针对印度的重大恐怖袭击事件,包括2006年7月的孟买火车站连环爆炸和2008年11月的孟买袭击。该组织在2016年共发动了8次恐怖袭击,主要活动在迈克兰地区,这里最靠近瓜达尔港。

2. 民族分裂型恐怖组织

在巴基斯坦,以俾路支省为主要活动区域的民族分裂武装组织有:俾路支共和军(Baloch Republican Army)、俾路支解放军(the Baloch Liberation Army)、俾路支解放阵线(Baloch Liberation Front)、俾路支解放猛虎组织(Baloch Liberation Tigers)、俾路支斯坦军(Lashkar-e-Balochistan)和俾路支解放联合阵线(the Baloch Liberation United Front,简称BLUF),信德解放军(SDIA)等,俾路支分裂武装不仅袭击巴基斯坦政府,还针对少数民族进行袭击,尤其是什叶派穆斯林哈扎拉人(Hazara),经常成为该地区武装组织的恐怖袭击目标。

(五) 印度东北部分离主义势力

印度东北部地区地理位置特殊，被中国、缅甸、孟加拉国和不丹四面包围，与印度领土主体缺少地理上的联系，与印度主体大陆仅通过一条宽约仅仅 20 公里的狭长地带连接，被称为西里古里走廊。印度自建国后，东北部地区分离与恐怖主义活动严重。中印领土争议东段地区(印方称之为“阿鲁纳恰尔邦”，中国政府不承认其合法性)由于紧邻印度东北部，其安全局势也受到印度东北部分离与恐怖主义活动的直接影响。

印度本身是一个多民族、多宗教的国度，有“世界宗教博物馆”之称。印度东北部的居民主要有阿萨姆人(Asamese)、波多人(Bodo)和梅泰人(Meitei)等大量的部落民族。1947 年印度独立后，印度政府从英国人手里接管了整个东北部地区。但是，从未被印度人统治过的东北地区民众对这个印度国家缺乏认同感和归属感。再加上印度东北地区的经济仍然处于欠发展状态，远远低于印度国内的平均水平。

印度东北部恐怖组织繁多，据统计，21 世纪初活跃在印度东北部的分离与恐怖主义组织仍有 72 个。①主要包括“阿萨姆联合解放阵线”(ULFA，the United Liberation Front of Assam)和“波多民族民主阵线”(NDFB，the National Democratic Front of Bodoland)等。

印度中央政府于 20 世纪 60 年代曾试图强化东北部偏远地区的行政管理，建立了县、镇、村级的管理体系，配以大规模的驻军。但是以民族武装为代表的反抗势力一直存在，并且逐渐和恐怖主义、极端主义相融合，不仅为了制造声势和社会混乱，以便与印度政府讨价还加价，还增加了绑架暗杀、敲诈勒索百姓和政府雇员、毒品交易、军火走私、抢劫银行、恐怖袭击教堂和公共交通工具等新内容；并且不同派系为了利益纠纷，也互相开展竞争。

可以说，印度东北部地区的混乱和失序是与印度总体上的社会平稳和快速发展不相称的。更为重要的是，印度一直认为西里古里走廊是印度国防安全的

① 李金轲、马得汶：《印度东北部分离与恐怖主义活动向所谓“阿鲁纳恰尔邦”的溢出问题探析》，《国际论坛》2013 年第 4 期。

弱点,容易受到国外力量的打击。打击分离主义活动和恐怖主义行径,仍然是印度在东北部地区的任务之一。

(六) 意识形态类型恐怖组织

南亚地区由于政治意识形态所产生的恐怖主义组织比较少,比较著名的是印度境内的印度左翼极端组织纳萨尔派。该组织利用共产主义理论组建政党宣传思想并且广泛发动农民群众进行武装革命,推翻现有政权。他们利用印度农村农民的贫困问题,自称代表印度贫苦阶层,取得了支持。为了扩大自身的影响力,也不排除利用暴恐主义手段。

四、对 策 与 措 施

中国与南亚国家的反恐合作,加强政治互信是关键,尤其是需要处理好中国与印度的关系。中国与南亚国家在反恐议题上有共同利益,注重合作中的平等和信任,有助于消除南亚国家的疑虑,同时可从相互尊重对方的核心利益、注重务实合作、加强沟通、深入交流等角度入手不断加强政治互信。中国与南亚国家不应以意识形态划线,不应将恐怖主义与特定国家、政府、民族或宗教挂钩。中国与东南亚国家应强化打击恐怖主义的共同认识,坚持反恐统一标准,摒弃双重标准,发出一致有力的声音,共同积极应对国际与地区恐怖主义形势。

(一) 反对恐怖主义,并不仅仅是主观意愿和技术手段,而更应当考虑到地缘政治因素,在经济全球化背景下加强利益共同体建设

印度和中国虽然处于相互竞争的发展态势下,但双方都不能忽略彼此的存在。尤其是在美国提出美印新战略之后,可以看到,平衡中国、加强反恐和在阿富汗问题上的合作是美印战略协调的三大基石。印度不仅担心中国在其边界造

成军事压力，还担心中国会通过“一带一路”建设不断向中南亚、印度洋地区“扩张”，压缩其战略空间。应看到，中国和印度同时作为发展中国家，在经济发展等方面存在一定的契合点。

印度和中国都不能目光狭隘，不顾及对方的利益，这对于双方都是无法承受的。中国协调好其他国家，尤其是印度的关键利益时，才能够有更好的机会将这一宏伟目标付诸实践。[①]

中国还积极寻求在多边层面上与南亚国家开展反恐合作。南亚大国印度和巴基斯坦已经于2017年成为上海合作组织正式成员国，而阿富汗是该组织的观察员国。上合组织的南扩不仅将该组织影响力拓展到南亚地区，也为中国和南亚地区国家展开深度反恐合作提供了一个更高更广阔的平台。

2017年8月27日，第二届“阿中巴塔”四国军队反恐合作协调机制高级领导人会议在塔吉克斯坦共和国首都杜尚别举行。这是继2016年8月在中国新疆维吾尔自治区乌鲁木齐举行首届会议后，旨在就反恐形势研判、线索核查、情报共享、反恐能力建设、反恐联合训练、人员培训方面开展协调并提供相互支持的会议，且相关协调合作仅在四国间展开。

（二）中巴经济走廊的建设对巴基斯坦政府打击恐怖主义提出了新的挑战和要求

中国政府应当推行“一带一路”地区包括南亚、阿富汗地区的安全预警机制。这包括与沿线国家政府的情报合作，交流恐怖组织动向与人员信息，还应包括该国的政治与社会变动情况，特别是中国政府投入大量人力、财力的情况下更应当有系统的安全保障机制。

南亚地区，尤其是阿富汗、巴基斯坦两国对于“一带一路”倡议在本国的实施具有较大热情和较高期望值。巴基斯坦方面希望相关建设项目能在改善民生、基础设施、创造就业等方面带动本国沿线省份的发展，同时希望通过提高经济发

---

① Harsh V.Pant, Ritika Passi, “India’s Response to China’s Belt and Road Initiative: A Policy in Motion”, “Asia Policy”, Number 24, July 2017, p.95.

展水平促进繁荣稳定，从而加强国内凝聚力，提高政府对各地区的管理能力。而阿富汗总统加尼和其他政府高官更是希望通过参与“一带一路”倡议能够大幅度促进国内各方面发展，从而使人民生活水平得到质的改善，以降低贫穷发生率来遏制恐怖主义在当地民众中的影响力。

巴基斯坦也采取了措施来确保外国公民的人身安全，尤其是中国公民。巴基斯坦建立了专门针对中国公民的信息登记系统（Chinese National Registration System）。2017年7月，为了进一步保障在巴境内的中国人的安全状况，巴基斯坦国家数据注册局宣布将建立专门针对中国公民的信息登记系统（CNRS），旨在全面保障中国公民在巴基斯坦的安全。这套系统将安装在巴基斯坦的各大机场，中国公民一入境就会被登记进系统。之后他们的信息就会被分享给有关部门，包括当地警方和地方协调办公室。

巴基斯坦内政部要求驻北京大使馆和驻上海、香港、成都总领事分享所有被发放签证的中国公民的信息。这些中国人可能因工程需要或商务业务入境巴基斯坦。CNRS的目的就是为了保障在巴中国公民人身安全的万无一失。

五、南亚地区反恐形势预期与展望

（一）反恐怖主义发展态势

南亚的反恐局势在将来很长一段时间内仍然是相当严峻的，尤其是随着中巴经济走廊建设的深入和“一带一路”相关重要项目的落地实施，对于中国而言仍将是充满了机遇与挑战。

首先，阿富汗的反恐形势仍然是最为严峻的。根据联合国阿富汗援助团（UNAMA）的统计，2017年，阿富汗有10 456平民在恐怖袭击中伤亡，其中死亡人数达到了3 438，有7 015名受伤。相比起来，2016年恐怖袭击中有多达11 418名平民伤亡（3 498死亡、7 920受伤）。阿富汗的整体反恐局势并没有得到有效改善。但是这一报告也强调了在所发生的平民伤亡事件中，自杀式爆炸袭击和非自杀式的电子爆炸装置空袭造成的伤亡人数达到了40%。

其次，印巴边境，阿富汗和巴基斯坦接壤边境仍将是恐怖主义频发的区域。尤其是俾路支省恐怖主义问题仍将长期存在。2014 年开始，巴基斯坦政府展开了代号为“利剑”的军事武装行动来打击盘踞在巴基斯坦和阿富汗边境地区的巴基斯坦塔利班武装，并且一度收到了良好的效果，巴全国安全形势确实有所好转，恐怖攻击的次数和造成人员伤亡的数字都有所下降。巴基斯坦常驻联合国代表马利哈·洛迪(Maleeha Lodhi)在 2017 年初声称，这种综合治理的方式成功驱逐了巴方境内的恐怖主义组织，并且使得类似的恐怖袭击数量明显下降。

根据巴基斯坦和平研究所(Pak Institute for Peace Studies，简称 PIPS)发表的“巴基斯坦安全报告 2017”显示，2017 年发生恐怖袭击的数量比 2016 年下降了 16%，袭击导致的死亡人数也下降了 10%，反恐怖主义形势有所缓和，但是在袭击中受伤的人数相比之前有所增加。

这种下降主要是巴基斯坦塔利班力量的下降，长期以来，巴基斯坦塔利班就是巴基斯坦恐怖主义活动的主要实施者之一，在有报道的 370 次袭击中，大概有 58%是由巴塔组织或者其下属的分支，例如“自由人党”(Jamaatul-Ahrar)等实施的。2016 年，巴塔组织的恐怖袭击所造成的死亡人数是总死亡人数的 30%。[①]

表 6-1　　2017 年巴基斯坦恐怖袭击情况

地　区	袭击数量	死亡人数	受伤人数
开伯尔省	71	91	211
俾路支省斯坦	165	288	532
联邦部落区 FATA	83	253	491
旁遮普省	14	61	194
卡拉奇	24	25	16
信德省(不包括卡拉奇)	7	94	277
伊斯兰堡	3	2	5
巴控克什米尔	3	1	10
合　计	370	815	1 736

资料来源：SATP，“Fidayeen(Suicide Squad) Attacks in Pakistan”。

① Grobal terrorism index 2017.

恐怖武装组织遭受严重打击，力量被削弱，发动大规模恐袭的条件被削弱，但是恐怖主义的威胁仍然巨大。据英国皇家联合军种研究院（Royal United Services Institute，简称 RUSI）2017 年初发表的报告，IS 在巴基斯坦和阿富汗拥有 1 万多名追随者，其中在巴基斯坦有 2 000—3 000 人。但是恐怖组织发动袭击的方式会有所改变，例如，塔利班组织很少使用自杀式爆炸袭击的方式，这不同于 IS 等其他恐怖组织。但是，当恐怖主义受到严重打击，造成恐怖分子极端情绪上升，转而开始铤而走险，孤注一掷；同时，IS 等国际恐怖主义势力对巴基斯坦的渗透力量上升，把中东地区的自杀恐怖主义方式已经开始传播开来。

2016 年，巴基斯坦有 400 多人死于自杀式恐怖活动。到 2017 年，有 369 人死于自杀式恐怖袭击，比 2016 年也略有所下降。但是，这种自杀式袭击在这几年中比较盛行，更加需要注意的是激进化的个人，以及受教育人群产生的极端化倾向。

恐怖主义问题仍然将会在国内和边境地区对巴基斯坦形成挑战。巴基斯坦虽然是恐怖主义威胁最为严重的地区之一，但是巴基斯坦也显示出高度的不均衡性，有些地区安全状况良好，有些地区则很差，并且这一趋势也将不断发生变化。联邦部落区（FATA）、信德（Sindh）和开伯尔省（KP）曾是巴基斯坦恐怖主义威胁最严重的地区。但是随着巴基斯坦反恐怖力度的加大以及反恐怖力量的加强，这些省份的恐怖主义威胁不断下降。在 2016 年，俾路支省反而成为巴基斯坦恐怖主义威胁最为严重的省份。而 FATA 和俾路支省是 2017 年恐怖主义袭击的重灾区，所造成的死亡人数也最多，超过总和的半数。在未来的几年中，由于中巴经济走廊的建设，沿线的恐怖袭击将会有不断上升的趋势。

（二）存在的问题

1. 反恐怖主义存在的局限性

虽然巴基斯坦政府长期以来大力打击恐怖主义组织，但是存在的隐患是巴基斯坦政府的利剑行动（Operation Zarb-e-Azb）的作用可能会被夸大。虽然利剑行动实施了很多次，但是仍然没有结束，因为在巴基斯坦和阿富汗边境的反恐行动并没有很好地联合起来，恐怖分子可以轻易跨过边境线躲避，这在未来需要加强地区反恐合作机制。

瓜达尔港的建设也存在着一定的风险，俾路支省相对其他省份来说经济发展水平比较低下，地区分离主义思想也由来已久。俾路支解放军分离主义势力长久以来在该省滋长，巴基斯坦联邦政府军也一直驻扎该省。

这里的土著渔民占瓜达尔19万人口的80%以上，但巴基斯坦政府却没有给他们表达看法和态度的机会。这部分人认为他们完全被排除在了瓜达尔港建设之外。再加上，他们对中巴经济走廊的认识十分有限，仅知道瓜达尔港口的规划和建设是中巴两国政府的合作项目。因此，当地人长久以来的各种积怨随时都有可能发泄，并不排除演变成政治骚动和发动恐怖袭击的潜在性。

2. 恐怖主义的回流与扩散问题

恐怖主义回流造成反恐局势可能在未来某段时间内急剧恶化。IS在叙利亚战场上受到重创，但是许多在伊拉克、叙利亚的“圣战”分子不断回流到南亚地区。特别是近年来，随着国际社会不断加大对IS的围剿，IS的实际控制区域在不断缩减，也使得“圣战”分子加速回流到各发源地，南亚地区也是其中之一。回流的“圣战”分子已经开始策划实施恐怖主义袭击事件，并且随着回流的“圣战”分子不断增多，南亚国家在将来将承受更大的恐怖主义袭击威胁。

外来恐怖组织影响可能增大，越来越多带有宗教极端色彩的武装组织与外来恐怖组织，主要是与IS结成联盟，比如盘踞在巴阿边界地区的东伊运组织有与IS合流的动向。还有一些恐怖组织与南亚次大陆本身存在的“基地”组织结盟。这种结合将会对未来巴基斯坦的安全形势和中巴经济走廊建设构成潜在威胁，其危害程度取决于这些武装组织内部的整合，各恐怖组织之间还不断存在着各种内部纷争。

（王晓飞　上海师范大学博士生）

第七章　中亚[①]恐怖主义活动发展现状及各国反恐措施

2017年1月1日凌晨，土耳其伊斯坦布尔奥尔塔柯伊区博斯普鲁斯海峡旁一家夜总会遭遇袭击，一名乌兹别克斯坦籍IS武装人员向正在庆祝新年的人群扫射，造成39人死亡、69人受伤的惨剧。[②]这似乎是来自中亚地区的恐怖分子在新年第一天的"宣告"。根据统计，2017年，在中亚地区以外发生的重大恐怖袭击事件，至少有4起与来自中亚国家的恐怖分子有关。[③]

① 有关"中亚"的范畴有不同的界定。1978年联合国教科文组织确定，中亚地区涵盖阿富汗、伊朗东北部、巴基斯坦、印度北部地区、巴控和印控克什米尔、中国西部地区、蒙古和苏联的中亚地区。1993年，中亚五国领导人在乌兹别克斯坦首都塔什干召开会议，宣布中亚地区应当包括哈萨克斯坦在内，并决定弃原来广泛使用的"Средняя Азия"这一专门术语，而以"Центральная Азия"一词取而代之，以示"新中亚"的诞生。从此，"中亚五国"的概念在国际社会得以普遍接受和使用。2005年，美国霍普金斯大学中亚问题专家弗里德里克·斯塔尔在《外交》季刊上发表题为《与中亚的伙伴关系》的文章，首次提出包含"大中亚"概念的"大中亚"计划，试图以阿富汗为立足点，通过共同利益与共同需求将阿富汗与中亚五国及巴基斯坦、印度、土耳其连接成一个地缘板块。此外，学术界还存在一个地理与宗教相结合的"泛中亚"概念，其地理范畴包括中亚五国以及俄罗斯南部部分地区和中国新疆地区。本章所指中亚为中亚五国，即哈萨克斯坦、吉尔吉斯斯坦、塔吉克斯坦、乌兹别克斯坦和土库曼斯坦，但在论述本地区安全与外交问题时，也会涉及周边的伊朗、阿富汗和巴基斯坦等相关国家。

李琪：《历史记忆与现实侧观：中亚研究》，中国社会科学出版社2016年版；

S.Frederick Starr, "*A Partnership for Central Asia*," Foreign Affairs, Vol.84, No.4(Jul.-Aug., 2005)；

袁胜育、汪伟民：《丝绸之路经济带与中国的中亚政策》，《世界经济与政治》2015年第5期。

② 《严防恐袭　伊斯坦布尔跨年夜抓安保巡逻警翻倍》，http://www.xinhuanet.com/world/2018-01/02/c_129780118.htm。

③ 包括伊斯坦布尔袭击事件，2017年4月3日发生在俄罗斯圣彼得堡的地铁爆炸案、2017年4月7日发生在瑞典斯德哥尔摩的卡车袭击案、2017年10月31日发生在美国纽约曼哈顿的卡车袭击案，袭击者的身份均指向了中亚国家，除圣彼得堡地铁爆炸案的实施者来自吉尔吉斯斯坦，另外三起恐怖事件的实施者均来自乌兹别克斯坦。参见："ИГИЛ без границ. Как в Центральной Азии расцветают террористические идеи", https://ru.hromadske.ua/posts/yhyl-bez-hranyts-kak-v-tsentralnoi-azyy-rastsvetaiut-terrorystycheskye-ydey。

实际上，自2016年以来，中亚伊斯兰激进分子在叙利亚战场及国际舞台上频频“露脸”，已经引起了国际社会的高度关注。中亚本土的恐怖主义事件在2016年的小高潮之后逐渐回落，而与之相对应的是，来自中亚地区的恐怖分子在中亚区域外实施的恐怖袭击事件却不断增多。这些现象进一步凸显了中亚恐怖主义活动正出现新的发展趋势和特点，其最显著的表现就是中亚正在成为对外输出“圣战士”的重要地区。中亚本土恐怖主义活动的兴起与回落，一方面昭示了极端思想在中亚的传播并产生了影响，另一方面则意味着中亚各国在国内对恐怖主义势力的打压取得了一定的成效。

一、中亚恐怖主义的历史维度与影响因素

（一）中亚五国历史及其宗教文明形态演变

中亚地区是人类早期居住地之一，经过漫长历史的发展，这些远古居民逐渐分化为游牧部落和农耕部落，以后又形成若干部落集团，并建立了一些早期奴隶制度。中亚地处欧亚大陆腹地，地理位置特殊，历史上就是多民族、多种文化碰撞、吸收、融合的地方。

最早进入中亚的外部势力为波斯的阿契美尼德王朝，随后进入中亚的是马其顿的亚历山大大帝。公元前248年，巴克特里亚的波斯贵族阿萨息斯建立王朝，监督尼萨（今阿什哈巴德），统治了阿姆河以南和呼罗珊地区，中国史籍称之为安息。在此之前，公元前250年，巴克特里亚总督狄奥多特宣布独立，被称之为希腊—巴克特里亚。此外，中亚当时还存在着大宛（费尔干纳）、康居（锡尔河下游迤北）、奄蔡（咸海、里海之间）、花喇子模、乌孙（伊塞克湖、伊犁河）、无雷（帕米尔）等国。在中亚南部统治了500多年的贵霜王朝，影响深远，与汉朝的关系也较密切。公元552年突厥建国，583年分裂为东西突厥汗国，中亚此后处于西突厥汗国统治之下。不久，西突厥汗国发生分裂，唐帝国乘机西征，651年唐帝国击破西突厥，在中亚建立了自己的统治。

7世纪初，阿拉伯帝国兴起，并在随后进入中亚地区。唐朝安史之乱后，退

出了中亚，阿拉伯人开始统治中亚。阿拉伯人统治中亚的一个重要影响，是伊斯兰教逐渐发展成为中亚地区的主要宗教。11—13 世纪，是中亚历史上一个十分重要的时期，其显著特征是伊斯兰化和突厥化。尤其是 12 世纪喀喇汗王朝时期，苏菲派传教士在中亚的伊斯兰化过程中发挥了重要的作用。当时的主要代表人物是谢赫·阿赫马德·阿塔·亚萨维（Shaykh Ahmad Ata Yasawi），他在向北方草原的游牧民族传播伊斯兰教中发挥了重要作用。虽然这一时期苏菲主义在中东地区遭到了官方主流伊斯兰的打压，但在中亚地区苏菲派传教士们却同民众建立起了公开的联系，在势力不断壮大后更是建立起了道统体制（Sisilas），将苏菲主义所奉行的神秘主义活动转化为强大的社会运动，并主导了中亚地区的伊斯兰化进程。而这一进程一直持续到蒙古人入侵中亚以及之后蒙古统治者的伊斯兰化。因此，苏菲主义在中亚的传播和扩大为中亚伊斯兰奠定了苏菲主义底蕴，这种底蕴不同于官方主流伊斯兰的叙事和发展路径。13 世纪初蒙古在漠北崛起，随后统治中亚近 300 年。不过，蒙古人进入中亚后，逐步定居并改信伊斯兰教，逐渐融入当地的经济生活和民族文化之中，完成了突厥化和伊斯兰化的过程。这一时期，宗教势力日益强大，宗教上层不但控制了司法、教育，而且参与国家的政务。此后几百年间，中亚地区战乱不断，王朝更迭。直至 18 世纪，沙皇俄国开始向中亚扩张，并在 19 世纪与英帝国争夺中亚。

1914 年第一次世界大战的爆发，改变了整个世界格局，沙皇俄国被列宁领导的十月革命推翻，苏维埃政权不仅在俄罗斯也在中亚地区相继建立，以民族相对集中居住为划界依据，中亚五国以加盟共和国的身份进入了苏联大家庭。苏联时期，中亚处于共产主义意识形态的绝对统治下。1991 年 12 月 8 日，俄罗斯、白俄罗斯、乌克兰三国领导人在明斯克成立“独立国家联合体”（简称“独联体”），宣布苏联作为国际法主体和地缘政治的现实已经停止存在，随后，中亚五国相继宣告独立并加入“独联体”。①1991 年 12 月 25 日，戈尔巴乔夫辞去苏联总统职务，苏联解体。

中亚几千年的历史，经历了波斯帝国、亚历山大大帝、匈奴人、汉帝国、突厥汗

① 1991 年 8 月 31 日吉尔吉斯斯坦宣布独立，1991 年 9 月 1 日乌兹别克斯坦宣布独立，1991 年 9 月 9 日塔吉克斯坦宣布独立，1991 年 10 月 27 日土库曼斯坦宣布独立，1991 年 12 月 16 日哈萨克斯坦宣布独立。

国、阿拉伯帝国、蒙古人、沙俄等的统治，各种思想、文化和宗教相互交汇，不同的统治者带来了不同的宗教和意识形态，伊斯兰教、东正教、佛教互相影响和渗透，但从思潮上看，泛突厥主义、泛伊斯兰主义、大哈萨克主义、大塔吉克主义、乌兹别克中心论尽管时盛时衰，却始终绵延不绝。从意识形态上看，共产主义、宗教激进主义、西方价值观也在中亚地区产生了巨大影响，相互冲击，构成了中亚复杂的文明形态。

（二）伊斯兰与中亚的恐怖主义

从历史上看，伊斯兰教在该地区并没有根深蒂固的渊源。古代中亚居民的游牧特征导致了中亚各国国内形成了特定的伊斯兰传统，与普遍接受的规范伊斯兰教义相背离。中亚穆斯林有时甚至不明白最基本的宗教规范，但这恰恰给“伊斯兰圣战者”掌控那些缺乏正统伊斯兰教育的穆斯林提供了机会。“由于在意识形态上没有什么建树，中亚伊斯兰极端主义长期以来都是域外极端主义思想的追随者，而非意识形态的输出者”。[①]

伊斯兰教在中亚地区的落地生根可以分为两个阶段。第一阶段始于 649 年—715 年，阿拉伯人在乌斯曼领导下的入侵，终止于屈底波·伊本·穆斯林(Qutaibah ibn Muslim)去世，后者成功建立起阿拉伯人在当地的统治地位。第二阶段，是在前一阶段后不久，伊斯兰教通过穆斯林商人和苏菲传教士广泛传播，直到 10 世纪中叶，最终成为该地区的主导性宗教。不过在整个地区，这种皈依伊斯兰教的行为一直持续到 19 世纪。

19 世纪，从印度传入中亚的伊斯兰教“瓦哈比派”（Wahhābiya）产生了较大的影响，并随着中亚地区形势的变化而发生变异，最终为此后中亚地区宗教活动的极端化和暴力恐怖化埋下了伏笔。瓦哈比思想从乌兹别克斯坦的费尔干纳地区向周边的吉尔吉斯斯坦的奥什和贾拉拉巴德等地蔓延，同时也出现政治化倾向。[②]

但苏联长达 70 年的历史，给中亚各国的宗教意识予以了持久的淡化和消融，使得伊斯兰教在中亚地区处于被边缘化和被压制状态，伊斯兰教也逐渐沦为

---

① 宛程、杨恕：《“伊斯兰国”对中亚地区的安全威胁：迷思还是现实？》，《国际安全研究》2017 年第 1 期。

② 石岚：《中亚费尔干纳：伊斯兰与现代民族国家》，民族出版社 2008 年版，第 95—96 页。

中亚民族自我认同和识别的最后纽带，这一纽带在苏联解体后发挥了重要作用，同时也给中亚地区重新激活的伊斯兰极端思想提供了理由——被压抑后的反弹。由于受到20世纪20至30年代苏联推行去宗教化运动，这一时期，大量的清真寺和宗教学校被关闭，宗教财产国有化，学者外逃造成了中亚地区伊斯兰知识阶层的断层。去宗教化政策从两方面对中亚伊斯兰教的民族化产生了影响，一是伊斯兰价值观作为一种社会价值和公共叙事在中亚的公众视野中消失，二是去宗教化政策迫使宗教实践不得不同地方习惯更为紧密地结合，从而催生了中亚本土化伊斯兰教的发展，并最终使宗教信仰内化为民族习惯。

20世纪80年代和90年代的历史背景，尤其是苏联的解体，给中亚地区伊斯兰教复兴塑造了空间，对宗教的需要急剧增加（如中亚国家在独立初期需要复兴伊斯兰教以凝聚国内民众思想），加上其他影响因素（如其他伊斯兰国家加强对中亚地区的宗教渗透），导致了伊斯兰激进主义在这些地区的出现和兴起。20世纪90年代，为了满足日益增长的宗教需要，中亚地区数百名公民前往中东国家和埃及接受伊斯兰教育，但由于对激进与温和的宗教思想并没有加以区分，为此后中亚地区极端宗教思想和圣战思想的生发埋下了"祸根"。

中亚五国，哈萨克斯坦、吉尔吉斯斯坦、塔吉克斯坦、土库曼斯坦、乌兹别克斯坦，每个国家都有自己的政治、社会、文化特点，但从苏联独立后的建国初期，均面临着如何形成统一的社会思想问题。中亚各国领导人意识到宗教可以在复兴民族主义进程中发挥巨大作用，从而主动回归伊斯兰教并控制宗教活动以服务自己的执政。①正是在这一共同背景下，中亚各国政府对外来伊斯兰教的进入并无过多戒备与处理经验，甚至在某些情况下，还以欢迎的态度对待，这导致了各类伊斯兰激进团体以及寻求建立新的地缘政治影响力的国家，在伊斯兰教的旗帜下，进入中亚地区建立各种宗教团体和社区，这些团体和社区后来几乎全部成为伊斯兰激进运动的基地。②

而在经历建国初期的无序之后，中亚各国在国家治理方面采取基本相同的

---

① 石岚：《中亚费尔干纳：伊斯兰与现代民族国家》，民族出版社2008年版，第91页。

② Роза Токсоналиева: Радикальные течения ислама в странах Центральной Азии. http://antiterrortoday.com/geografiya-terrorizma/proyavleniya-terrorizma-i-ekstremizma-po-stranam/s-n-g/tsentralnaya-aziya/ts-a-region/2175-radikalnye-techeniya-islama-v-stranakh-tsentralnoj-azii.

威权制，并对日益增长的伊斯兰极端思想带来的威胁产生了共同的恐惧，这也导致了中亚各国开始对伊斯兰教进行了强硬处理和压制，迫使部分具有政治性质的伊斯兰团体转入地下，从而使得中亚区域的伊斯兰激进组织打下了“反政府”的先天烙印，推翻现政府的目标成为中亚大多数伊斯兰激进组织的一致追求。

整个20世纪90年代，甚至21世纪的头几年，中亚地区仍处于政治和社会不稳定状态，贫困、腐败与强权政治的普遍性，进一步催生了伊斯兰激进意识形态的出现和蔓延，特别是在中亚农村与边远地区，这种情况更加严重。一方面是对政治、经济和社会正义的寻求，另一方面是对伊斯兰教的非正规理解，伊斯兰激进团体则不断承诺建立以伊斯兰教法为基础的新社会进行蛊惑，正是在这样的背景下，中亚地区宗教极端思想得到了蔓延与呼应。

伊斯兰极端思想在中亚的传播具有快速性、跨国性等特点，与中亚地区各国的地理环境、民族分布等因素密切相关。直到今天，中亚诸国间的边界和领土划分仍存在争议，而跨界而居的同源民族情况则非常普遍（最突出的例子是吉尔吉斯斯坦的乌孜别克族），因此，极端组织在一个国家的出现和活动可以迅速影响到邻国，加上族群内部的沟通联系和血缘认同，极端思想的传播和散发有着较为便利的条件。在地理因素中，费尔干纳盆地极其典型。费尔干纳盆地由吉尔吉斯斯坦（东部）、塔吉克斯坦（南部）和乌兹别克斯坦（西部）三国共享。长期以来，费尔干纳盆地以其肥沃的土壤、丰富的自然资源吸引了大量的人口，但复杂的民族环境与政治因素使得该盆地并不和谐，相反，由于独特的地理环境，费尔干纳盆地为外界所知晓的却是“激进主义温床、传播极端伊斯兰思想的中心”，成为重要的恐怖主义暴力发源地。①

21世纪初逐渐兴起的IS② 恐怖组织，成为影响包括中亚地区的世界范围内

---

① 包括“基地”组织、阿富汗的塔利班、穆斯林兄弟会、伊斯兰解放党等在中亚地区极力宣传宗教极端思想或鼓动圣战，这些组织自然被中亚各国政府禁止，他们的很多活动都集中于费尔干纳地区。

② “伊斯兰国”（俄语：ИГИЛ 英语：Islamic State，缩写：IS）组织，阿拉伯国家和部分西方国家称为“达伊沙”（DAESH）。该组织的前身是在“基地”组织支持下由约旦人扎卡维建立的“统一和激进组织”，2004年改名为“基地组织伊拉克分支”。2006年扎卡维被炸死后，新领导人奥马尔·巴格达迪在当年宣布建立“伊拉克伊斯兰国”，奥马尔·巴格达迪于2010年在美军空袭中死亡，贝克尔·巴格达迪出任新的领导人。2011年“伊斯兰国”组织开始活跃起来，并于2014年6月29日宣布建立哈里发国家。“伊斯兰国”组织的崛起标志着极端主义、恐怖主义进入新一轮快速发展阶段，这一组织与以往的恐怖组织不同，它具有强大的杀伤力和号召力。

苏畅：《“伊斯兰国”在中亚的势力延伸：现实梳理与可能性评估》，《俄罗斯学刊》2017年第3期。

恐怖主义活动激增的重要因素。在这一波恐怖主义活动浪潮的带动下，尤其是伴随着互联网技术及社交平台的多样化、便捷化发展，以IS为代表的恐怖组织，大肆宣扬伊斯兰极端思想、在全球招募“圣战士”。在这一背景下，中亚地区成为伊斯兰极端组织以及恐怖主义组织重要的渗透对象和影响目标，在中亚本土，年轻一代容易通过互联网和各类社交平台获取信息，其中一些人被发展成为支持暴力的“圣战士”；而在俄罗斯及其他国家务工的中亚穆斯林，通常处于社会底层，受挫感强，抵制金钱诱惑的能力相对较低，宗教意识相对浓厚，容易被说服，出现了不少IS的追随者。

而随着2017年IS在伊拉克及叙利亚的溃败，[①]“回流”的恐怖分子或“圣战士”不可避免地将影响到其母国的安全形势，其中自然也包括中亚地区，这些“回流”人员不仅自身就是危险因素，随时可能制造恐怖袭击事件，此外，他们更会将极端思想带回本土，带来比单个恐怖袭击更为严重和长远的影响。目前来看，IS的一部分残余集结在与中亚相邻的阿富汗北部地区，正在成为中亚安全的现实威胁和潜在挑战。

二、中亚主要恐怖主义组织

从安全形势上看，自1991年各国独立以来，中亚地区曾经面临两次严重的安全威胁：一次是塔吉克斯坦内战（1992—1997年）；另一次是以乌兹别克斯坦伊斯兰运动（简称“乌伊运”）袭击中亚南部为代表的极端势力活跃时期（1999—2000年）。“9·11”事件后，中亚国家进入相对平稳的发展期，安全形势有很大程度的好转。但从2010年开始，以极端组织“哈里发战士”在哈萨克斯坦实施多起袭击事件为标志，恐怖活动增多，加上受到中东极端主义泛滥的影响，中亚的极端势力逐渐复起。近几年，阿富汗北部地区的恐怖主义、极端主义对中亚安全威胁上升。

---

① ИГИЛ без границ. Как в Центральной Азии расцветают террористические идеи. https://ru.hromadske.ua/posts/yhyl-bez-hranyts-kak-v-tsentralnoi-azyy-rastsvetaiut-terrorystycheskye-ydey.

自中亚各国独立以来，“乌伊运”、中亚激进组织、突厥斯坦伊斯兰党、中亚伊斯兰运动、伊斯兰解放党（即伊扎布特）等为代表的中亚恐怖组织以推翻中亚各国世俗政权、建立统一的伊斯兰政权为目标，打着宗教、民族的旗号，鼓吹“圣战”，大肆购置武器、训练人员、组建武装，采用爆炸、绑架、抢劫、投毒、纵火、枪击、暗杀等残暴手段制造了一系列恐怖事件。[①]除此之外，中亚地区还活跃着被称为“东伊运”的恐怖组织。该组织又称“东突厥斯坦伊斯兰党”“东突厥斯坦真主党”“东突厥斯坦民族革命阵线”“东突伊斯兰运动”。而近些年来，随着恐怖主义活动的国际化、碎片化，中亚地区恐怖主义活动也发生了较大的变化，出现了一些新的恐怖组织，如影响较大的“哈里发战士”等。

上述各类恐怖主义组织，以“乌伊运”“东伊运”“伊扎布特”最为著名，其危害性最大，自中亚各国独立以来，在安全威胁方面造成了极严重的影响和后果。

（一）“乌伊运”

“乌伊运”的前身，是意图在费尔干纳河谷实践伊斯兰政教合一构想的极端组织“阿多拉特”，该组织的主要成员都为激进的伊斯兰复兴党成员。“阿多拉特”原本是一个以合法面目出现的“政党”，但其政治主张与世俗的乌兹别克斯坦政权截然对立，因此招致政府的强力取缔，主要领导人尤尔达舍夫逃亡国外。1998年，定居在阿富汗的尤尔达舍夫，在塔利班政权的帮助之下，成立了名为“乌兹别克斯坦伊斯兰运动”的反政府组织，即通常所称的“乌伊运”。[②]“9·11”事件后，为了躲避美军的打击，“乌伊运”迅速化整为零，将人员和物资分散到了乌兹别克斯坦、吉尔吉斯斯坦和塔吉克斯坦等国的边远地区，主要头目和骨干分子则藏匿于巴基斯坦与阿富汗交界处的部族控制区。2002年10月，受“‘基地’组织”帮助与鼓舞，“乌伊运”与“东突厥斯坦伊斯兰运动”等极端主义组织相互联合，组成了结构庞杂的“中亚伊斯兰运动”。但是，这一联合体的内部矛盾尖锐，相互间争权夺利，因而并无实质性的作用。此时，正在不断壮大的“乌伊运”，便

---

① 马凤强：《中亚恐怖主义犯罪与中国反恐防范机制构建》，《新疆社会科学》2014年第6期。

② 许涛、何希泉：《世界宗教问题大聚焦》，时事出版社2002年版，第355页。

开始了自身组织的重组，逐步扩大了中亚地区恐怖主义活动的网络。

重建后的“乌伊运”，把政治目标拓展到了包括中国新疆在内的整个中亚地区，意图在这一地区实现政治体制的伊斯兰化。早期“乌伊运”的组织形态，具有典型的网状结构的特点。通过宗教意识形态的作用所凝集起来的恐怖分子或小股恐怖团伙，有时被称为“狂徒”与“宗教流氓”，在恐怖组织网络中具有相对的独立性。因此，凡是不与恐怖主义纲领直接抵触的行为，都能得到组织上层的支持。“9・11”事件之后，被美国军事行动严重挫败的“乌伊运”，放弃了大规模进入中亚地区的计划，另辟蹊径地将受过严格训练的武装人员渗透到了中亚各地，并想方设法使这些武装人员的活动合法化。这一变化说明，“乌伊运”的组织形态开始向等级结构演变，而其首脑机关则致力于通过变革和调整来维持生存、蓄积力量。经过反复的调整，此后的“乌伊运”已经成为由乌兹别克人和塔吉克人为核心的一支非法武装力量。

两次重建后的“乌伊运”，在费尔干纳河谷设立了训练基地，并在塔吉克斯坦中部的塔维尔达拉(Tavildara)设立了军事指挥中心。此时的“乌伊运”，内部结构已呈现出明显的金字塔状。在组织形式上，“乌伊运”已与“基地”组织完全相同，位于金字塔顶尖的首领阶层全盘控制所有的事务，近期行动目的与长期生存目标高度统一。

如上所说，“乌伊运”建立当初就得到了塔利班政权、“基地”组织以及沙特和车臣地区各种国际恐怖组织的帮助和支持。因此，这一恐怖组织资金非常充裕，武器装备特别先进。在“上合组织”合作打击“三股势力”前，即顶峰时期“乌伊运”，其武器装备的先进程度，甚至超过了大部分中亚国家的政府军。据统计，“乌伊运”拥有各种射击武器，拥有配备夜视仪的新式狙击步枪、无后坐力炮、“毒刺”式防空导弹、“冰雹”式火箭炮，以及装甲车与火炮防空装置。充足的资金和先进的武器，为巩固这一等级森严的组织创造了重要的物质条件，也为组织内部塑造神化式的领袖人物奠定了基础。塔利班政权被美军消灭后，盘踞在阿富汗的“基地”组织丧失了全面谋划恐怖袭击的能力和大部分恐怖活动基地。对于一向依赖塔利班和“基地”组织的“乌伊运”来说，资金来源和行动能力都受到了全面的限制。因此，“乌伊运”又一次进行了组织结构的改变，原本等级森严的控制手段，被模仿大规模非法武装所形成的军事化组织方式所替代，原本集中在费尔干纳盆地的恐怖力量，被分散到了中亚国家的其他地区。与此同时，“乌伊运”的顶层首脑采取了极度隐秘的生存方式。弃用现代通信设备的首领阶层，对整个组织的控制能力明显削弱。在IS快速崛起前，“乌伊运”在恐怖主义世界里已逐步消沉。自从宣布效忠IS，并得到IS的支持后，“乌伊运”又重现于恐怖活动，并意图恢复以往的“辉煌”。但是，不再具备等级主义管理模式的“乌伊运”，在组织策划恐怖主义袭击的能力上已是明日黄花，被IS裹挟的“乌伊运”，成为IS在中亚国家渗透、扩张的一枚筹码。

正是这种“依附”“挂靠”特质，使得“乌伊运”的发展再次遭到重大挫折。IS势力坐大后，“乌伊运”主要领导人为得到IS的资金与人员支持，选择“投奔”这一实力看起来更为强大的恐怖组织。但这一举动激怒了与IS在阿富汗北部争夺地盘的塔利班和地方武装势力，2016年10—11月，“乌伊运”与塔利班和当地部族势力发生激战，“乌伊运”领导人加齐和约200名“乌伊运”武装分子被打死，其余的“乌伊运”成员有的归顺塔利班，有的转投位于阿富汗东北部塔吉克人领导的“真主旅”。①

（二）“东伊运”

“东突厥斯坦伊斯兰运动”（The Eastern Turkistan Islamic Movement），又称“东突厥斯坦伊斯兰党”“真主党”“东突厥斯坦民族革命阵线”“东突伊斯兰运动”，简称“东伊运”，是“东突”恐怖势力中最具危害性的恐怖组织之一。其宗旨是通过恐怖手段分裂中国，在新疆建立一个政教合一的“东突厥斯坦伊斯兰国”。1993年，曾因组织新疆地区暴乱而被司法机关惩治的维吾尔人买买提托乎提、阿不都热合曼等人，在巴基斯坦成立了“东突厥斯坦伊斯兰运动”，但因巴基斯坦政府的干预而在成立当年就被迫解散。1997年年初，刑满释放后的维吾尔人艾山·买合苏木和阿不都卡德尔·亚甫泉，在境外重新建立了“东伊运”。该组织已于2002年9月11日被联合国认定为恐怖组织。近年来，“东伊运”在境外建立基地、培训暴力恐怖分子，不断派人潜入中国境内，策划、指挥恐怖破坏活动。

① 苏畅：《“伊斯兰国”在中亚的势力延伸：现实梳理与可能性评估》，《俄罗斯学刊》2017年第3期。

"东伊运"的活动资金主要来源于"基地"组织的资助,以及通过走私贩运毒品、武器弹药和绑架、敲诈、勒索、抢劫等有组织犯罪方式筹集的经费。在培训武装人员和暴力恐怖分子方面得到了阿富汗"塔利班""基地"组织的大力支持。"东伊运"将其人员派遣至阿富汗"塔利班"武装、"基地"组织的武装训练基地参加军事训练。

法国的研究人员认为,名为"东突厥斯坦伊斯兰党"的组织,是"东伊运"的上层领导机构,"东伊运"则是"东突厥斯坦伊斯兰党"的下级执行机构。但中国政府明确表示,"东伊运"就是"东突厥斯坦伊斯兰党",两个名称指向一个组织,是"同样的组织,同一些人,不时在网络上发布恐吓视频"。"突厥斯坦伊斯兰党"自称成立于2008年,但其实这并非新的组织,而是"东伊运"改头换面的说法。有鉴于此,中国政府从2008年开始,统一以"东突"的概念来界定新疆地区各种民族分裂主义势力,其中当然包括"东伊运"。事实上,"东突"势力惯用复杂多变的名称来迷惑外界,以造成实力壮大的假象。

曾执掌阿富汗政权的塔利班,在资金、训练和人员招募等环节都给予了"东伊运"很大的帮助。"9·11"事件后,在美军阿富汗战争的强大军事打击中,与塔利班政权保持合作关系的"基地"组织,以及依靠塔利班的"东伊运",很快就进入了分崩离析的状态。在全球高压性反恐的形势下,"东伊运"的基本能量处于不断萎缩状态。缺少了强大资金来源的"东伊运",只能依靠旅居海外的维吾尔人的捐助,或通过非法的行为筹集资金。在生存的策略上,"东伊运"采取了分散和隐匿的方式,对外的影响力逐步减弱,外界已经很难获得其真实的信息。2014年发生了北京天安门金水桥恐怖爆炸事件以后,名为"突厥斯坦伊斯兰党"的组织宣布对此负责,这是外界近期内唯一能够获得的关于"东伊运"的信息。

(三)"伊扎布特"

"伊扎布特"是巴基斯坦前任法官纳巴哈尼创建的极端主义宗教政党。形成初期,该组织曾宣称,将"以和平的方式"推翻穆斯林社会既有的世俗统治,建立政教合一的国家。用纳巴哈尼的话来说,"伊扎布特"将致力于非暴力的"和平圣战”，实现由伊斯兰教法统治的“哈里发国家”。但是，纳巴哈尼倡导的“和平圣战”，除了思想上的鼓动之外，并无撼动世俗政权的基本能量。因此，“伊扎布特”的第二任首脑拉什塔，针对组织不力和行动无效的事实，采取了一系列秘密结社的方法，意图建立执行力强大、组织结构严密的宗教团体。经拉什塔改组后的“伊扎布特”，拥有一个强大的中央权威机构——“伊扎布特委员会”。在该委员会的直接管理之下，自上而下组成了名称繁杂的各级机构，机构与机构之间大多只保持单线的联系。

“伊扎布特”的底层组织，由若干行动小组组成，每个小组大致有5—7名成员。“伊扎布特委员会”制定的行动方案，多由基层小组实施。改组后的“伊扎布特”并未公开声明使用暴力，但其思想宗旨和政治目标，以及诡秘无常的行为方式，实际上容纳了包括暴力杀戮在内的任何行动。

20世纪90年代，趁着苏联解体的难得时机在中亚地区快速壮大起来的“伊扎布特”，彻底放弃了非暴力圣战的思想。彼时，以泛伊斯兰主义和宗教激进主义为思想基础的“伊扎布特”，一反常态地在哈萨克斯坦、塔吉克斯坦、吉尔吉斯斯坦和乌兹别克斯坦等国，公开实施了多起民族分裂主义的暴力恐怖行动。鼎盛时期，“伊扎布特”在中亚各国甚至拥有过上万名死心塌地的追随者。

与其他恐怖主义组织不同，“伊扎布特”招募成员和策划行动都异常神秘莫测。境外防务问题专家发现，“伊扎布特”招募成员程序复杂多变，对意愿加入该组织的人员，将首先进行预定项目的培训和考察。对于培训合格的人员，“伊扎布特”还会进行第二次考察。经过两次考察被认为可靠的人员，最终才被吸纳为正式成员。为了保证思想和行动的统一，“伊扎布特”强调下级必须无条件地服从上级，成员间不得透露各自在组织中的地位、作用。在联络方式上，“伊扎布特”坚持垂直的单线联系，上级可以熟知下级的情况，但下级绝不可能了解上级的任何信息。这种组织联系方式，对于“伊扎布特”的高层来说，具有特别重要的保护作用。“伊扎布特”在组织恐怖行动或者其他违法犯罪行动时，手段非常诡秘，参与活动的成员往往临时改名换姓、隐瞒真实身份。“伊扎布特”禁止成员使用任何现代化的通信工具，相互间的联络采用单线信使的方式。一方成员被捕或变节，至多只会破坏一个联络环节，对于整个组织来说，不会形成更大的破坏。

（四）“圣战派萨拉菲”

“萨拉菲”（salafi），又称“赛莱菲耶”（salafiyya），源于阿拉伯语，意指“可敬的前辈”，主要指伊斯兰教“前三代”，即先知和梭哈伯（圣门弟子）、塔比吾尼（再传弟子）、台班塔比吾尼（三传弟子）。由于对阿拉伯经典解释的不同，“萨拉菲”教派在发展演变中逐渐分化出“纯粹派萨拉菲”“政治派萨拉菲”和“圣战派萨拉菲”。其中，“圣战派萨拉菲”又称“萨拉菲圣战主义”“萨拉菲全球圣战运动”等，它歪曲使用《古兰经》和《圣训》的宗教术语，蛊惑其信徒通过暴力和“圣战”的方式为伊斯兰教“殉教”，消除一切“异教徒”，在政治上建立伊斯兰政权，在宗教上恢复“真正的伊斯兰”。2011 年以来，以“哈里发战士”为代表的“圣战派萨拉菲”组织在中亚地区接连发动恐怖袭击，对地区安全构成极大威胁。

早在 20 世纪 70 年代，“萨拉菲主义”就已进入中亚，但“圣战派萨拉菲”在中亚从事恐怖袭击活动却是近几年才开始的。2011 年以来，“虔诚首领之军”和“哈里发战士”等“圣战萨拉菲”组织在吉尔吉斯斯坦的比什凯克、哈萨克斯坦的阿特劳、阿拉木图、塔拉兹等地接连发动恐怖袭击，对当事国的社会秩序造成严重冲击。在中亚五国中，哈萨克斯坦是遭受“圣战派萨拉菲”恐怖袭击最严重的国家，其次是吉尔吉斯斯坦和塔吉克斯坦。乌兹别克斯坦和土库曼斯坦虽然没有遭受“圣战派萨拉菲”的恐怖袭击，但“圣战派萨拉菲”在这两个国家的活动一直没有停止。尤其值得关注的是，“圣战派萨拉菲”在中亚的传播、壮大及进行恐怖袭击时，网络视频、移动通信、网上论坛、在线聊天等新媒介和新技术发挥了非常重要的作用。如“萨拉菲圣战”“敏巴尔媒体”等网络论坛和媒体成为“圣战派萨拉菲”吸收成员、发布信息的重要平台。

“圣战派萨拉菲”在中亚地区活动主要有以下几个特征：第一，以社会下层为动员对象。与“萨拉菲全球圣战运动”相似，通过意识形态“洗脑”的方式招募“萨拉菲”激进分子，建立“萨拉菲”激进组织并发动所谓的“圣战”是中亚“圣战派萨拉菲”迅速壮大并日益猖獗的主要形式。但与“萨拉菲全球圣战运动”不同，中亚“圣战派萨拉菲”主要以社会下层为动员对象，这与其发展程度及政治目标有关。中亚“圣战派拉菲”内部结构简单、组织程度较低、团伙成员大多受教育程度不高、受到过不公正待遇、经济来源少、存在被剥夺感等。第二,极端排他性特征明显。极端排他性是“圣战派萨拉菲”思想体系的重要特征。与“政治派萨拉菲”不同,“圣战派萨拉菲”不需要参加选举、追逐选票,而是站在政府的对立面,并毫不妥协。“圣战派萨拉菲”不仅袭击非穆斯林和世俗政权,甚至将恐怖袭击目标直接对准穆斯林中的非“萨拉菲”派,将其视为“异教徒”,主张毫不妥协地使用一切手段与之斗争。第三,以强力部门为主要攻击目标。与全球恐怖袭击以普通平民为攻击目标不同,“圣战派萨拉菲”在中亚地区实施的恐怖活动大都以政府和强力部门(政府大楼、国家安全部门、警察局等)为攻击目标,且手段极其残忍,而对平民、商业机构、基础设施等的攻击则相对较少。第四,缺乏统一组织。中亚“圣战派萨拉菲”以山区和大中型城市为据点,分散在中亚各国,缺乏一个强有力的统一组织领导。第五,具有地区化和国际化特征。“圣战派萨拉菲”在中亚地区的活动不是局限在某一国内,而是表现出极强的地区性。其中,在哈萨克斯坦由西向南扩散,在吉尔吉斯斯坦由南向北扩散,在整个中亚地区表现出越过边界向邻国和第三国(主要在哈萨克斯坦、吉尔吉斯斯坦和塔吉克斯坦之间)扩散的态势。在中亚地区,濒临里海的哈萨克斯坦西部和费尔干纳盆地成为“圣战派萨拉菲”盘踞渗透的主要区域。中亚“圣战派萨拉菲”还具有明显国际化特征。随着中亚各国对“圣战派萨拉菲”打击力度的增大,2013 年以来,“圣战派萨拉菲”在中亚地区的恐怖活动有所减少,但其潜逃至国外(叙利亚)从事恐怖活动的记录迅速增多。在叙利亚,“哈里发战士”及其他来自中亚的“圣战派萨拉菲”分子主要在“努斯拉阵线”的庇护下从事恐怖活动。叙利亚还存在专门为各国“萨拉菲”激进分子组建的“萨拉菲”激进组织。

三、近年来中亚各国的反恐措施

实际上,自 21 世纪以来,中亚各国就在不断加大国家层面反对宗教极端主义的顶层设计,从法律层面和社会管理层面不断加大“去极端化”工作。中亚各国禁止在民族和宗教的基础上组建政党并参与国家政治生活,通过制定和完善宗教法律规范,明确宗教在国家社会生活中的地位,厘清被法律保护的宗教活动及禁止的非法宗教活动的法律界限。近两年,中亚各国高度重视从政治、经济、文化等方面采取多项措施防范与打击国内极端主义的同时,继续加强与各国及地区、国际组织的安全合作,共同打击和防范恐怖主义和极端主义。2016 年中亚地区爆发的恐怖袭击高潮之后,中亚各国倍受震惊,继续强化立法反恐、国际合作反恐,同时也在地区变化的形势下强化了中亚区域内的反恐合作。

(一) 各国国内的反恐措施

1. 哈萨克斯坦

哈萨克斯坦在 2012 年制定了《2013—2017 年反宗教极端主义和恐怖主义国家纲要》,从国家层面加大了社会治理力度,制定预防、打击和消除宗教极端主义危害后果的具体行动措施,以改善社会环境,铲除恐怖主义和极端主义势力生存的土壤、消除社会危害后果。为防止赴伊、叙参战人员回流,2014 年 11 月哈萨克斯坦修订的《反恐怖主义法案》明确规定:禁止涉嫌恐怖主义和极端主义人员,或涉嫌参与恐怖主义和极端主义活动的个人入境;允许有关部门对表示有意出境到热点地区参与极端活动的哈萨克斯坦公民进行正式警告;司法机关对任何企图或已前往战乱地区参战的哈公民将开展刑事调查;将号召他人前往叙利亚和伊拉克参与恐怖主义活动和组织的宣传被定性为违法行为。近些年,随着新媒体的快速发展,极端主义和恐怖主义思想的传播速度、范围不断加快、扩大,特别是"IS"组织通过社交媒体平台开展的极端思想宣传和招募人员的成功,哈国部分极端分子不断前往叙利亚和伊拉克参战,哈国为此出台相应法律,不断加大对网络的管控力度,在全国范围内开展清查、查封宣扬极端主义思想的境内外网站,禁止任何极端主义的宣传,禁止号召他人前往叙利亚和伊拉克参与恐怖主义活动和组织的宣传,开发以多种语言传授传统伊斯兰教知识的教育网站,提升公众对伊斯兰教文化的兴趣和认知。

2016 年,哈萨克斯坦阿克托别恐怖袭击事件发生后,哈萨克斯坦政府对已有的《反恐怖主义法案》相关条款进行了相应的修改。2017 年 6 月,哈萨克斯坦又通过法案,将剥夺国籍作为附加刑,适用于情节特别严重的恐怖主义犯罪以及成立、领导极端主义团体或参与此类团体的人员，并成立了专门机构——反恐委员会，反恐力度不断加强。

2. 乌兹别克斯坦

乌兹别克斯坦2016年根据前总统卡里莫夫签署的法令，对现行刑法进行了修订，加大对在媒体上宣扬极端主义行为的惩处力度。根据新法令，制作、散布和展示包含威胁公共安全和社会秩序内容的材料，或者利用媒体、通信网、国际互联网制作、散布和展示包含威胁公共安全和社会秩序内容的材料的行为均将被追究刑事责任；对发布宗教极端思想内容或包含威胁公共安全和社会秩序内容的材料的行为人将被处以5—8年的监禁；对于散布或展示宗教极端组织和恐怖组织的标志或符号的犯罪行为最高可处以3—5年的监禁。

3. 塔吉克斯坦

塔吉克斯坦地处费尔干纳谷地，与阿富汗相邻。位于费尔干纳盆地的塔吉克斯坦粟特州的伊斯法拉和沃鲁赫飞地被视为是塔吉克斯坦国内伊斯兰极端主义活动的中心区，长期受恐怖主义和极端势力的威胁，导致塔国国内宗教极端思想泛滥。对于极端主义势力的渗透，塔政府采取强硬政策、颁布法令规范宗教活动，加大对伊斯兰极端运动及组织的打击力度。塔吉克斯坦制定了《反极端主义法》，该法明确了“极端主义”“极端活动”等基本概念，极端主义的表现形式，打击极端主义的主体及其职责，防范极端主义活动的具体规定等，并根据刑法、反恐怖主义法对参与极端活动的人进行严判。针对本国公民赴境外参加宗教极端组织和国际恐怖主义活动的现实，塔议会专门修订《犯罪法》，加大对此类犯罪行为的打击力度。2009年颁布的《信仰自由与宗教组织法》明确规定，所有未在国家机关登记的宗教组织都是非法的，禁止进行私人宗教教育并限制清真寺的数量和规模。塔吉克斯坦伊斯兰乌里玛委员会（亲官方的独立宗教组织）亦敦促伊玛目不要在清真寺里向学生和儿童传道。同时，严格审查宗教文学作品，查禁、惩处宗教极端现象。强化对境外学经人员的管理，召回在国外宗教学校学习的留学生。塔国有众多在国外宗教学校学习的学生，2011—2012年，1 000多名未经政府允许到国外宗教学校学习的大学生被召回国内。制定《父母责任法》，规定除参加葬礼外，禁止未满 18 岁的未成年人参加宗教活动；针对给新生儿起名“默罕穆德”的风潮，通过了禁止起阿拉伯或外国音译名的法律。

从 2017 年 8 月开始，塔吉克斯坦地区护法部门对那些出国并参与宗教极端组织的人员，展开了大规模行动。此前，塔国家安全委员会已经在地方居民中间积极开展了宗教组织成员的查明工作，根据那些前往叙利亚参战人员与其国内亲属联系的线索，确定了相关恐怖分子的信息。①

4. 吉尔吉斯斯坦

2014 年初，吉尔吉斯斯坦修订了《反恐怖主义法》，实现了国内法与国际条约的有效衔接，内容规范更具兼容性。新反恐法界定了恐怖活动的具体特征，并且对各类恐怖活动予以更严厉的惩罚，与之前 15—20 年的监禁相比，对利用极端主义挑起族际仇恨和国际冲突的犯罪行为可被判处终身监禁徒刑。自 2014 年以来，吉国先后查处了一批宗教极端主义犯罪案件，逮捕了一批极端分子，并多次成功阻止了可能发生的恐怖活动，同时还打掉了 40 多个极端主义组织。

吉尔吉斯斯坦在网络反恐方面相对力度较大，其内务部专门设立应对网络恐怖主义的工作小组，将国内网络运营商和网络用户全部纳入监控范围，对互联网上有关宗教极端思想的内容及时予以删除，对发布人及时核查并予以打击。2016 年，吉尔吉斯斯坦还设立了青年网警，其工作任务主要是：通过社交网络与年轻人进行交流，预防极端主义思想滋生；删除来自不同网站包含极端主义内容的视频。2017 年，吉尔吉斯斯坦政府共查封 159 个宣扬极端主义和恐怖主义的网站。这些网站宣扬的极端主义和恐怖主义内容主要来自“伊扎布特”、塔利班和 IS 等极端组织或恐怖组织。②此外，吉尔吉斯斯坦还通过了 2017—2022 年反极端主义和反恐怖主义国家计划。③

---

① Сильная социальная политика против радикализации，https://www.e-tadjikistan.org/analitika/silnaya-socialnaya-politika-protiv-radikalizacii.html，2018/01/10.

② “吉尔吉斯斯坦 2017 年查封 159 个涉恐网站”，http://www.xinhuanet.com/world/2018-01/09/c_1122234744.htm，2018/01/19。

③ Центральная Азия в прицеле террористов，http://server.stanradar.com/news/full/27828-tsentralnaja-azija-v-pritsele-terroristov.html.

2017年,吉尔吉斯斯坦启动了反极端和反恐怖主义政府项目,该项目首次尝试联合所有强力部门、公民团体及其他对反宗教极端主义和恐怖主义感兴趣的机构,取得了非常不错的效果。①

5. 土库曼斯坦

土库曼斯坦成立初期,社会控制较为严格,宗教极端势力在国内活动并不突出。但由于土国与阿富汗、乌国极端势力的根据地和活动重灾区相邻,且随着阿富汗塔利班势力的恢复,以及泛突厥主义在当地的盛行,极端伊斯兰主义潮流涌动。近年来,塔利班、"乌伊运"在土塔阿边境频繁活动,加之宗教极端势力在中亚地区的日益活跃,受外部环境影响,极端主义思想在土库曼斯坦境内传播开来,宗教极端主义活动也悄然增多,宗教极端思想逐渐扩散使其对民众的影响越来越大,并开始呈现生活日益伊斯兰化的趋势。事实上,土库曼斯坦在建国之初就明确表示其为世俗国家。随后的宪法明确规定禁止在民族宗教基础上建立政党,宗教不得参与国家政治生活;禁止国民宣扬、散布暴力、危害国民身心健康的言论。

尤其是随着IS对包括土库曼斯坦在内的中亚地区的渗透和威胁,土库曼斯坦近一两年来,极大强化了对伊斯兰极端思想及暴恐行为的打击和预防。2017年12月8日,土库曼斯坦总统别尔德穆哈梅多夫签署的新《反恐法》②正式生效,《中立土库曼斯坦报》当天全文刊载。新法规定了打击恐怖主义的法律和组织基础,国家权力机关、社会群体、其他组织、官员的权力和职责,新法同时还确立了对那些参与打击恐怖主义的公民的法律和社会保障措施。③随着新反恐法的生效,2003年8月15日开始实施的《反恐斗争法》失效。④

---

① Кыргызстан добился положительных результатов в борьбе с экстремизмом, считают наблюдатели, http://central.asia-news.com/ru/articles/cnmi_ca/features/2018/01/23/feature-01, 2018/01/23.

② 该法完整版本见:http://infoabad.com/zakonodatelstvo-turkmenistana/zakon-turkmenistana-o-protivodeistvi-terorizmu.html。

③ В Туркменистане вступил в силу новый Закон《О противодействии терроризму》, https://turkmenportal.com/blog/12781/v-turkmenistane-vstupil-v-silu-novyi-zakon-o-protivodeistvii-terrorizmu.

④ Ашхабад принял новый Закон о противодействии терроризму, http://sng.today/ashkhabad/5367-ashhabad-prinyal-novyy-zakon-o-protivodeystvii-terrorizmu.html.

(二) 国际多边反恐合作

中亚地区的国际多边反恐合作主要通过上海合作组织、集体安全条约组织和区域内三个层面展开。

1. 上海合作组织

2001 年在“上海五国”基础上成立的上海合作组织,其初衷和主要目的就是合作打击“三股势力”,《上海合作组织成立宣言》明确将打击“三股势力”、维护地区安全作为上合的主要任务。2004 年,上合组织地区反恐怖机构成立,致力于推动上合组织成员国有关机构在打击恐怖主义、分离主义和极端主义方面的协调与合作。2013—2017 年,上合组织成员国有关机构共制止 600 多起具有恐怖主义性质的犯罪活动,摧毁 500 多个武装分子培训基地,抓获 2 000 多名国际恐怖组织成员,缴获 1 000 多件自制爆炸装置、50 多吨爆炸物、1 万多支枪支及 100 多万发子弹。2016—2017 年,成员国共屏蔽 10 万多家网站,这些网站共登载 400 多万条宣扬恐怖主义和极端主义的信息。①2002—2014 年,上合组织成员国共开展了 10 次双边和多边反恐联合演习,提高了成员国之间的军事协作能力,极大震慑了“三股势力”。

2017 年 3 月,哈萨克斯坦、吉尔吉斯斯坦、塔吉克斯坦与乌兹别克斯坦通过了上海合作组织《反极端主义公约草案》及《上海合作组织成员国打击恐怖主义、分裂主义和极端主义 2016—2018 年合作纲要》以实现地区间的联合行动。

根据 2017 年上海合作组织的统计,当年被该组织列为非法并禁止在成员国活动的恐怖主义、分裂主义、极端主义组织新增 34 个,总数已达 105 个。②

2. 集体安全条约组织

苏联解体后,部分独联体国家于 1992 年签署独联体集体安全条约。2002

---

① “上合组织反恐怖卓有成效——访上合组织地区反恐怖机构执委会主任瑟索耶夫”,http://world.people.com.cn/n1/2018/0509/c1002-29974824.html。

② Более 30 группировок пополнили перечень запрещенных в странах ШОС, https://ru.sputnik-tj.com/asia/20180405/1025228299/shos-terrorizm-spisok.html.

年，独联体集体安全条约组织成立。目前，集安组织成员国包括俄罗斯、白俄罗斯、哈萨克斯坦、亚美尼亚、吉尔吉斯斯坦和塔吉克斯坦。集安组织现有的主要机构包括：集体安全理事会及常务理事会、议会大会、秘书长、秘书处、联合司令部、外交部长理事会、国防部长理事会、安全会议秘书委员会。秘书处和联合司令部是常设工作机构。辅助机构有：国家间军事经济合作委员会、反毒品走私专门机构领导协调委员会、打击非法移民专门机构领导协调委员会、紧急状况协调委员会、信息安全工作组、阿富汗工作组、集安组织研究所、军事委员会，以及集安组织研究所和其他公共组织等下设机构。

近几年来，集安组织成员国间的安全合作具有更加务实的性质，特别是2009年8—10月间的联合军演，首次动用集安组织快速反应部队，宗旨就是“为保障集体安全，训练和使用集体快速反应部队和成员国的军队”，标志着成员国的合作进入了新的阶段，朝着综合性多功能地区安全组织目标迈进。2013年，集安组织框架内的军事安全合作取得了一些新进展。根据集安组织框架内军事技术合作优惠协议，成员国可以以优惠价格采购武器和军事装备。这为集安组织成员国加快军事建设步伐提供了有利条件。在优惠的条件下采购急剧增加，以俄罗斯、白俄罗斯和哈萨克斯坦最为积极。组织框架内的军工一体化有所推进，俄罗斯和亚美尼亚则在集安组织框架下组建联合军工企业，建立武器、装甲设备和飞机设备维修的联合企业中心。集安组织无偿为成员国军事安全部门培养人才，仅在俄罗斯的军事院校和普通高校里就有近千人接受培训。

2015年以来，随着IS对中亚地区的现实威胁不断增强，集安组织将打击IS的恐怖活动列为一项重点任务。2017年10月3—20日，集安组织举行了年度最大规模的“战斗友谊—2017”战略战役演习，共出动近1.2万名官兵、1 500台军事装备以及数十架飞机和直升机参演。2018年4月13日，集安组织军事委员会会议在哈萨克斯坦首都阿斯塔纳举行，重点讨论了中亚地区安全面临的威胁与挑战。根据会谈结果，与会各方就进一步加强成员国集体安全问题达成了一系列重要共识。其中，各方一致决定，为提高集安组织应对恐怖主义威胁的能力，各成员国将对军事力量的装备和技术保障体系进行更新。集安组织联合司令部司令西多罗夫还就“战斗友谊—2018”联合军演的举行时间、内容、参演军队等进行了介绍。①

3. 区域内安全合作

2017 年年底,在区域内国家间关系出现改善的背景下,中亚五国开始推动以“中亚五国 + 阿富汗”(也被称为“C5 + 1”,此前美国与中亚五国建立了类似机制)协调机制,②参与到阿富汗问题的解决进程中,从而独立维护中亚地区的安全稳定,这是前所未有的行动。2018 年 3 月 27 日,来自世界主要大国代表,与中亚国家代表相聚乌首都塔什干,举行了针对阿富汗危机的“和平进程、安全合作与区域协调”国际会议,进一步增强了乌兹别克斯坦以及整个中亚国家在解决阿富汗问题上的存在感与话语权。而在此前的 3 月 15 日,哈、乌、吉、塔四国总统及土议会议长,在哈首都阿斯塔纳举行会晤,被称为 13 年来中亚第一次举行了没有中国和俄罗斯的峰会,迈出了联合、独立解决区域内事务的步伐。③

四、当前中亚恐怖主义态势、特点及趋势

近一两年来,尤其是 2017 年,中亚本土恐怖主义活动在各国政府和国际反恐合作行动的打压下,呈现出相对萎缩状态,恐怖组织和极端分子转入地下蛰伏或转向境外,但在全球重大恐怖事件中,来自中亚的恐怖分子表现突出。值得注意的是,尽管在中亚本土恐怖袭击大大减少,但通过网络和“回流”人员开展宗教极端思想的宣传、招募“圣战士”的现象却有所增多。

---

① “集安组织军事委员会会议在哈举行　聚焦中亚地区安全”,http://www.xinhuanet.com/world/2018-04/14/c_129850459.htm。

② Страны Центральной Азии будут совещаться в формате C5 + 1 с Афганистаном вместо США, http://www.fergananews.com/news/27517.

③ Опора на свои силы: зачем лидеры Центральной Азии встречались в Астане, https://www.rbc.ru/politics/15/03/2018/5aaa48df9a79479c52f6861c.

（一）本土恐怖主义事件出现相对萎缩

与2016年中亚地区频繁发生恐怖袭击相比，[1]2017年中亚地区整体形势稳定，恐怖主义事件发生的频次大大回落。以吉尔吉斯斯坦为例，“2017年吉尔吉斯斯坦没有发生一起大规模的恐怖袭击事件。这是护法机关执法行动的结果，同时也是社会和人民努力的结果，他们已经对这种威胁做了防备，并开始明白问题的严重性”。[2]

（二）大量中亚“圣战士”加入国际恐怖组织

根据总部设在纽约的情报公司苏凡集团(Soufan Group)的资料，在IS组织中，有超过1 500名“圣战士”来自乌兹别克斯坦(2016年5月数据)，1 300名塔吉克斯坦籍“圣战士”(2017年7月数据)，500多名吉尔吉斯斯坦籍“圣战士”(2016年6月数据)。[3]而根据集体安全条约组织联合司令部司令西多罗夫掌握的信息，大约有3 000名中亚籍非法武装分子在叙利亚不同恐怖主义组织中战斗。[4]

（三）中亚劳务移民成为恐怖组织重点吸收对象

中亚地区经济发展的落后，使得大量的劳动力出国务工，由于语言及文化上

---

① 中亚2016年恐怖袭击频发的事实引发了外界对该地区伊斯兰极端主义暴力威胁增长的担忧。参见：Paolo Sorbello，Franco Galdini："What's All the Fuss About Terrorism in Central Asia?"，https://thediplomat.com/2017/08/whats-all-the-fuss-about-terrorism-in-central-asia/。

② Кыргызстан добился положительных результатов в борьбе с экстремизмом，считают наблюдатели，http://central.asia-news.com/ru/articles/cnmi_ca/features/2018/01/23/feature-01.

③ ИГИЛ без границ. Как в Центральной Азии расцветают террористические идеи，https://ru.hromadske.ua/posts/yhyl-bez-hranyts-kak-v-tsentralnoi-azyy-rastsvetaiut-terrorystycheskye-ydey.

④ ОДКБ：Около трех тысяч террористов из Центральной Азии воюют в Сирии，http://asiatv.kg/2018/03/07/%D0%BE%D0%B4%D0%BA%D0%B1-%D0%BE%D0%BA%D0%BE%D0%BB%D0%BE-%D1%82%D1%80%D0%B5%D1%85-%D1%82%D1%8B%D1%81%D1%8F%D1%87-%D1%82%D0%B5%D1%80%D1%80%D0%BE%D1%80%D0%B8%D1%81%D1%82%D0%BE%D0%B2-%D0%B8%D0%B7-%D1%86/.

的便利，俄罗斯与土耳其成为中亚公民出国务工的首选对象国。出国打工的中亚工人，主要从事贸易、运输、建筑等低端产业，很难融入当地社会，往往在一个地方会形成原来的社会文化小圈子，具有较大的封闭性。务工人员的流动性和收入的不稳定性，极大增强了极端组织对他们进行拉拢和“洗脑”机会。统计和研究数据表明，在国外务工的中亚工人，在激进组织的金钱诱惑和精神宣传下，极易加入各种伊斯兰激进组织和恐怖主义组织。其中，互联网和各类社交媒体网络成为重要的平台。而一些中亚人在被“洗脑”后，也担负起宣传招募的工作。

（四）“回流”的恐怖分子成为重要威胁

随着 IS 等中东恐怖组织遭受严重打击，其扩散的风险随之增加，此前加入这些恐怖组织的中亚人员，面临着“回流”可能。而现实情况已经表明，这种“回流”的迹象实际上从 2016 年就已经开始出现。这些恐怖分子“回流”本土之后，很可能成为国际恐怖主义渗透的载体。在 IS 的全球战略中，中亚地区特别是费尔干纳盆地是其渗透的重要目标。同时，“回流”人员不断与当地极端和恐怖势力勾结，甚至受到民族分裂主义的深层驱动，并响应 IS 等国际恐怖势力的指令发动袭击，危害当地的安全与稳定。2016 年发生在中亚的多起恐怖袭击事件，最后被证实是“回流”人员接受国际恐怖组织的指令后发动的。这些情况给中亚地区脆弱的安全形势带来了极大隐患，是未来影响地区安全环境的重要因素之一。

（钱平广　上海外国语大学博士生）

第八章　俄罗斯反恐外交战略的发展及演变

俄罗斯是受国际恐怖主义危害最为严重的国家之一，同时也是对恐怖主义势力态度最为强硬的国家。催生俄罗斯国内恐怖主义问题的重要原因之一，是苏联解体以后俄罗斯的地缘政治格局产生了急剧的变化。这种动荡不安的地缘政治格局，不仅直接导致了俄国内车臣恐怖主义组织的快速发展，也使得俄罗斯周边地区长期饱受恐怖主义的威胁。经过两次车臣战争以后，境外与车臣分裂势力有关的恐怖组织的渗透，已经成为影响俄罗斯恐怖主义问题的主要因素。在“9·11”事件之后，恐怖组织变得日益国际化网络化，恐怖主义活动已经与世界大国的战略竞争紧密相关，打击恐怖主义逐渐成了一个国际共识和重要的外交事务。在这样的背景下，俄罗斯利用反恐议题开展了积极的外交活动，不仅积极打击了国际恐怖主义势力，也为近年来在地缘政治上屡遭美欧势力挤压俄罗斯创造出一个有利的外交环境。从在周边地区构筑集体安全合作体系以巩固已有国内反恐成果，到进入中东地区建立军事同盟来维护自身地缘政治安全，突破欧美国家的外交封锁孤立，俄罗斯在反恐外交领域为自己开创了一条独特的路径。从中不难发现，恐怖主义问题已经超出其本身所具有的安全问题范畴，成了大国博弈的重要工具。纵观俄罗斯反恐外交的发展，笔者认为它主要经历了周边反恐外交、对美反恐外交及中东地区反恐外交三个主要发展阶段。

一、为建立集体安全体系而开展的周边反恐外交

自苏联解体后，中亚和外高加索等地区的宗教激进主义势力开始蓬勃发展，并与俄罗斯境内的车臣分裂势力相互勾结，严重威胁了俄罗斯国内及周边地区的安全。从阿富汗到中亚，再到车臣地区(还有可能扩展至整个高加索地区)，实际上已经形成了一条恐怖主义活动猖獗的弧形地带，而俄罗斯恰好被圈在此弧线之中。[①]与这一地区的国家开展国际反恐合作，成了俄罗斯最为迫切的安全需求。为此，俄罗斯从两个方面开展以反恐合作为目的的外交活动：其一是与独联体国家开展反恐合作，巩固原有的集体安全机制防止恐怖主义在这一地区的蔓延；其二则是利用上合组织平台与中国开展反恐合作，进一步强化中亚地区的反恐能力。

与独联体国家开展反恐合作时，俄罗斯试图利用其对独联体国家的影响力，在中亚地区建立起一套由其主导的反恐协调机制，维护国家与地区安全。中亚一带的恐怖主义具有浓厚的宗教激进主义色彩，其基本思想武器是“圣战”，共同的政治目标是推翻政府，建立一个地方伊斯兰政权，最终实现在乌兹别克斯坦、吉尔吉斯斯坦、塔吉克斯坦三国建立一个统一的伊斯兰国家。[②]因此，当地的恐怖组织具有非常强悍的军事能力，恐怖活动往往伴随着游击战，恐怖袭击往往是发动叛乱的前奏，这些情况都已经完全超越了普通刑事犯罪的范畴。但那些刚获得独立的中亚国家军事实力却非常有限，难以应对恐怖分子的渗透与袭击。如吉尔吉斯斯坦，直到 1999 年它才建立自己的边防部队，然而当年这些边防部队战斗力薄弱，面对进入其境内的恐怖分子，处处显得被动。缺乏武器装备和必要的后勤支援的吉尔吉斯军队在得到乌兹别克斯坦和其他国家的协助后，最终才迫使极端分子退出其国境。[③]面对这一局面，一个由俄罗斯主导的中亚地区反恐合作机制形成是必然的。

---

① 冯绍雷、相蓝欣：《转型中的俄罗斯对外战略》，上海人民出版社 2005 年版，第 240 页。

② 张铭：《现代化视野中的伊斯兰复兴运动》，中国社会科学出版社 1999 年版，第 52 页。

③ 杨恕：《转型中的中亚和中国》，北京大学出版社 2005 年版，第 207 页。

俄罗斯与中亚国家的反恐合作主要是在俄罗斯主导的集体安全条约框架下开展的。2000 年 6 月 21 日，在莫斯科召开的独联体国家元首理事会决定成立“独联体反恐中心”，并签署通过了《独联体国家反恐中心条例》，在独联体内部建立了打击恐怖主义的专门机构。这一反恐中心是独联体的常设机构，其主要目的是协调独联体各成员国的反恐行动，共享反恐情报，提高打击该地区的恐怖主义行为的效率。[①]另一方面，为了协调独联体各国对恐怖主义打击的力度，统一对恐怖组织的界定，便于对恐怖组织采取集体行动防止恐怖分子利用中亚各国间法律的差异逃避打击，2004 年 9 月，俄罗斯与亚美尼亚、白俄罗斯、哈萨克斯坦、吉尔吉斯斯坦、塔吉克斯坦、乌克兰在阿斯塔纳签署协议，在独联体内部成立了各国反恐法律合作等方面事宜的咨询委员会，通过立法交流协调各国共同打击境内恐怖组织。最为重要的是，俄罗斯主导的集体安全体系非常重视军事合作。自 2001 年开始，独联体反恐中心几乎每年都会主办一次反恐演习，以加强成员国的安全机构、特种部队和其他执法机构的备战状态，共同对抗国际恐怖主义。[②]

通过观察，我们不难发现，俄罗斯通过“独联体反恐中心”实质上建立了一个反恐集体安全机构，通过向中亚的这些独联体国家输出安全资源，帮助这些国家形成一定的反恐安保能力，通过集体行动遏制恐怖主义的发展，保障俄罗斯国内及地区的安全利益。

与中国开展合作时，俄罗斯希望通过上海合作组织，利用中国的巨大经济资源优势进一步完善中亚地区的集体安全机制。与俄罗斯一样，中国也面临着严重的恐怖主义威胁。而中国境内的民族分裂势力与中亚国家的极端组织在宗教信仰、文化习俗上都极其相近，存在着千丝万缕的联系。俄罗斯情报部门曾经发现在车臣反政府武装中就有来自中国新疆地区的极端分子，而中国境内的民族分裂分子也计划染指中亚地区，他们将中亚地区称之为俄罗斯帝国吞并的疆土并企图建立包括这一部分领土在内的独立国家。[③]因此，一个稳定的中亚对于中俄都非常重要。正是在这一背景下，2001 年 6 月上海合作组织成立，各国共同

---

① 独联体反恐中心网站，http://www.eng.cisatc.org/132。

② 独联体反恐中心协调成员国工作的介绍及相关公开档案，http://www.eng.cisatc.org/133。

③ 吴绩新：《中俄在中亚的反恐合作》，《俄罗斯研究》2006 年第 4 期。

签署了打击恐怖主义、分裂主义和极端主义的上海公约，并在塔什干成立了反恐怖中心。反恐成为上海合作组织的一项基本功能。

在上海合作组织框架内，俄罗斯与中国及中亚地区成员国签署了一系列反恐合作条约，使得该地区的国际联合反恐行动有了制度保障。在2001年的上合组织首次领导人会议上，中国、俄罗斯、哈萨克斯坦、吉尔吉斯斯坦、塔吉克斯坦和乌兹别克斯坦六国元首签署了《打击恐怖主义、分裂主义和极端主义上海公约》，对"恐怖主义""分裂主义"和"极端主义"这三股势力的概念进行了明确的法律界定，为未来的反恐合作奠定了坚实的基础。随后，在上海合作组织框架内又先后签署了《关于上海合作组织地区反恐怖机构的协定（草案）的决议》《上海合作组织宪章》《关于地区反恐怖机构协定》《关于上海合作组织地区反恐怖机构的协定》《上海合作组织成员国合作打击恐怖主义、分裂主义和极端主义构想》《上海合作组织反恐怖主义公约》等法律文件，进一步完善了上海合作组织框架内的反恐合作的制度基础。除此以外，上海合作组织也成了类似独联体反恐中心一样的常设反恐合作执行机构——"上海合作组织地区反恐怖机构"，这也是除上海合作组织秘书处之外的唯一一个常设机构。该机构的功能是：①同成员国和国际组织负责打击恐怖主义、分裂主义、极端主义问题的有关机构保持工作联系；②加强成员国在应有关成员国请求准备和举行反恐演习，以及准备和举行打击恐怖主义、分裂主义、极端主义的缉捕和其他行动中进行协作；③参与准备涉及打击恐怖主义、分裂主义、极端主义问题的国际法律文件草案；④收集并分析从成员国反恐机构获取的信息，建立及补充反恐机构资料库；⑤参与建立应对全球挑战与威胁的有效机制；⑥准备及举行学术会议、研讨会，协助就打击恐怖主义、分裂主义、极端主义问题交换经验。[①]同样，在上海合作组织框架内，各成员国也联合进行了多次反恐军事演习，以强化该地区的反恐军事能力。

在反恐领域，俄罗斯在上海合作组织框架内开展的反恐外交合作，与其在独联体集体安全条约组织框架内设计的反恐合作，方式非常类似，甚至可以说，上合组织的反恐合作是独联体反恐合作的一种延伸与扩展。俄罗斯在其周边开展

① 上海合作组织网站，http://chn.sectsco.org/structure/＃6。

的反恐外交活动是非常谨慎的，其本质都是试图通过建立某种类型的集体安全机制为安保力量薄弱的中亚地区提供足够的反恐资源，保证该地区的稳定与俄罗斯的传统影响力，防止恐怖主义势力的蔓延。而参与到这个体系中的国家都是俄罗斯的友好国家，在价值取向上是类似的，战略利益高度重叠，因此这样的集体安全体系发展非常迅速，俄罗斯的周边反恐外交也相应地获得了巨大的成功。

二、为融入西方而开展的美欧反恐外交

2001 年“9·11”恐怖袭击事件发生后，恐怖主义问题立即成为国际舆论关注焦点，也成为国际社会与外交领域的主要议题，并在一段时间内促使美国外交政策发生了重大调整。从此，恐怖主义问题开始深刻影响全世界人民的生活，而各国围绕反恐议题开展的外交活动似乎让俄罗斯看到了改善与西方关系、共同打击恐怖主义的曙光。

普京上任初期，一直希望缓和与西方国家特别是美国的关系，使得俄罗斯能够融入国际社会。因此，在“9·11”事件以后，俄罗斯给予美国反恐行动和打击阿富汗塔利班政权无条件与全方位的支持，成了美国领导的反恐联盟中的重要成员。“9·11”事件后，普京是第一个给布什总统打电话表示慰问的外国领导人，随后俄罗斯开始向美国提供大量与塔利班相关的情报，并为美国战机开放了空中走廊，提供后勤补给等多方面的便利，帮助美国最终推翻了阿富汗塔利班政权。①在地缘政治层面，俄罗斯也采取了相对宽容的姿态，默许了美国在中亚地区设立军事基地，在吉尔吉斯斯坦、塔吉克斯坦和乌兹别克斯坦驻军。俄罗斯对美国发动反恐战争的合作态度，在冷战后的美俄关系历史上是前所未有的，部分观察家似乎据此认为已经发现了美俄关系的新道路。②

---

① 美国著名俄罗斯问题专家、纽约大学教授斯蒂文·科恩在接受俄罗斯《劳动报》的采访时表示：“俄罗斯在阿富汗给我们的帮助比任何北约国家都重要。可以说，没有俄罗斯的帮助这次行动就不能取得如此难忘的成功。”[俄]《劳动报》2002 年 1 月 15 日。

② [美]《和俄罗斯的新关系》，《芝加哥论坛报》2001 年 10 月 23 日。

从当时的国际环境来看，俄罗斯采取这种主动合作态度具有两个主要目的。在反恐方面，俄罗斯一方面希望通过参加美国的反恐联盟使自己在车臣地区的"反恐战争"能够获得国际社会认可，改变西方国家对车臣分裂势力的立场；另一方面，俄罗斯认为，阿富汗的塔利班政权也是俄罗斯的安全威胁，在车臣战争中俄罗斯俘获了大量的"基地"组织成员，美国对阿富汗的打击也有利于俄罗斯国家安全。而在改善俄罗斯国际战略环境方面，它希望通过在反恐议题上向美国伸出橄榄枝来缓解科索沃危机后俄罗斯与西方国家陷入的外交危机，进而能使得俄罗斯能够改善与欧美国家的关系，加入世界贸易组织，融入西方所主导的国际体系中，改变被西方孤立的局面。

俄罗斯的这些诉求在反恐战争初期的确得到了美国和西方社会的积极回应。在车臣问题上美国总统国家安全事务助理赖斯对俄罗斯媒体表示，"9·11"事件表明，美国和俄罗斯在安全领域有共同的利益。美国呼吁车臣领导人与可能在其队伍中的恐怖分子拉开距离。我们不能反对阿富汗的国际恐怖主义，却帮助车臣的国际恐怖主义。①在2002年莫斯科人质事件之后，时任北约秘书长的罗伯逊表示，"北约承认俄罗斯的车臣地区存在恐怖主义，俄罗斯有权采取包括使用武力在内的措施打击恐怖主义"。②俄罗斯的国际战略处境也得到了部分改善：美国宣布不视俄罗斯为敌人和战略威胁；通过20国机制的建立，俄罗斯在9个安全领域得到了同北约国家平等的决策权和行动权；同意接纳俄罗斯为八国集团正式成员等。③2002年6月6日，布什又打电话给普京，表示美国商务部已经承认俄罗斯的市场经济地位。这一系列美好的开端似乎证明"9·11"之后俄罗斯的反恐外交获得了巨大成功。④

但随着美国反恐形势的逐渐好转，缺乏战略根基的俄美反恐合作依然无法解决俄罗斯与西方国家之间长期存在的分歧。在不到一年的时间内，俄罗斯便逐渐感觉到"俄美两国无论在反恐政策方面，还是在两国关系的其他方面都没有牢固的

---

① [俄]《对赖斯的访谈》，《消息报》2001年10月15日。

② 刘勇为、崔启明：《俄罗斯反恐的国际合作》，《俄罗斯研究》2008年第6期。

③ 赵龙庚、中亚：《俄美从反恐合作到战略竞争》，《和平与发展》2004年第3期。

④ 当时俄罗斯重要智库，俄罗斯外交和防务政策委员会主席谢尔盖-卡拉加诺夫对此评论道："我国总统利用'9·11'事件成功摆脱了俄罗斯在冷战后所处的不好不坏的境地。"参见谢尔盖-卡拉加诺夫：《欧洲不应当嫉妒我们》，[俄]《莫斯科新闻》2001年12月28日。

长期基础”[①]。俄罗斯人发现,“9·11”后他们向美国人伸出真诚的手,而“美国却往(俄罗斯)手心里吐唾沫……阿富汗战争还没有结束,美国已经让我们明白,什么都没有改变”[②]。这种“往手心里吐唾沫”的行为主要表现在以下两个方面:

一方面,反恐合作并没有停止西方国家倾轧俄罗斯战略利益的步伐。美国利用反恐向中亚地区实施渗透,发动“颜色革命”扶植亲西方政府替代原有的亲俄领导人,侵蚀俄罗斯在该地区的影响力。2003年底发生在格鲁吉亚的“玫瑰革命”与2004年乌克兰发生的“橙色革命”,以及2005年发生在吉尔吉斯斯坦的骚乱和乌兹别克斯坦的安集延事件,都使俄罗斯对美国在中亚存在的真实意图产生了怀疑。而反恐合作上的战略退让,也没能阻止北约不断吸收中欧国家将前沿直接推向俄罗斯边境,侵蚀俄罗斯的战略空间。[③]

另一方面,俄美反恐合作没有使俄罗斯的反恐行动获得西方的认同。西方国家一直以来在反恐上采取双重标准,不断以“人权”为由指责俄罗斯对车臣恐怖组织的打击。美国长期以来都在利用车臣问题牵制俄罗斯,采取各种手段给俄罗斯在车臣的反恐行动制造麻烦。在2002年年初美国国务院代表团就会见了车臣非法武装“外交部长”阿克马多夫;英国则接受了车臣叛匪扎卡耶夫的政治避难申请,这些行为使得俄罗斯大为恼火。[④]而导致俄罗斯与西方反恐联盟正式决裂的则是发生在2004年的“别斯兰人质事件”。事件发生后,在对遇害人质表达了同情之余,西方媒体开始集体声讨俄罗斯的车臣政策,甚至对俄罗斯为加大反恐力度进行的政策调整进行无端的批评,引起了俄罗斯社会各界的愤怒。这一事件的发生,表明俄罗斯利用反恐外交改善与西方国家关系的努力已经彻底失败。虽然面对恐怖主义的共同威胁,俄美之间的反恐合作依然还在继续,但是由于战略意图和理念的巨大差异,以及长久以来积累的战略不信任,使得反恐合作只能创造短暂的缓和而无法解决导致俄罗斯与美国及欧洲国家之间对抗的

① [俄]阿·阿尔巴托夫:《反导条约与恐怖主史》,《独立报》2001年12月26日。

② [俄]阿·普什科夫:《俄美接近的极限》,《独立报》2001年12月27日。

③ 2002年11月,北约首脑布拉格会议决定邀请罗马尼亚、保加利亚、拉脱维亚、立陶宛、爱沙尼亚、斯洛文尼亚和斯洛伐克等7个中东欧国家于2004年正式加入北约,从而使得北约直抵俄罗斯边境。

④ 俄外交部长批评这种行为显示西方反恐中“双重标准当然存在”,“为参与恐怖活动的人提供避难,不仅令人遗憾,也在破坏反恐同盟的团结”。参见:[俄]《对俄外长拉夫罗夫的访谈录》,《新闻时报》2004年9月9日。

基础性因素。因此,俄美反恐合作无法成为俄罗斯外交突围的支点,相对于俄罗斯与美欧国家的地缘政治竞争,恐怖主义问题太微不足道了。

随着美俄反恐合作的破裂,俄罗斯开始利用自身的影响力逐步将美国势力驱逐出中亚地区,巩固此前建立的中亚集体安全机制,弥补反恐外交战略失误所导致的不良后果。2003 年 9 月,俄罗斯和吉尔吉斯斯坦两国国防部长谢尔盖·伊万诺夫和叶先·托波耶夫签署了俄罗斯驻吉尔吉斯斯坦空军基地地位和条件协定。通过这份协议俄罗斯租用了位于吉尔吉斯的坎特机场,用以监视仅仅 35 公里之外的作为美军基地的马纳斯机场,这一行动被视为俄罗斯重返中亚的标志性事件。①在 2004 年 10 月,俄罗斯又与塔吉克斯坦达成协议,在其首都杜尚别附近建立俄罗斯最大的海外军事基地。随后,俄罗斯利用上海合作组织作为外交平台,积极开展活动,继续挤压美国在中亚的生存空间。2005 年 7 月,上海合作组织阿斯塔纳峰会通过的《元首宣言》,敦促美国限期撤出在中亚的驻军。在俄罗斯的积极推动下,2005 年,美军撤出了设立在乌兹别克斯坦的军事基地。2014 年,吉尔吉斯也拒绝继续租用玛纳斯空军基地,同年 6 月 3 日,美国政府被迫关闭这一苦心经营了 13 年的军事基地。自此,俄罗斯清除了阿富汗战争后美国设立在中亚的全部军事基地,巩固了其在中亚地区的影响力,俄罗斯在独联体建立的集体安全机制与上合组织在其中发挥了非常重要的作用,虽然不完全准确,但是这可以被看作为一次反恐外交的失误被另一次反恐外交的成果弥补了。

三、为打破西方国家外交孤立而开展的中东反恐外交

利用反恐议题与西方合作,改善俄罗斯战略处境的努力已经被证明是不成功的。一方面是由于俄罗斯与西方国家缺乏必要的战略信任;另一方面,我们也应该认识到反恐合作其实并没有解决美俄关系中任何一个关键性议题。②俄罗

① [俄]《独立报》,www.ng.ru, 2002 年 12 月 5 日。

② [俄]谢尔盖·科尔图诺夫:《俄美伙伴关系和 21 世纪的挑战》,《国际生活》2004 年第 4 期。

斯依然可以利用反恐议题实现外交破局，但绝对不是通过与美国进行反恐合作来实现。

从2008年的格鲁吉亚战争到乌克兰危机的爆发与长期化，进入21世纪的第二个10年后俄罗斯正面临被西方社会全面外交孤立的处境，欧美国家的制裁与国际原油价格的萎靡不振，使得俄罗斯政治、经济与安全环境变得十分恶劣。这促使俄罗斯必须做出更为积极的外交反应，摆脱不利的局面。以反恐为名介入中东地区事务便成了俄罗斯突破这一困境的最优选择，这主要基于以下两方面的原因：

一方面，肆虐中东地区的极端主义已经成了俄罗斯安全利益的重大威胁，消灭IS恐怖组织为俄罗斯介入中东提供了恰当的理由。IS组织头目巴格达迪宣称其建立的哈里发国家包括广大的中亚地区，并扬言要从俄罗斯手中“解放”属于哈里发国家的领土，这些地区包括北高加索、鞑靼斯坦共和国和俄罗斯南部的伏尔加河地区，①这是对俄罗斯国家安全的公开挑战。与此同时，大量的俄罗斯籍恐怖分子已经前往中东加入了IS。根据2015年的统计，大约有2 400名俄罗斯籍武装人员跟随IS作战。②这些人员回流俄罗斯发动恐袭，成为俄罗斯反恐部门最为担心的问题。普京曾经表示，IS尽管还没有直接对俄罗斯造成威胁，但俄公民到中东参加IS确实让人感到担忧。③而IS对中亚地区的渗透更为严重，IS中来自苏联各共和国的武装分子约有7 000人。④而大多数中亚的极端分子都是在俄罗斯打工时被车臣恐怖组织招募的。⑤

另一方面，美国领导的反恐联盟在中东无所作为，给俄罗斯的介入创造了良好的条件。美国对IS的打击一直瞻前顾后，一方面对极端主义的恐惧使得美国

---

① Will Stewart, This message is addressed to you, oh Putin: ISIS now threatens Russia over its ties to Syria's Assad and promises to liberate Chechnya and all the Caucasus, Sept.3, 2014. http://www.dailymail.co.uk/news/article-2741979/This-message-addressed-oh-Putin-ISIS-threaten-Russia-ties-Syrias-Assad-promise-liberate-Chechnya-Caucasus.html.

② “Заявление Главы Федеральной службы безопасности Александра Бортникова,” Телеканал《Россия24》, Сентябрь 30, 2015.

③ Прямая линия с Владимиром Путиным. http://www.kremlin.ru/events/president/news/20796.

④ “Демон Лапласа” против ИГ: борьба с вербовщиками, http://tass.u/proisshestviya/2501424 террористов.

⑤ David Ignatius, Putin Aims to Fulfill Mentor's Dreams, Oct.21, 2015. http://www.stripes.com/opinion/putin-aims-to-fulfill-mentor-s-dreams-1.374297.

必须遏制 IS 的发展；另一方面，美国则希望借助 IS 的力量消灭叙利亚的巴沙尔政权，而放任叙利亚局势的恶化。从美国开始组建联盟宣布打击 IS 一年左右的时间里，IS 盘踞的疆域不见缩小，反而扩大。[①]这使得中东地区那些饱受 IS 危害的国家丧失了对美国的信任。奥巴马急于在中东实现战略收缩，相应的，IS 则在不断扩张，使得美国已经无法有效控制中东地区的危险局势，此时俄罗斯介入中东反恐战局便显得顺理成章，同时也受到了处于反恐一线中东国家（如伊拉克和叙利亚）的欢迎。

在合适的时机开展合适的行动，俄罗斯在中东的反恐外交获得了很大的成功，大体上看这些行动主要围绕以下三个方面展开：

第一，俄罗斯通过军事援助与叙利亚、伊朗、伊拉克组成反恐军事同盟，[②]遏制 IS 恐怖势力的扩张，稳定俄罗斯在中东地区战略利益。2015 年 9 月 30 日，俄罗斯军队开始直接介入叙利亚战局，空军及海军对叙利亚境内 IS 武装实施高强度打击。到 2015 年底，俄战机共完成 2 000 多架次战斗飞行，消灭了数百名武装分子，摧毁了近 3 000 座设施，占 IS 基础设施的 40%。[③]俄罗斯的军事打击在关键时刻拯救了叙利亚政府军岌岌可危的局面，使得 2016 年底叙利亚政府军已经重新掌握了阿勒颇、大马士革、霍姆斯、哈马和拉塔基亚这叙利亚五大城市的控制权。同时，为了配合对叙利亚的军事援助，俄罗斯在对叙利亚展开军事行动前的两天（2015 年 9 月 27 日）与伊拉克、伊朗和叙利亚四国在巴格达建立了联合反恐情报信息中心，并达成了安全合作的协议。从伊拉克政府发布的信息中显示，四国的安全合作主要是为了“收集有关极端组织 IS 及其从属组织的信息”。但在俄军对叙利亚的军事行动中，伊拉克向俄罗斯开放了领空，并表示欢迎俄罗斯空袭境内 IS 目标，并质疑以美国为首的反恐联盟打击 IS 的决心。[④]更为重要的是，伊拉克在接受俄罗斯的军事合作时拒绝了美国派遣地面部队帮助其打击 IS 的提议，彻底投入了俄罗斯的怀抱。而伊朗更是向叙利亚派出了大量的“志愿者”配合叙利亚政府军与俄罗斯的军事行动，并与俄罗斯和叙利亚在拉

---

①③ 冯绍雷：《俄罗斯的中东战略：特点、背景与前景》，《当代世界》2016 年 3 月。

② 很多学者认为这一军事联盟中还应该包括黎巴嫩真主党，形成了 4 + 1 联盟。

④ Loveday Morris, “Iraqi premier ‘would welcome’ Russian airstrikes”, The Washington Post, Oct.2, 2015.

塔基亚成立了军事协调中心。由此可见，俄罗斯已经与叙利亚、伊拉克与伊朗结成了实质性的反恐军事同盟。[①]这一军事同盟的有效行动已经对美国在中东的影响力构成强有力的挑战，成了俄罗斯中东反恐外交的基石。

在建立四国联盟之外，俄罗斯也非常注意发展与中东其他国家的合作，构筑一个友好的外围环境。俄罗斯在中东建立的反恐军事联盟事实上是一个中东什叶派军事联盟，虽然俄罗斯在很多场合否认这一联盟带有教派联盟的性质，但依然让人担心这一教派特征明显的联盟会遭遇到中东地区以沙特为首的逊尼派势力的反对。因此在反恐外交实践中，俄罗斯一直试图避免这种情况的产生。除了将四国联盟作为核心外，俄罗斯也坚持利用反恐议题发展与逊尼派国家的合作关系。如俄罗斯利用了与埃及长久以来的友好关系，获得了埃及塞西政府在叙利亚问题上的积极配合。其后，随着土耳其未遂政变后埃尔多安对俄美态度的巨大转变，以及沙特与卡塔尔断交风波所造成的逊尼派国家内部的分裂，俄罗斯所主导的反恐军事同盟地位日益牢固，逐渐成为中东地区的主导力量之一。

第二，俄罗斯通过积极的反恐行动和外交斡旋分化美国领导的反恐联盟，获得了中东地区反恐斗争主导权。与俄罗斯主导的四国反恐联盟相比，美国主导的 64 国中东反恐联盟在打击 IS 方面基本无所作为。俄罗斯对 IS 打击获得巨大成果，而中东与欧洲国家却陷入了严重恐怖主义和难民问题之后，美国及其盟友不得不开始承认俄罗斯在中东反恐中的重要地位。美国主导的反恐联盟内部却开始产生裂痕。传统的美式反恐联盟已经被证明无法有效应对中东恐怖主义问题，俄罗斯所倡导的一种基于互动、妥协的多极化世界秩序下的反恐合作理念变得越来越受欢迎。俄罗斯主张在反恐国际合作中抛弃“双重标准”，建议一种更为平等的新国际秩序，这相对于美国主导的现有国际秩序而言，成了一种可以替代的选择。[②]这一构想对中东及欧洲部分国家具有很大的吸引力，美国在反恐的双重标准使得所谓的反恐战争往往只能保障美国的利益而牺牲其他合作伙伴的利益。于是在中东地区，埃及、约旦和阿联酋拒绝集体谴责俄罗斯的空袭行动。而深陷难民危机与 IS 恐怖袭击的欧洲国家为了尽快摆脱叙利亚危机，也主

---

① 有人也认为这一军事同盟中还应该包括黎巴嫩真主党。

② Pyotr Iskenderov, “Russia, Syria on United Front Against Terrorism”, October 9, 2015, http://www.strategic-culture.org/news/2015/10/09/russia-syria-on-united-front-against-terrorism-i.html.

动开始与俄罗斯进行反恐合作。如在巴黎恐袭后，法国与俄罗斯就打击IS展开了军事合作，随后德国、英国也相继对IS发动打击，德国还公开批评美国在中东最主要的盟友沙特对极端组织的支持。①在土耳其击落了俄罗斯战机事件发生后，普京通过不断公布土耳其支持IS的证据，揭露其背后支持IS势力的阴谋。由此带来的强大国际舆论压力使得北约内部也发生了严重的分歧。②最终，普京抓住了土耳其未遂政变的契机，成功地破坏了土耳其与西方国家的同盟关系，从而基本掌握了中东反恐问题的战略主动权。美国官员也不得不承认，"俄罗斯在叙利亚问题上具有决定性作用"。③美国与俄罗斯也达成了关于在叙利亚上空飞行安全的备忘录，事实上承认了俄罗斯在叙利亚拥有行动自由。

被难民问题与恐怖袭击问题深深困扰的欧洲，与美国的叙利亚政策一直存在分歧。叙利亚问题带来的种种社会问题主要是由欧洲国家承担的，而奥巴马为了配合美国战略东移的政策很大程度上减少了对中东的投入，而对IS的不断壮大也采取了放任政策。正是利用这一战略机遇，俄罗斯才能够有机会强势介入一直为美国所主导的中东地区，而俄罗斯的军事介入本身又使得这一分歧进一步扩大，并最终在中东反恐议题上掌握了主导权。

第三，利用在叙利亚反恐战局中的优势地位，破解乌克兰危机给俄罗斯带来的外交困境。在打击IS军事行动获得显著成效的同时，俄罗斯一直通过不断营造与强化反恐议题，将各国的外交的注意力都吸引过来，在自己最有优势的议题中创造条件，破解西方国家对俄罗斯的外交孤立与经济制裁。乌克兰危机使得俄罗斯与西方的关系堕入冰点，俄罗斯被逐出了八国集团；布里斯班的G20峰会上普京被迫提前离开，各国围剿之下俄罗斯一时很难找到与西方国家协商的突破口。而俄罗斯在叙利亚的强势地位，以及国际舆论对反恐议题的高度关注，使得欧洲与美国不得不与俄罗斯在中东反恐议题上进行对话与合作，反恐议题则成了俄罗斯与西方国家外交博弈的重要筹码。一方面，俄罗斯以反恐之名，在叙利亚政府的邀请下介入叙利亚，在国际法与国际道义上都具有合理性，西方国

① 毕洪业:《中东战略的支点:俄罗斯地缘外交中的叙利亚》,《俄罗斯东欧中亚研究》2016年第2期。

② 针对击落俄罗斯战机以及土耳其与伊斯兰国之间存在着的联系，一些北约国家对土耳其的做法表示不满，美国国内也出现了批评声音，华盛顿还从土撤出了部署不久的12架战机，并施压安卡拉加强对土叙边境管控。

③ Экс-глава разведки США: Хватит считать Россию злом! //Известия29ноября 2015г.

家无法将俄罗斯排除在外。加之俄罗斯及其同盟拥有的军事力量已经具备了左右叙利亚战场发展的能力，西方国家同样无法将俄罗斯排除在反恐议程之外。另一方面，IS 恐怖组织在全世界范围内发动多次造成重大伤亡的恐怖袭击事件，特别是发生在比利时与法国巴黎的严重恐袭事件，使得欧洲国家不得不将反恐作为一个关键议题对待，而持续不断的难民问题与反恐议题相互纠缠又进一步增加了欧洲国家对叙利亚问题久拖不决的焦虑。因此，欧洲国家开始迫切希望尽快解决叙利亚问题并消灭 IS 恐怖组织，而俄罗斯已经成为他们绕不开的一个国家。与此同时，俄罗斯在国际舆论上不遗余力地揭露 IS 的累累恶行，成功地将普通民众的关注焦点从叙利亚反对派与阿萨德政权的乱斗中吸引到了 IS 造成的血腥惨案上来，把 IS 塑造成了全人类的公敌。在巴黎恐袭后，一名法国官员就表示，“巴沙尔或者普京都将不会像激进分子那样派遣人员前往法国制造袭击。从欧洲安全角度考虑，IS 代表着更大的危险。无论我们是否高兴，我们将不得不同叙利亚政权打交道。而我们在没有普京的前提下是无法解决叙利亚或者乌克兰问题的”。[①]由此可见，相对于乌克兰问题与叙利亚的政权更迭，恐怖主义威胁已经成为欧洲人的首要问题。在外交领域，俄罗斯非常成功地完成了主题切换。

正是基于以上原因，西方国家开始向俄罗斯妥协。在安塔利亚的 G20 峰会上，奥巴马重新与普京握手寒暄，并进行了长时间的私下交谈。而英国首相卡梅伦也利用这一机会与普京商讨了叙利亚问题，并宣称英、俄在叙利亚问题上的分歧正在缩小。而在 2015 年 10 月底和 11 月中旬在维也纳举行的关于叙利亚问题的 17 国外长会议上，俄罗斯推动西方国家接纳伊朗代表参加，这足以显示出俄罗斯在叙利亚问题上巨大的影响力。虽然俄罗斯依然没有在乌克兰危机中完全“解套”，但是却已经找到了与西方国家开展对话的途径。[②]2016 年再次开启的新一轮针对西方国家的反恐合作与“9・11”事件以后俄罗斯以战略退让为代价而获得的合作机会存在本质差别。在中东，俄罗斯拥有战略主动权，依靠自身实

---

① 伊莎贝尔・拉塞尔：《俄罗斯在叙利亚采取军事行动的后果是什么？》，[意]《费加罗报》2015 年 10 月 19 日。

② 白宫不得不承认，鉴于叙利亚危机愈演愈烈，俄罗斯已经找到了与美国及其盟友合作的方式。参见 Политолог о реакции США на слова Путина о Су-24：грубое цитирование，http://ria.ru/radio_brief/20151218/1344330612.html。

力获得了与对方讨价还价的权利，反恐合作的主动权在俄罗斯手中。尽管今后俄罗斯与西方国家围绕着叙利亚展开的外交博弈依然充满着变数，而且俄罗斯与西方国家的战略与意识形态矛盾也不会仅仅因为反恐合作而轻易消失，但是至少在现实层面上看，俄罗斯已经掌握了破解自身外交困局的钥匙。

四、俄罗斯反恐外交的特点及其推动因素

恐怖主义威胁作为冷战后较为突出的非传统安全因素，曾经严重威胁着俄罗斯社会的稳定。从两次车臣战争到“9·11”恐怖袭击事件，再到叙利亚与伊拉克的反恐战争，国际社会面临的恐怖主义威胁性质与特点已经发生了深刻的变化。恐怖主义问题也已经超越了原本的安全议题范畴，成为大国博弈中的一个政治议题。对恐怖主义的定义和恐怖组织的认定，对反恐手段合法性的讨论都成了获取外交主动权的筹码。从俄罗斯反恐外交的发展历程中我们不难发现，俄罗斯人已经变得非常善于利用反恐议题谋取战略利益，其手段与方法也越来越成熟老到，甚至超越了其美国同行。总体上看，俄罗斯的反恐外交表现出以下几个特点：

第一，俄罗斯的反恐外交运用范围不断扩大：由开始主要集中于独联体国家及周边苏联国家发展到现阶段集中于中东地区，乃至将来的世界范围内开展反恐外交。最初，俄罗斯与独联体国家开展反恐合作的主要目的是防止车臣恐怖主义势力与中亚地区的极端势力相互勾结损害中亚及俄罗斯的安全利益，同时也是为了在中亚形成一个集体安全体系维护俄罗斯在中亚地区的传统影响力。因此这一时期俄罗斯在独联体与上合组织开展周边反恐外交。而“9·11”之后与美国开展的反恐合作，使得俄罗斯的反恐外交触手开始扩展到中亚南部的阿富汗地区，虽然俄罗斯与美国的反恐外交可以说并没有获得实质性利益，但是此时俄罗斯的战略目光已经逐渐跳出了周边地区。最后，俄罗斯在中东的反恐外交可以视为是一次全球性的战略活动。俄罗斯在中东的行动，跨越了传统的俄罗斯势力范围，无论是轰炸机的远程奔袭还是地中海中军舰发射的巡航导弹，都显示了俄罗斯强大的境外部署及打击能力。而在中东开展的打击 IS 的反恐合

作中，俄罗斯不仅仅将直接当事国叙利亚与伊拉克拉入了自己组成的军事同盟，同时也与法、德等欧洲国家开展了反恐合作，更为难得的是将土耳其拉入了自己的阵营，分化了北约与美国为首的反恐联盟，也让美国与整个欧亚大陆都被拖入了俄罗斯主导的中东反恐战局之中。开始是俄罗斯积极推动的中亚反恐合作只是一个地区级的小打小闹，而现在发生在中东的反恐外交则是能够影响未来世界格局的战略行动。

这一趋势与俄罗斯国家安全战略发展是相辅相成的。随着苏联解体后俄罗斯国内政局的逐渐稳定，在获得了国内及周边安全后，重建俄罗斯的大国地位一直是俄罗斯人的梦想，为了配合这一战略诉求，同时也为了对抗西方利用北约东扩及“颜色革命”等手段对俄罗斯战略空间的挤压，[①]必然使得俄罗斯向着相对应的方向发起反击。虽然俄罗斯的行动在很大程度上是为了摆脱自己当时所处的困境，但是从其在中亚建设的集体安全体系，到在中东构筑军事同盟，直至利用反恐议题撬动西方国家对俄罗斯的围堵，俄罗斯反恐外交活动空间呈现了一个不断扩大的过程。

第二，从反恐外交目的目标上看，俄罗斯的反恐外交目标逐渐多元化、政治化。在车臣战争后，俄罗斯最初与独联体国家进行反恐合作的主要目标非常明确：为了防止恐怖主义在这一地区的蔓延，随后在上合组织中开始的反恐合作其目标主要也是针对“三股势力”的威胁。正是基于这一原因，这一时期俄罗斯在中亚的反恐合作一直以联合反恐演习、情报交流等纯粹的反恐活动为主。而在“9·11”之后，俄罗斯对反恐议题的考虑就不仅局限在安全领域，普京希望通过配合美国的反恐战争改善与西方国家的关系，在欧洲获得更为友好的发展环境，虽然其中也有反恐的需求，但是配合美国反恐并不是俄罗斯的直接利益所在。虽然我们看到了，俄罗斯一厢情愿地配合美国反恐并没有获得任何实质性的利益，但是俄罗斯已经开始认识到，反恐议题是一个突破传统外交僵局的有效工具。

---

① 美国对中亚的渗透以及欧亚大陆战略最终是为了防止任何“能够统治欧亚大陆从而也能够对美国进行挑战的挑战者的出现”，因此，即便是苏联解体后依然没有放松对俄罗斯这一潜在威胁的战略施压。[美]布热津斯基，国际问题研究所译：《大棋局——美国的首要地位及其地缘战略》，上海人民出版社1998年版，第3页。

在发动叙利亚反恐行动前，俄罗斯因为乌克兰问题已经遭到了西方国家的五轮制裁。奥巴马表示，“美国已经动员了国际社会支持乌克兰，让俄罗斯因在乌克兰的行动而被孤立，同时也让我们的盟国和伙伴安心”。①同时伴随着国际油价的剧烈滑坡，俄罗斯的经济状况已经变得岌岌可危，②俄罗斯最迫切的需求不是消灭恐怖分子而是寻找一个可以使自己摆脱诸多困境的方法。因此，许多学者认为，俄罗斯出兵叙利亚，主要目的是利用反恐议题维护其地缘政治利益及调整俄罗斯与西方大国关系。③事实也是如此，俄罗斯在叙利亚的行动及其组织四国同盟的行为都是在打击 IS 恐怖组织的名义下进行的，但是其现实的意图都是多元的。如同在“9·11”以后，布什政府将反恐战争扩大化那样，普京已经能够非常纯熟地运用反恐议题为自己营造一个有利的外交环境了。正如前文所述，在叙利亚的军事行动取得极大成功以后，西方国家已经无法再以孤立俄罗斯的方式对其施加压力，随着欧洲本土频发的恐怖袭击事件，俄罗斯对于欧洲的重要性变得愈来愈大；而美国则再也无法全心全意地实现其战略东移的计划，不得不将更多的资源投入中东，避免俄罗斯在那里进一步扩张其影响力。事实上，在俄罗斯掌握叙利亚问题主动权后，美国已经放弃了孤立俄罗斯的政策，西方国家也表示可以考虑解除对俄罗斯的制裁。④

2015 年底，普京在发布国情咨文和记者招待会上，一改前两年猛烈抨击西方的姿态，全力强调反恐合作的重要性，⑤顺水推舟地以反恐合作取代了乌克兰

---

① President Obama Speaks on Ukraine, March 17, 2014. https://www.whitehouse.gov/photos-and-video/video/2014/03/17/president-obama-speaks-ukraine.

② 2015 年俄罗斯经济衰退降幅达 3.8%，以美元计算的 GDP 与最高峰时相比几近腰斩，卢布汇率更是暴跌 130% 以上。参见“Оперативный мониторинг экономической ситуации в России”. тенденции и вызовысоциально-экономического развития. № 17(Декабрь) 2015г, http://www.vedi.ru/macro_r/IEP_Moni-tor_2015-17-dcccmbcr.pdf。

③ Marvin Kalb, “Putin Takes on Syria and Makes Russia a Global Player Again”, Time, Vol. 186, Issue 14, 2015; Angela Stent, “Putin's Power Play in Syria”, Foreign Affairs, Vol.95, Issue 1, January/February 2016; Arthur Herman, “Pax Putinica”, National Review, Vol.67, Issue 18, 2015; Sten Rynning, “The FalsePromise of Continental Concert: Russia, the West and the Necessary Balance of Power”, International Affairs, Vol.91, Issue 3, May 2015; Bill Browder, “Putin's Real Agenda”, Prospect, Issue 238, January 2016.

④ С коротким рабочим визитом: Джон Керри больше не говорит о международной изоляцииРоссии//Газета “Коммерсантъ”, 16 декабря 2015 г.

⑤ 2015 年普京国情咨文，http://www.kremlin.ru/events/president/news/50864, 2016-01-29。

问题，为今后与西方国家的进一步合作做了铺垫。这一议题转换的政治价值要远远超过俄罗斯在叙利亚 9 000 多次恐袭创造的军事与反恐价值。

第三，从中亚地区的区域安全合作到中东的反恐军事联盟，军事力量一直是俄罗斯反恐外交成功的基本保障。车臣战争中俄军拙劣的表现使得世界舆论大跌眼镜，同时也暴露出苏联解体后诸多社会问题对俄罗斯军事能力的影响。因此，俄罗斯利用独联体或者上海合作组织这样的区域合作组织开展反恐合作，构筑起一道集体安全防火墙。其在中亚的反恐合作能够获得成功，使得中亚地区能够在后来的极端主义扩散浪潮中保持相对的稳定，强大的安全保障机制和军事合作是不可或缺的，虽然当时的俄罗斯仅仅能够维持一个范围较为有限的区域合作组织。同样在上合组织中，俄罗斯积极与中国开展合作，一方面是出于中俄之间的战略互信，另一方面则是俄罗斯需要中国强大的经济实力作为中亚地区稳定的基础。同样，在“9·11”之后，俄罗斯开始时的帮助美国及后来的排斥美国都证明了俄罗斯并不能适应西方的反恐合作理念。在美国发动阿富汗战争初期的全力支持和在战略上的巨大让步并没有换来西方国家的善意，在失去了利用价值之后俄罗斯什么也没有获得，因为本质上看俄罗斯当时并没有与西方讨价还价的筹码。而俄罗斯之所以能够获得叙利亚反恐外交的主导权，本质上是俄罗斯对 IS 的军事打击证明了俄罗斯具有强大的军事能力。这种能力正是俄罗斯取得解决叙利亚危机主动权的根本原因，也是俄罗斯倡导的反恐联盟获得叙利亚危机各利益相关方承认的根本原因。

俄罗斯人在反恐外交中选择了符合自身特点的军事先行手段，以自己强大的实力保障了反恐外交的顺利展开。事实证明了，除了华丽的辞藻与外交技巧的运用，与欧美国家打交道时，强大的实力才是获得成功的根本保障。

第四，除军事领域外俄罗斯反恐外交也变得更加注重利用舆论宣传等手段，多角度全方位地争夺国际反恐事务的话语权与主导权。俄罗斯的反恐外交主要是通过军事援助与反恐合作开展的，但并不意味着这是仅有的手段。长期被西方媒体抹黑的俄罗斯已经变得非常善于利用宣传媒体配合自身战略行动。在传统的中亚反恐合作机制中，俄罗斯极少向西方社会报道中亚地区面临的恐怖主义威胁及对相关的反恐措施进行积极正面的宣传，以至于西方媒体一直以维护人权为借口指责俄罗斯的反恐行动，特别是在 2004 年别斯兰人质事件后，西方媒体与官员集体声讨俄罗斯车臣政策时俄罗斯对这种反恐议题上的“双重标准”显得无能为力。

但是在中东的反恐行动中俄罗斯则非常注意国际舆论对其军事行动的影响。一方面，俄罗斯在外交领域策动美国的盟国支持俄罗斯在叙利亚的行动，努力为自己的军事行动寻找同盟者；另一方面，俄罗斯也非常注意在媒体上为自己的反恐行动正名。俄罗斯作为国际化的媒体“今日俄罗斯”利用了包括电视及互联网社交媒体等诸多渠道揭露美国在打击IS政策上的失败、抨击西方在反恐领域的双重标准以及不遗余力地为俄罗斯的行动辩护，有力地反击了西方媒体对俄罗斯的反恐行动的歪曲报道，使得俄罗斯取得了反恐行动的道义制高点。俄罗斯也通过不断揭露美国、土耳其为推翻叙利亚阿萨德政府而与IS之间存在的合作关系，使得美国失去了中东地区和欧洲深受IS恐怖之害盟友的信任。许多人认为，美国在中东的真正目的不是打击IS，而是在中东制造可控的混乱，以实现其地缘政治和地缘经济目标。[①]可以说，俄罗斯的宣传策略为瓦解美国的反恐联盟作出了巨大的贡献，也使得俄罗斯逐渐掌握了中东反恐行动的主导权。

从别斯兰人质事件中的被西方舆论围堵，到中东反恐行动中能够利用媒体全方位地为自身行动正名，俄罗斯的反恐外交技巧变得愈发成熟。利用各种手段进行“混合式”反恐外交已经成为俄罗斯外交行动中的最大特色。

不难发现，从“9·11”之后不惜放弃部分战略利益以配合美国的反恐战争，到叙利亚危机中不断挤压美国在中东的战略空间与美国争夺国际反恐话语权，都充分说明俄罗斯已经走出了一条特色鲜明的反恐外交之路。这一发展的过程是俄罗斯多年来的反恐外交实践以及俄罗斯与美欧国家多年来外交博弈的必然结果。俄罗斯今后必然会成为西方国家更为难缠的对手。

五、结　语

俄罗斯的反恐外交取得了意想不到的成功，这是多方面原因造成的。这显

① IRNA, Arab allies have no wish to support Washington’s “Game” in Syria, Nov 10, 2015.

示出俄罗斯在与西方国家战略博弈中已经变得越来越成熟。但是目前俄罗斯面对的局面依然复杂：

首先，饱受制裁的俄罗斯国家实力有限，其国力不可能长久地维持目前其在乌克兰和中东所必须应对的局面。因此，俄罗斯必须尽快地将现在取得的优势化为现实的成果以帮助俄罗斯获得实质性的经济利益。

其次，围绕着反恐议题开展外交博弈将使得恐怖主义问题进一步政治化和长期化，最终将削弱各国联合反恐的成果，使得恐怖主义问题成为难以根除的顽疾，从而影响包括俄罗斯在内的所有国家的利益，世界人民将承受更多的恐袭威胁。

最后，如何应对美国反击，也是俄罗斯必须处理的问题。在俄罗斯构筑的四国同盟中，伊拉克是最不稳定的一个成员，美国一直试图拉拢伊拉克回归美国的怀抱。特朗普在国内压力下不得不通过实际行动撇清自己的通俄嫌疑，这将严重影响已经好转的美俄关系。如何处理以沙特为首的中东逊尼派国家联盟与伊朗的关系等都是俄罗斯需要处理的问题。如果利用反恐议题继续为俄罗斯的地缘战略利益服务，未来的局面依然充满变数。

（孙频捷　讲师）

第九章　美国“9·11”事件前的单一反恐策略

“9·11”恐怖袭击事件揭开了美国关于恐怖主义犯罪含义的面纱，它把美国关于恐怖主义犯罪截然分为两个时期，即“9·11”之前与“9·11”之后，美国的内政外交政策滋生了针对美国的境内外恐怖主义，客观地讲，对美国实施恐怖主义经历了从无到有、内外并生的发展过程。“9·11”恐怖袭击事件之前，美国奉行的是单一反恐策略。

一、美国“9·11”事件前的恐怖主义

（一）美国境内的恐怖主义

1. 恐怖主义组织概况

按照美国的标准，美国境内的恐怖主义可分为“左翼恐怖主义”和“右翼恐怖主义”两大类。早在19世纪前期，在存废奴隶制的激烈斗争中双方都使用了恐怖手段，以致出现了“流血的堪萨斯”暴力事件及其代名词。种族问题一直是美国恐怖主义产生的因素之一。在19世纪后期和20世纪早期，劳资冲突凸显为恐怖主义的又一因素，行业中的私人保安队用武力驱散罢工人员，而且警察也站

在资本家一方对付罢工工人，有些工人便开始从事破坏和爆炸活动。人权运动、反战运动和20世纪60年代的社会动乱催生了各种左翼恐怖组织，其目标五花八门，有的要求黑人权利，有的反帝国主义，有的甚至怪诞。而到20世纪80年代末和90年代，右翼恐怖主义活跃起来了。

(1) 左翼恐怖主义。“左翼恐怖主义”主要活动于20世纪，到21世纪初就消亡了。“左翼恐怖主义”主要奉行两个极端主张：一是“如有需要，应以暴力手段对现有政治、经济和社会体系（无论是君主制还是民主制）进行根本性的变革”，尤其反对全球化，因为他们认为全球化是对欠发达国家的另一种形式的剥削；二是强调“如有需要，应采取平权措施争取事实上的平等，而不单是法律上的平等”。在美国人看来，奉行“左翼恐怖主义”的组织主要有“气象地下组织”（Weather Underground Organization，简称 WUO）“共生解放军”（Symbionese Liberation Army，简称 SLA）“反堕胎极端组织”“动物和地球解放阵线”（Earth Liberation Front，简称 ELF 和 Animal Liberation Front，简称 ALF）和“波多黎各民族主义团体”等。①

“气象地下组织”，俗称“气象员”，1969年成立于芝加哥，是一个左翼恐怖组织，属于激进的新左派组织“学生争取民主社会”（Students for a Democratic Society, SDS）的一个分支，成员来自民主社会学生组织（SDS），他们想进行更为激进的革命计划。该组织起初名为“气象员”（Weathermen），得名于创始人鲍勃·迪伦（Bob Dylan）的一首歌的歌词：“你无需气象预报员告诉你风往哪个方向刮。”以后更名为“气象地下组织”，以表示妇女在组织中扮演的重要角色。1969年成立后不久，该组织就在所谓的“复仇之日”，在芝加哥进行暴力活动，引发骚乱，并与警察发生冲突。到1970年时，由于仍未能把工人阶级争取到自己的事业中来，该组织的核心成员作为革命先锋队转入地下，他们的激进主义理念因为反对越南战争、美国的种族隔离政策和社会不平等而被进一步激化，五角大楼和其他军事标志性建筑、警察设施、银行和跨国公司都被选定为恐怖袭击目标，进行了爆炸和纵火。例如，1974年的《星火燎原》（Prairie Fire）宣言，也是该

---

① [美]布丽奇特·娜克丝，陈庆等译：《反恐原理》，金城出版社、社会科学文献出版社2016年版，第93—108页；[美]哈里·亨德森，贾伟等译：《全球恐怖主义》，中国社会科学出版社2003年版，第70—73页。没有区分“左翼恐怖主义”与“右翼恐怖主义”，而把它们列在了一起。

组织的最后一次通讯报道声称,“地下气象员”进行了19次大型的恐怖主义行动,并警告将会使用更多的暴力。1970年3月,在格林威治村联排别墅内该组织的3名成员在制作一枚炸弹时不慎将自己炸死。此后不久,“地下气象员”宣告解体,一些成员加入或成立新的团体,而其他人则向有关部门投案并接受审判和服刑。客观地讲,“地下气象员”从未能通过散布大范围的恐惧和担忧而在全国制造恐怖氛围。埃胡德·斯普林扎克(Ehud Sprinzak)总结说,“地下气象员”是失败的,并指出该组织“从来没有超过400名成员和追随者,而且大部分时间其经验匮乏的领导和成员担心的不是革命,而是他们的藏身之所、赖以生存的后勤保障、组织内部关系”。

鉴于“共生解放军”是武装斗争和政治意识发展的领导力量,最后“地下气象员”的一些成员策划与黑人解放军及类似团体联合实施恐怖活动。1981年秋,在纽约州靠近纽约市区的罗克兰县,一群全副武装的男女着黑色滑雪面罩,在一家商场内伏击了布林克的运钞车,杀死其中一名警卫,伤及两人。当州警官和侦探在一个仓促设立的路障处逼停了罪犯的汽车时,又有两名警察被打死。犯案者被确认为“地下气象员”、黑豹党(Black Panther Party)、“黑人解放阵线”(Black Liberation Front)和“新非洲共和国”(Republic of New Africa)的成员。后者为一个分离主义组织,目标是在美国南部建立一个独立的黑人国家。跟当时观察员担心的正相反,这次事件并非左派恐怖主义组织的再度走强,而是一次垂死的挣扎。

“共生解放军”,1972年由一群社会活动家和毕业生在加利福尼亚州奥克兰市成立,属于以加利福尼亚州为基地的一个小型、具有神经质特征的左翼恐怖组织,其成员大多都有着优越的家庭背景。在1973年的《宣言》中该组织公开宣称了恐怖性,“共生联邦和共生解放军,行使人类的权利,绝不向谋杀、压迫和剥削我们儿童和人民的行为屈服。我们行使《美国独立宣言》赋予人民的权利,使用武力和每一滴鲜血争取孩子和人民的权利。我们正式向法西斯资产阶级宣战,向所有实施谋杀、压迫和剥削的人员宣战。我们用强大的武装支持美国和世界上一切被压迫人民争取自决和独立的正义斗争”。1974年,该组织的第一次暴力行动是谋杀奥克兰公立学校系统主管马库斯·福斯特博士(Marcus Foster),这使黑人社会活动家疏远了该组织,因为福斯特是少数几个担任高级公职的非裔美国人之一，居然成为袭击目标，他们感到愤怒。1974 年，当新闻界巨头威廉·伦道夫·赫斯特(William Randolph Hearst)的孙女帕特里夏·赫曼斯特(Patricia Hearst)被绑架时，共生解放军才引起了全国甚至全球的关注。该组织坚持要求建立一个免费食品项目，作为释放被绑架者的交换条件。万万没有料到的是，在帕特里夏·赫斯特的父亲同意支付共计 400 万美元周济穷人后，他的女儿却决定跟绑架者待在一起，并参加了一宗银行抢劫案。虽然共生解放军声称赫斯特是出于自愿，但在被抓获并起诉后，帕特里夏·赫斯特坚持认为自己被洗脑了。1974 年 5 月 17 日，包括其领导人唐纳德·德弗里兹在内的 5 名组织成员在与洛杉矶警方的枪战中身亡，其他人继续战斗了一小段时间，然后沦落为逃犯。最终，所有幸存的共生解放军成员都被抓获。

“反堕胎极端组织”，为反对 1973 年美国最高法院在“罗伊诉韦德案”中裁定美国宪法授予妇女堕胎权，各种反堕胎组织纷纷成立，明确宣称要推翻“罗伊诉韦德案”的裁决和堕胎合法化制度。一些个人和组织则走向了极端，呼吁并实施暴力，抵制堕胎诊所及其工作人员，其中比较突出的是“天军”和“拯救美国和防御行动”。“天军”是反堕胎团体中最极端的组织，竟然公开其暴力计划。《“天军”手册》公然宣称，“我们作为仅存的敬畏上帝的美利坚合众国的人们，正式对整个堕胎行业宣战。我们被迫拿起武器对抗你们，不是因为对你们的恨，而是因为对被你们所杀之人的爱。用我们的生命来换取你们的——就是这么一个简单的等式”。白人至上主义和生存主义者埃里克·罗伯特·鲁道夫(Eric Robert Rudolph)，在 1996 年亚特兰大奥运会场以及该地区的一间同性恋夜总会引爆了一枚炸弹，之后又用爆炸方式袭击了两个堕胎诊所；在 20 世纪 90 年代初，“拯救美国和防御行动”枪杀了两名在佛罗里达州彭萨科拉市堕胎诊所工作的医生。美国其他地区的诊所和人员也遭到了爆炸袭击和暗杀，这些暴力行为使许多医生惊恐不已，他们不得不停止堕胎诊所的工作，那些坚持经营的人即使不开工也不安全。在 1998 年，巴奈特·A.斯莱皮恩(Barnett A.Slepian)医生在西纽约州阿默斯特其私人住宅的厨房里被反堕胎激进分子詹姆斯·C.柯普(James C.Kopp)枪杀。有关统计表明，自 1993 年以来，共有 8 名临床工作者在美国遇害：包括 4 名医生，2 名诊所员工，1 名诊所陪护和 1 名保安。自 1991 年以来，发生了 17 起谋杀未遂案件。事实上，自 1977 年以来，堕胎的反对者已组织了

6 100多起反对堕胎服务提供商的暴力行为，包括爆炸、纵火、死亡威胁、绑架和袭击，以及15.6万多起破坏行为，包括炸弹威胁和骚扰电话。

"动物和地球解放阵线"是"动物解放阵线"与"地球解放阵线"两者的合称，"动物解放阵线"于1978年成立，"地球解放阵线"于1994年成立。这两个阵线紧密合作，被称为生态恐怖主义。其主张用政治暴力使人们保护所有动物和环境，从而免受资本主义社会的榨取，因为资本主义社会正在摧毁这个星球上的所有生命。"动物解放阵线"制造的恐怖主义事件主要有，1984年在马尔斯糖果中混入了鼠药，1987年在戴维斯捣毁了加州大学的一个畜病研究实验室，1999年12月在科罗拉多州韦尔一个滑雪胜地纵火造成1 200万美元损失。"从1996年到2002年初，两个阵线的追随者实施了600多起生态恐怖主义行为，导致了超过4 300万美元的损失。"①虽然生态恐怖主义没有杀害或伤及人类，但是暴力保护动物和环境的行为直接造成了财产损失，而且其言论已变得越来越好战和具有威胁性。一位遭到袭击的人说："我工作的行业成为生态恐怖主义的袭击目标，此前有个动物权益保护者也对我实施过人身攻击，他说他知道我的地址，并会有朝一日到我家，用剃须刀片把我的脸划成一缕一缕的肉条。也许有些人看了这个讨论后并不觉得生态恐怖主义有多真实，但我可以向他们保证，我真的被吓坏了，我非常感谢联邦调查局严肃对待这次威胁。这个针对我的组织（他们从一个网站上得知我的名字）曾经炸毁过船只、闯入家庭和办公室并关闭计算机系统。对我来说，那就是恐怖主义。"

"波多黎各②民族主义团体"，20世纪60年末和70年代初，由出生在芝加哥

---

① ［美］布丽奇特·娜克丝：《反恐原理》，陈庆等译，金城出版社、社会科学文献出版社2016年版，第103页。

② 波多黎各：波多黎各原为印第安人泰诺部落居住地。1493年11月，克里斯托弗·哥伦布航行至此，将其命名为圣胡安岛（San Juan），以纪念施洗约翰（John the Baptist）。1508年，西班牙人J.庞塞·德·莱昂在岛上建立殖民据点，次年被任命为总督。1509年沦为西班牙殖民地，岛上原有的土著印第安人沦为奴隶，被驱赶到农场和金矿去做工。1509年，行政中心波多黎各建成，当地政府于1521年将岛名改为波多黎各，首府改名为圣胡安。1511年，泰诺人在其首领瓜伊巴那领导下发动起义，遭殖民当局镇压，6 000印第安人遭到屠杀，16世纪中叶泰诺人被消灭殆尽，殖民者从非洲运来黑人充当奴隶种植甘蔗。18世纪中叶，移民和黑奴不断增加，咖啡成为主要出口物资。1869年9月23日，波多黎各人民在R.埃梅特里奥·贝当塞斯领导下，在拉雷斯镇举行起义（史称"拉雷斯呼声"），24日宣布成立共和国，后被西班牙殖民军镇压。1898年，美西战争爆发，西班牙战败，根据《巴黎条约》，波多黎各割让给美国。美国对波多黎各的行政管辖，首先采取了军政府的形式。在其对该岛的两年治理中，军政府建立起学校、医院和卫生设施，修筑公路、铁路。1900年，美国国会在该岛确立了文官控制。总督、内阁和波多黎各立法机构（转下页）

和纽约的波多黎各血统后裔建立的诸多极端组织。这些组织中有的专门在美国本土实施袭击,"民族解放武装力量"于 1975 年 1 月袭击了曼哈顿市中心历史悠久的弗朗西斯酒馆,造成 4 人死亡、44 人受伤。几年时间里,民族解放武装力量在美国实施了数十次袭击事件,造成 6 人死亡、多人受伤。"波多黎各民族主义团体"中另一个极端组织"砍刀帮",在 1981 年进行了一次严重的恐怖袭击,即在美国驻波多黎各空军基地摧毁了几架军用飞机,随后又袭击了圣胡安的美国水兵,造成一死三伤。1983 年,"砍刀帮"在康涅狄格州哈特福德市富国银行的一个终端机成功实施抢劫,获得 700 万美元。

此外,还有一些小型的左翼极端组织。

"犹太人防卫联盟"(Jewish Defense League, JDL)是由拉比梅厄·卡享于 1968 年在纽约创立的一个极端组织,目的是在敌对的、反犹太人的美国环境中保护犹太人。《犹太防卫联盟五项原则》公开宣扬暴力,"让暴力服务于由拉比梅厄·卡享首拓的事业"。奉行巴泽尔的钢铁原则,即"既要帮助各地的犹太人,也要通过牺牲和一切必要手段来改变犹太人的形象,甚至通过实力、武力,(尤其是)暴力"。犹太人防卫联盟的暴力活动,多属爆炸袭击,主要针对在纽约、华盛顿和美国其他地区的阿拉伯人和苏联人。"犹太人防卫联盟"只对确定的人使用

(接上页)两院当中的一院由美国总统任命。波多黎各人选举立法机构的另一院以及一位驻首都专员,该专员将在华盛顿代表该岛利益,在国会有发言权但无表决权。波多黎各人还免于缴纳美国税收。1917 年,美国国会通过琼斯法案,将"美国公民籍"强加于波多黎各人民。1937 年,波多黎各人民在波多黎各国民党领袖 P.阿尔维苏·坎波斯的领导下在蓬塞发动独立起义,但再次遭到镇压。1947 年,美国国会允许总督由选举产生。1950 年 10 月 30 日,波多黎各人民再次武装起义,宣布成立波多黎各共和国,31 日失败,100 余人被逮捕。1952 年,美国给予波多黎各自由联邦的地位,实行自治,但外交、国防、关税等重要部门仍由美国控制。1972 年以来,联合国非殖民化特别委员会多次重申波多黎各人民享有自决和独立的不可剥夺的权利。1977 年,美国总统杰拉尔德·鲁道夫·福特向国会提交了《1977 年波多黎各立州法》,主张把波多黎各变成美国的第 51 州;1982 年 11 月,罗纳德·威尔逊·里根总统发表声明,支持波多黎各成为美国的一个州。1993 年 11 月,波多黎各再次就与美国的关系举行全民公决,结果多数人仍主张维持美国的自由联邦地位。2012 年 11 月 6 日,波多黎各进行了第四次公投。此次公投由两轮投票构成。在第一轮中,波多黎各人就"在与美国关系上是否想改变现状"进行投票。180 万人具有投票资格,有 6.5 万人放弃了第一轮投票,在参加投票的人中,54%的人支持改变关系。随后,波多黎各人就如何作出改变进行选择,有"成为美国一州""扩大自治权"和"完全独立"三个选项供投票者选择。在此轮投票中,只有 130 万人进行了投票,61%的民众支持成为美国第 51 个州,约 33%希望扩大自治权,而仅有 5%的人赞成完全独立。2017 年 6 月 11 日,波多黎各岛于当地时间就与美国之间的地位关系举行第五次全民公决。据美国全国广播公司报道,波多黎各岛公投赞成向美国国会申请"成为美国的第 51 个州"。本次公决中,波多黎各人有三个选项:成为美国第 51 个州;维持现状;与美国实行自由联系下的内部自治或独立。但分析师预计,美国国会不会把波多黎各"扶正"。

暴力，主要还是针对巴勒斯坦人使用暴力。

“新世界解放阵线”(NWT)是美国的一个左翼组织，20 世纪 70 年代主要活跃在加利福尼亚地区。该组织对公用事业目标，尤其是国际电报电话公司，进行了数次袭击、大多数是小规模的炸弹袭击，该组织指责国际电报电话公司帮助推翻了智利的阿连德左翼政府。

“武装抵抗组织”是一个小型美国左翼组织，1983 年 11 月 6 日制造了国会大厦参议院一侧的爆炸事件，以抗议美国入侵格林纳达。后来，这个组织自行消亡了。

“联合自由阵线”(UFF)是美国一个小型活跃的激进左翼组织，在 20 世纪 80 年代初袭击美国军事设施和一些大公司。在联邦政府和地方执法部门的大力合作下，整个组织的成员都被逮捕并关押。

(2) 右翼恐怖主义。“右翼”是指比主流的保守主义更为极端的极右意识形态，以反对进步、政治、经济和社会体系方面发生的变化为共同特点，如反对宗教、民族、种族和性别权利的平等，因为这些在他们看来会打乱白人至上时期的旧的社会、政治、经济和道德秩序。在 21 世纪的头 10 年，右翼极端主义在美国急剧膨胀。据南方贫困法律中心调查，截至 2009 年年底，已经有 932 个知名的右翼团体，这一数字比 2000 年增加了 50%，他们用言行宣扬对所有阶层的仇恨。虽然这些组织从过去到现在依然非常相似，并且可以轻易地放到美国右翼极端主义运动的大类别之下，但是他们在历史、持续时间和核心信念方面都存在一定的差异。以美国人的看法，奉行“右翼恐怖主义”的组织主要有：“三 K 党(Ku Klux Klan，KKK)”“黑豹自卫党(Black Panther Party，简称 BPP)”“雅利安国民(Aryan Nations)”“秩序”“国家权力”“全国联盟”“造物主教会”和“黑色希伯来以色列人”等①。

“三 K 党”，是美国的一个白人至上种族组织主义的恐怖组织，创建于美国国内战争后重建时期的 1865 年，以恫吓和镇压刚获得解放的黑人及其白人政治盟友为目的。三 K 党主要针对黑人自由民和支持非裔美国人权利的白人，其党

① ［美］布丽奇特·娜克丝，陈庆等译：《反恐原理》，金城出版社、社会科学文献出版社 2016 年版，第 76—93 页。［美］哈里·亨德森，贾伟等译：《全球恐怖主义》，中国社会科学出版社 2003 年版，第 70—73 页。没有区分“左翼恐怖主义”与“右翼恐怖主义”，而把它们列在了一起。

徒穿着白色长袍、戴着面具在夜色的掩护下通过殴打、私刑等手段对目标进行恐吓,目的是为了维护战败的南方白人的至上地位。在美国政府的打击下,三K党经历了三起三落的兴衰。1872年三K党第一次自动解散后,在20世纪20年代重新活跃起来,具备了恐怖组织结构的雏形,其成员总数一度达到三四百万,把移民、天主教人士和闪米特人列入袭击对象,实施了数百起恐怖暴力袭击事件。20世纪50年代其第三次复兴,大肆实施恐怖暴力活动,烧毁或炸毁房屋、教堂和犹太教堂,恐怖暴力浪潮从1955年开始持续到1971年才平息,恐怖暴力事件共588起。在美国政府的大力打击下,三K党分裂成诸多派别,其中包括暴力派和非暴力一派。到20世纪80年代末、90年代初,三K党每况愈下,但并未消亡,同时又成立了一些新的、具有攻击性的三K党组织。杰夫·贝瑞(Jeff Berry)于1995年在印第安纳州巴特勒成立了"美国三K党骑士团教堂"(Church of the American Knights of the Ku Klux Klan),沿袭传统的三K党模式。

"黑豹自卫党",也称"黑豹党",1966年秋由休伊·牛顿和博比·西尔在加利福尼亚州的奥克兰市创建,是美国最著名的黑人维权组织,力图以经营学校和早餐馆为业,以保护黑人社区免遭警察暴行为宗旨。该党的纲领中包含有狂热的左翼思想,其中最重要的是要求自由决定黑人社区的命运,保障就业和宜居住房,建立了解黑人历史和在美国当今社会作用的教育制度,所有黑人男子免服兵役,把黑人男子从联邦、州、县、市拘留所和监狱中释放出来。黑豹党,除了极左的思想言论,还有其制服、黑色的皮夹克和黑色贝雷帽,吸引了年轻的黑人男子加入。不过,该组织的成员从未超过几千名,但其分部却遍布美国各城市,还发行了报纸。由于极端思想指导下的极端行为,60年代末70年代初,黑豹党不断与警察发生激烈对抗,加上联邦调查局的打击,其组织的大部分领导人或死或被捕或流亡。尽管黑豹党参与暴力行动,但是它并不认为自己是恐怖组织。就像其全称所暗示的,黑豹党认为自己是一道屏障,保卫黑人社区对抗气焰嚣张的警察部队。

"雅利安国民"是美国数个白人至上主义者、反闪米特人的激进右翼组织的一个松散联盟,在1974年由理查德·吉恩特·巴特勒创建,其成员来自三K党等其他种族主义组织,其目标是在美国西北部建立一个"白人家园"。尽管它不直接从事恐怖活动，但一些观察家怀疑它是一些诸如“秩序”等恐怖组织和一些恐怖分子的避难所和支持者。在2000年之前，南方济贫法律中心采取的一次成功的司法行动使得该组织失去了地皮和大部分资产。

“圣约、圣战与圣威”是美国一个白人至上组织，属于“雅利安国民”的一个分支，活跃于20世纪80年代，1985年，美国警察发现了该组织的一个大型武器秘密仓库及训练营地。

“秩序”是一个嗜暴的白人至上的新纳粹组织，由罗伯特·马修斯在1983年创建。在20世纪80年代中期有过一段短暂但却十分残暴的历史，马修斯于1984年12月在华盛顿州皮吉特海峡与警察的交战中被打死。该组织通过抢劫敛财，特别是1983年6月在加利福尼亚州尤凯亚城外袭击了一辆布林克斯装甲运钞车，抢得360万美元，这是美国历史上最大的一起装甲运钞车抢劫案。该组织宣称其目标是推翻它认为已被犹太复国主义者“占领”和控制的美国政府，在美国西北部建立一个独立的“白人国家”。该组织在1984年暗杀了丹佛的一名广播谈话节目主持人艾伦·伯格(犹太人)，还用炸弹袭击了西雅图市的一个剧院和爱达荷州博伊西的一个犹太教堂。在联邦调查局的调查和随后的诉讼下，到1987年该组织就基本被摧毁了。

“全国联盟”是物理学教授威廉·皮尔斯于1974年成立的组织。此前他是美国纳粹党的成员，曾制定了不逊于其偶像阿道夫·希特勒的仇恨思想。他的小说《透纳日记》真正影响了整整一代激进的右翼极端分子，包括从基督徒身份追随者到新纳粹、三K党党徒、民兵以及生存主义活动家。皮尔斯在2002年去世，尽管“全国联盟”因为继任问题而发生内讧，但是仍继续开展活动。1995年，蒂莫西·麦克维计划在俄克拉荷马城爆炸袭击阿尔弗雷德·默拉联邦大楼，正是参照了《透纳日记》小说里的描写。

“造物主教会”，或称“造物主世界教会”(World Church of the Creator)，属于“怪异的宗派主义”类别。虽然“造物主教会”否认上帝的存在并敌视所有宗教，但是它却具备一个教派的所有特征，其教义与“基督徒身份”运动白人至上的仇恨思想很相似，因而一些成员成了恐怖分子。1999年7月25日，21岁的本杰明·纳撒尼尔·史密斯大开杀戒，杀害了两名男子、致9人受伤。在自称为牧师和大祭司的年轻律师马修·黑尔(Matthew Hale)的领导下，该组织利用互联网作为宣传机构和工具进行人员招募。芝加哥法官曾以“造物主世界教会”侵犯商标权为由责令黑尔对其更名，但黑尔却唆使其保镖去谋杀雷夫考法官，幸好这位保镖是联邦调查局的卧底线人，2005 年 4 月，黑尔被判处 40 年监禁。

“黑色希伯来以色列人”，认为他们是上帝的选民，白人和犹太人则是邪恶的化身。“这种信仰和许多白人至上主义者所奉行的基督徒身份神学有着惊人的相似之处。”“黑色希伯来以色列人”是由芝加哥的本·卡特(Ben Carter)成立的一个极端组织，他为自己取名为本·阿米·本·以色列(Ben Ami Ben Israel)。1969 年，他和一群支持者迁到以色列，在以色列是和平运动。但在美国的分支却是激进和极端的。“黑色希伯来以色列人”的极端主义追随者倾向于实施暴力，常在公众场合穿黑色衣服、佩戴印有大卫之星标志的徽章或臂章，一些成员实行军事化管理、系内腰带、腋下配手枪套。

此外，还有“国家权力”和“黑人解放军”等。“国家权力”是成立于 1969 年的一个右翼组织，属于激进右派盛行时期成立最早的组织之一。这些激进右派拒绝联邦政府、税收、法庭等，认为只有地方的、县级管理才是合法的。尽管它作为一个组织没有从事恐怖活动，但其成员曾与警察交火，并且袭击了政府官员和设施。“黑人解放军”是美国的一个极端的黑人维权组织，1971—1973 年间杀死了 8 名执法官员。美国联邦调查局逮捕了该组织的大部分首领，由此该组织解体了。

2. 恐怖主义犯罪概况

直到 1995 年美国俄克拉荷马州首府、第一大城市俄克拉荷马城爆炸案，尤其是 2011 年世贸中心和五角大楼同时遭受恐怖袭击，美国并未遭受多少恐怖袭击，因而此前美国并不怎么关注恐怖主义，但其实美国也存在着恐怖主义。“9·11”恐怖袭击事件惊醒了美国人，诸多人士开始研究美国的恐怖主义，一大批研究恐怖主义的书籍如潮水般涌现出来，开始关注研究美国的恐怖主义了。普遍认为第二次世界大战结束后 1946 年开始的冷战时期正是当代恐怖主义滋生形成的时期，1950 年 11 月 1 日波多黎各民族主义者暗杀杜鲁门总统是美国本土发生的第一起恐怖袭击案，从此美国本土成为恐怖主义的犯罪现场了。据粗略统计，在恐怖主义犯罪的年代区分的案数上，20 世纪 50 年代有 2 起，20 世纪70年代有13起,20世纪80年代有11起,20世纪90年代最多共有20起;具体犯罪类型上,投毒案1起,网络恐怖袭击案1起,劫机案2起,生物恐怖袭击案2起,抢劫绑架劫持案3起,暗杀案8起,爆炸案29起。

在恐怖主义犯罪主体上,尤以右翼组织和左翼组织为主干,主要有1966年10月成立的黑豹党、气象地下组织、黑人解放军。研究恐怖主义的美国著名学者布丽奇特·娜克丝(Brigitte L.Nacos)指出,"美国曾经历过不同类型的本土恐怖主义,大部分都可以归为右翼或左翼。此外,在美国还有各种其他类型的恐怖主义,无法归入上述类别。例如,希望本国政权更迭或民族独立的流亡组织所使用的政治暴力"①。还有波多黎各民族主义者,生态恐怖主义者,甚至还有个人。具体作案人员,有美国本土公民,也有外国人专门到美国进行恐怖主义犯罪袭击的,例如,1993年6月24日联邦调查局挫败的一起恐怖爆炸袭击案中,8名嫌疑犯包括5名在美国拥有永久居留权的苏丹人、两名美国人和一名来自约旦的巴勒斯坦人,他们阴谋炸毁纽约联合国总部、联邦大厦、林肯隧道和荷兰隧道,企图杀害联合国秘书长加利、美国参议员丹马托和纽约州议会议员希坎德以及埃及总统穆巴拉克。

恐怖主义的犯罪地点主要是在城市,尤其是大城市,如美国首都华盛顿特区、纽约市等,具体犯罪场所多在政府办公场所、银行、联邦调查局、法院、警察局、酒店酒吧、大舞厅、世贸中心、外国使馆、地铁站、公园、医院门诊部、堕胎诊所、研究所、金融机构、公司等。例如,1950年11月1日波多黎各民族主义者暗杀杜鲁门总统是在白宫附近,1954年3月1日波多黎各民族主义者袭击国会议员是在美国众议院参观大厅里。恐怖主义的犯罪对象既有人也有物,针对人主要包括政府首脑、政府要员、警察、无辜大众、游行人群、集会人群、医务人员及患者、店主、民权人士等,针对物主要包括建筑、设施和现钞等。

相比较而言,恐怖主义犯罪袭击的人中,首先选择政府要员,尤其是总统,因为总统是美国最高权力的代表和象征,也是军队警察特工保护的重点,恐怖暗杀袭击总统似乎是不可思议的。1950年11月1日波多黎各民族主义者恐怖枪击

① [美]布丽奇特·娜克丝,陈庆等译:《反恐原理》,金城出版社、社会科学文献出版社2016年版,第66页。

暗杀袭击杜鲁门总统未遂,1954 年 3 月 1 日波多黎各民族主义者恐怖枪击袭击国会议员,1972 年 1 月 27 日黑人解放军成立当天就实施恐怖袭击杀死两名纽约警官。由于政府加强了政府官员的警卫保护工作,恐怖暗杀袭击难以得逞,于是袭击对象转向了没有警卫保护且容易得手的社会民众。1979 年 5 月 26 日,一群“三 K 党”成员在阿拉巴马州迪凯特袭击了正在进行人权游行的人群。1979 年 11 月 3 日,在北卡罗来纳州格林斯伯勒举行的一个反“三 K 党”集会遭到“三 K 党”袭击。

针对物主要包括建筑、设施和现钞。1977 年 3 月 9 日,哈纳菲穆斯林恐怖组织占领了华盛顿特区的 3 幢大楼并劫持了 134 名人质。1982 年 6 月 1 日,在美国总统罗纳德·里根准备访德期间,名为“革命小组”的恐怖组织用炸弹袭击了许多总部设在美国的公司和美国军事设施。毫无疑问,恐怖主义犯罪活动是需要资金花费的,不论是组织运作,还是人员生活,还是犯罪必需的工具设施等,都需要以资金做铺垫,资金对恐怖活动起着“润滑剂”的作用。为此,恐怖主义组织也会实施财产犯罪,以作为从事恐怖主义活动的资金。1981 年 10 月 20 日,“气象地下组织”在纽约抢劫一装甲运钞车未遂;1983 年 9 月 16 日,波多黎各民族解放武装力量分离主义分子在康涅狄格州西哈特福德抢劫富国银行装甲运钞车车库、得手 720 万美元潜逃。

一般情况下,为达到恐怖效果,恐怖袭击普遍选择政府建筑、商用建筑物,有的还选择科研建筑物。1971 年 3 月 1 日左翼恐怖组织“气象地下组织”爆炸袭击是在美国参议院大楼,1974 年 10 月 26 日波多黎各分离主义组织民族解放武装力量在纽约炸毁了 5 家银行,1975 年 1 月 29 日气象地下组织恐怖爆炸袭击现场是美国国务院总部,1975 年 1 月 24 日波多黎各民族解放武装力量在纽约闻名于世的弗朗西斯酒馆里引爆了炸弹,1975 年 1 月 29 日位于华盛顿特区的美国国务院总部被气象地下组织放置的一枚炸弹严重炸毁,1977 年 8 月 3 日波多黎各分离主义组织民族解放武装力量炸毁了纽约两幢办公楼。1983 年 11 月 6 日,左翼组织“武装反抗组织”用炸弹袭击了美国国会大楼的参议院一侧建筑,以抗议美国入侵格林纳达。1983 年 12 月 31 日,波多黎各民族解放武装力量用炸弹袭击了纽约的警察、联邦调查局以及联邦法院等设施。1988 年 4 月 12 日,日本赤军的一名成员雄·菊村在新泽西州的一处疗养地被捕,他的车里装有

3枚大威力炸弹和其他弹药，准备炸毁一个美国设施，以报复1986年美国对利比亚的袭击。1984年12月25日，反堕胎恐怖分子在佛罗里达州彭萨科拉用炸弹同时袭击了3家堕胎诊所。1999年12月31日，生态恐怖主义者在密执安州立大学烧毁了蒙桑托公司部分资助的一个遗传研究中心，造成40万美元的财产损失。2001年1月16日，美国当地时间晚上9时30分左右，一辆带冷冻拖车的载重卡车围绕加州议会大楼转了几圈后，撞向州参议院会议厅所在的南门并随即爆炸，由于当晚的会议在背面的会议厅所以避免了更多伤亡，这辆卡车是运送牛奶的，属于犹他州的迪克·西蒙卡车公司。

在恐怖主义的犯罪方式选择上，无所不用其极，越来越恐怖。在追求恐怖效应的心理支配下，能直接造成致命、严重后果的办法成为首选，主要有枪击、爆炸、劫机、劫持人质、邮寄炸弹、抢劫、投放病菌、投放危险物质、购买武器、汽车炸弹、自制炸弹、获取微生物病菌、卡车撞击等。总之，恐怖主义犯罪采取的实施方式，从传统的纵火、枪击到现代的劫机、爆炸等应有尽有，并且呈现出力求采取大规模杀伤性核生化武器的发展趋势。例如，1984年11月17日，激进的动物维权组织“动物解放阵线”声称他们在“火星”牌巧克力中投了毒，从而引起了人们的恐慌，数百万的巧克力块被从商店货架上取下销毁。1984年8—9月，为了阻止人们在未来的公民投票中投反对票，俄勒冈州一个恐怖组织把沙门氏菌投到沙拉中，致使约750人致病，这是美国本土发生的第一起生物恐怖主义袭击案。1997年4月，白人至上主义者、微生物学家拉里·韦恩·哈里斯非法获得淋巴腺鼠疫菌菌群，政府怀疑他在计划准备恐怖袭击。2000年2月14日，黑客向雅虎、eBay等互联网上主要的商务网站发动了“拒绝服务”袭击，这是美国本土发生的第一起网络恐怖主义袭击案，表明日益发展的美国电子商务对计算机恐怖主义的防范是很脆弱的。

美国容许私人合法持有枪支，枪支本身具有容易获得、操作简单、便于携带、杀伤力较大的特点，于是成为恐怖主义组织及其成员的标准配置，因而枪击就成为恐怖主义犯罪的最常见实施方式。例如，1950年11月1日波多黎各民族主义者枪击杜鲁门总统，1954年3月1日四名波多黎各民族主义者枪击国会议员，1993年1月25日弗吉尼亚州兰格利枪击中央情报局总部雇员。由于人人均可携带火种，加上易燃物、助燃物到处都有，纵火简便易行且后果往往严重难以预测，遂成为恐怖主义犯罪的常见实施方式之一。1989年4月3日，“动物解放阵线”成员闯入亚利桑那大学的一个研究实验室，将1200只兔子、老鼠、青蛙等动物放生，然后在实验室和一座附近的行政楼纵火。1998年10月19日，在科罗拉多州维尔山，生态恐怖分子纵火烧毁了此处的重要滑雪胜地，造成了1200万美元的财产损失。1999年12月31日，生态恐怖主义者在密歇根州立大学烧毁了孟山都公司部分资助的一个遗传研究中心，造成40万美元的财产损失。由于投毒能引起较大的危害后果，即便是散布投毒的虚假信息也会引起社会公众的极大恐慌，因此有的恐怖主义犯罪采取这个方式。绑架与劫持人质是恐怖主义犯罪中最原始、最常见的行为方式，由于绑架者、劫持者都具有一定目的，在目的未能达到或意识到其目的难以实现时就可能撕票，当然这不是多数行为者的最初目的，否则即可直接采取屠杀、暗杀手段。总体来看，绑架与劫持的行为目标包括政府、外交、军事、商业人士及诸如平民、游客、新闻记者、学生等之类的其他社会人员。按照绑架与劫持人员数量的多少，可分为单人绑架与集体劫持；按照事发地点的不同，也有相应不同的名称，如在飞机上劫持，称为空中劫持即指在航空器内使用暴力或暴力威胁，非法干扰、劫持或以其他不正当方式控制飞行中的航空器或准备采取此类行为，以致危害航空器或其所载人员、财产的安全，或危害航空器上的良好秩序和纪律的行为。例如，1961年5月1日全美航空公司一架飞机遭恐怖劫持袭击案是美国境内第一起劫机案，1961年5月1日，出生于波多黎各的安图依洛·拉米雷兹·奥尔蒂斯持枪逼迫全美航空公司的一架飞机飞往古巴哈瓦那，在古巴，劫机者获得庇护权。美国境内的劫机案影响最大的是1976年9月10日美国环球航空公司班机遭恐怖劫持袭击案，也是20世纪70年代美国境内最典型的恐怖袭击案。1976年9月10日，6名克罗地亚民族主义者劫持了美国环球航空公司一架从纽约飞往芝加哥的班机，使其先飞到纽芬兰，然后到爱尔兰，最后到了巴黎。在当局做出让步，同意按照他们的要求印刷并散发他们的宣传材料后，恐怖分子把警察带到放在纽约中央大站一衣帽柜里的炸弹面前，就在警察试图解除炸弹引信时炸弹爆炸了，炸死一名警察、炸伤几名警察。

1971年3月1日，左翼恐怖组织“气象地下组织”恐怖袭击第一次使用了炸弹，从此在美国开启了爆炸袭击的方式。在恐怖主义犯罪的实践中，爆炸袭击方式因有巨大的杀伤力、强劲的震撼力以及易于实施等特点，成为备受恐怖分子选用的方式手段。炸弹的获取方式有走私、自制、购买等，如 1999 年 12 月 14 日阿尔及利亚恐怖分子艾哈迈德 · 拉萨姆(Ahmed Ressam)企图将炸药走私进华盛顿州港。爆炸对象主要有政府办公大楼、酒店、舞厅、民房、商贸楼、飞机等，爆炸实施方式有投掷炸弹、邮寄炸弹、放置炸弹、汽车炸弹等，爆炸模式有单体爆炸、连环爆炸等。1975 年 1 月 27 日，一些波多黎各民族主义者用炸弹袭击了华尔街上的一间酒吧，导致 4 人死亡、60 人受伤。1997 年 1 月 16 日，佐治亚州亚特兰大两枚炸弹先后在一堕胎门诊部爆炸造成 6 人受伤，为造成更大后果，设计连环爆炸，引起了更大损失。

绝大多数有轰动意义的恐怖主义犯罪都以某种爆炸方式为模式，综合爆炸实施的手段、目标和效果可将爆炸袭击分为建筑物爆炸、交通工具爆炸和制造混乱报复爆炸三大类。1976 年 9 月 21 日，流亡的智利外长奥兰多 · 莱特列尔在华盛顿的一起汽车炸弹爆炸事件中丧生，这是美国境内第一起恐怖汽车炸弹爆炸袭击案。1978 年 5 月，两枚炸弹在伊利诺斯州埃文斯顿的西北大学爆炸，每枚都炸伤了一人，这是美国本土发生的第一起恐怖邮件炸弹爆炸袭击案。1985 年 12 月 11 日，在加利福尼亚萨克拉门托，一家计算机商店的店主被一枚邮件炸弹炸死，这是邮件爆炸者进行的头一起致死案。1989 年 12 月 16 日，很明显是出于种族仇恨，恐怖分子给民权有关的人寄送邮件炸弹，结果杀害了第 11 巡回法庭的法官罗伯特 · S.万斯以及佐治亚州萨凡纳的民权律师罗伯特 · 鲁滨逊；另两枚寄往佛罗里达州杰克逊维尔巡回法庭和美国有色人种协进会。美国“9 · 11”恐怖袭击事件之前，美国本土发生的恐怖袭击中，以 1993 年 2 月 26 日世界贸易中心遭恐怖汽车炸弹爆炸袭击案、1994 年 12 月 21 日世界贸易中心地铁站遭恐怖爆炸袭击案、1995 年 4 月 19 日俄克拉荷马州联邦大楼遭恐怖爆炸袭击案、1996 年 7 月 27 日亚特兰大奥运公园遭恐怖袭击爆炸案为影响最大，尤其是俄克拉荷马州联邦大楼遭恐怖爆炸袭击案最为典型。

1993 年 2 月 26 日中午，凶手阿亚德(Eyad Ismoil)把装有炸弹的汽车停在了世贸大楼底下二层的停车场，12 时 18 分炸弹爆炸，炸出了一个长 60 米、宽 30 米的大坑，整个地下层都被炸穿，大楼摇晃，汽车被炸毁，混凝土碎片飞得遍地都是，巨大的冲击波切断了大楼的动力系统，电话中断，电梯停驶，大楼内多处起火，浓烟一直冒到 400 多米的顶层，大火持续两个多小时，造成 6 人死亡，1 000 多人受伤，这是美国境内发生的第一起恐怖汽车炸弹爆炸袭击案。

1994 年 12 月 21 日，美国纽约一辆满载圣诞节购物者的地铁列车在行驶到纽约世界贸易中心附近的地铁站时发生爆炸，致使 45 人受伤，其中 4 人重伤，这是美国境内发生的第一起地铁遭恐怖爆炸袭击案。

1995 年 4 月 19 日上午 9 时 04 分，恐怖分子蒂莫西·麦克维将一辆装有 1 000—1 200 磅炸药的汽车停在俄克拉荷马城联邦大楼北面楼下然后引爆，顿时一声巨响、火光冲天、浓烟滚滚，响声和震动波及数十英里之外，瞬间一座 9 层高的大楼坍塌。这座联邦办公大楼，通常约有 500 名政府官员和职员在这里上班，2 楼有一个日托托儿站，不少职员在上班时把孩子托放在那里。爆炸炸死了 168 人，包括一个日托中心的孩子，这是美国有史以来最严重的国内恐怖袭击事件，也是第二起恐怖汽车炸弹爆炸袭击案。

1996 年 7 月 27 日，在亚特兰大奥运会期间，恐怖分子埃里克·鲁道夫将一个铁管式土制炸弹放在奥运公园内并引发爆炸，造成 2 人死亡、100 多人受伤、2 人重伤。这天是周末，在开放才一个星期的公园内，广场上聚集了上千名从美国和世界各地赶来的游客，正在观赏一支美国摇滚乐队举行的通宵达旦的露天音乐会。警方突然接到现场有可疑包裹的报警电话，他们立即组织观众向四处疏散，就在这时，一枚强烈的管状炸弹突然爆炸，这是一起制造混乱的报复性恐怖爆炸袭击案。

以上恐怖袭击案件表明，爆炸袭击建筑物是恐怖爆炸袭击案中最为常见，也是最为复杂的形式之一，因为爆炸袭击建筑物更易得逞、爆炸建筑物杀伤后果更为严重且对社会的震撼心理更大。就建筑本身而言，一般情况下大型建筑物结构复杂、面积庞大，进出建筑物的人数众多、人员繁杂；就建筑物功用分类而言，建筑物有政府、商用、公用与民用之分，相比较之下，政府办公建筑内人员较多，平民生活建筑内人员较少，公用建筑内人员最多。就恐怖分子而言，容易找到机会混进，并且容易找到安放炸弹的隐蔽处；就爆炸袭击建筑物的方式而言，可选择多种形式，有定时炸弹、遥控炸弹、汽车炸弹等；就爆炸袭击建筑物的破坏性而言，爆炸袭击建筑物的破坏性巨大，由于建筑物往往汇集了大量的财物、人员，因而可造成巨大的人员伤亡和物质损毁。1995 年 4 月

19日美国俄克拉荷马恐怖汽车炸弹爆炸袭击案中，汽车装载了重达1 000—1 200磅的炸药，不算其他损失，仅死亡人数就达168人，这是美国有史以来最严重的国内恐怖袭击事件。

（二）境外针对美国的恐怖主义

1. 恐怖主义组织概况

在美国人看来，世界范围的恐怖主义兴起于20世纪60年代，世界范围的恐怖主义被称为国际恐怖主义。在英国有“北爱尔兰共和军”“反独立自愿军”“临时派爱尔兰共和军”“真正的爱尔兰共和军”“新芬党”等，欧洲其他地区有“左翼恐怖主义”“右翼恐怖主义”“种族恐怖主义”等，中东地区有“阿布·尼达尔组织”“解放巴勒斯坦阿拉伯国家青年组织”“伊斯兰武装组织”“黑色九月”“哈马斯”“真主党”“伊尔根”“伊斯兰组织”“伊斯兰圣战”和“基地”组织等，非洲有“厄立特里亚解放阵线”“民族解放阵线”“伊斯兰拯救阵线”“秘密军事组织”“莫桑比克民族抵抗组织”“津巴布韦非洲人民联盟”等，亚洲有“解放亚美尼亚秘密军队”“奥姆真理教”“日本赤军”“中核派”“克什米尔人民阵线”“泰米尔猛虎组织”“东突伊斯兰运动”等，拉丁美洲有“红旗组织”“新科诺斯人民解放阵线”“可引渡者”“法拉本多·马蒂解放阵线”“民族解放武装力量”“革命武装力量”和“光辉道路”等。这些恐怖组织均在美国境外，尽管如此，其中有的恐怖组织针对美国境外的目标发动了恐怖袭击。

（1）极端恐怖主义。20世纪60年代末70年代初，在西方国家的学生运动中，一些左翼恐怖组织相继成立。到20世纪80年代，西方国家的经济发展摧垮了左翼恐怖主义赖以兴起的基础，因此左翼恐怖主义衰落了，而右翼恐怖主义兴盛起来了。到20世纪90年代初，右翼恐怖主义将重点转向移民、旅游者和犹太人。极端恐怖主义是对左右翼恐怖主义的合称，主要有“红色旅”“自由家园”“波图帕马洛斯”和“图帕克·阿马鲁革命运动”等。

“红色旅”（Brigate Rosse，简称BR），是意大利的一个左翼恐怖组织，起源于20世纪60年代的激进学生运动。在20世纪70年代中期，“红色旅”开始进行绑架人质、暴力袭击的恐怖活动,针对的目标主要是政府的重要人物,如政府官员、警察、法官和军官等。在80年代,该组织绑架了美国北约部队副司令詹姆斯·多齐尔,在意大利政府的打击下该组织内部分化瓦解并消亡了。

“自由家园”,是西班牙的一个左翼恐怖组织,成立于20世纪70年代,以在西班牙的加泰罗西亚地区建立一个独立的加泰罗西亚国为目标。从80年代初开始进行恐怖活动,1987年该组织用炸弹袭击了位于巴塞罗那的美国总领事馆办公室以及联合服务组织的一个俱乐部。此外,还有“11月17日革命组织”,这是希腊的一个左翼恐怖组织,活跃于20世纪70年代,把美国和北约官员以及与他们交往的希腊人列为恐怖袭击对象。

“波图帕马洛斯”或称民族解放阵线(MLN),是乌拉圭的一个恐怖组织,20世纪60年代初由劳尔·森迪克·安东纳乔创立,取名于18世纪反抗西班牙殖民统治的秘鲁印第安酋长图帕克·阿马鲁的名字,1970年绑架并杀死了美国国际开发署官员丹尼尔·A.米特廖内。

“图帕克·阿马鲁革命运动”(MRTA),是秘鲁的一个恐怖组织,1983年由一群激进的大学生和知识分子创立,取名于18世纪反殖民运动领袖图帕克·阿马鲁的名字。该组织袭击美国代表和企业,通过敲诈企业和向毒贩提供保护敛财。

此外,还有一些其他恐怖组织袭击美国人。

“洛伦索·塞拉亚人民革命军”(FRP-LZ),是洪都拉斯的一个恐怖组织,活跃于20世纪80年代,袭击政府设施、美国外交官等。

“10月8日革命运动”(MR-8),是巴西的一个恐怖组织,活跃于20世纪60年代和70年代。该组织实施了无数次的恐怖活动,其中最出名的一次是1969年绑架了美国大使查尔斯·埃尔布里克。

“革命武装力量”(FARC),是哥伦比亚最大的左翼游击组织,成立于1966年,在80年代用炸弹袭击了哥伦比亚政府以及美国在哥伦比亚的企业。该组织曾绑架一名美国和平队工人,在收到25万美元赎金后,将其释放。

(2) 宗教恐怖主义。少数民族为摆脱西方国家的压榨,经过长期的磨难,最后选择了恐怖主义,而且这些少数民族基本上都有宗教信仰,尤以中东地区的最为突出,因而称为宗教恐怖主义。宗教恐怖主义“是各种基于宗教信仰的团体使用暴力来实现政治目的”。①其最大特点是从宗教信念中获取精神力量，相信自己是完全正确的、正义的和道德的，而敌人则是完全错误的、邪恶的和不道德的。宗教恐怖主义可分为伊斯兰教、犹太教和基督教三个派别，其中有的专门把美国作为袭击目标，主要有“真主党”、“基地”组织等。

“真主党”(Hezbollah)，是中东地区1978年创立的什叶派好战组织，目标是在黎巴嫩和其他地区确立宗教激进主义统治。该组织的恐怖活动主要针对美国和以色列。1983年10月，真主党恐怖分子用炸弹袭击了美国驻黎巴嫩的大使馆和海军陆战队营地，1984年袭击了美国驻黎巴嫩大使馆的附属建筑物。

“基地”组织，是沙特百万富翁奥萨马·本·拉登在1990年左右建立的一个恐怖组织。1982年2月，本·拉登发表声明，号召穆斯林杀死遍布世界的美国人。1998年8月7日，该组织向位于肯尼亚内罗毕和坦桑尼亚达累斯萨拉姆的美国大使馆发动炸弹袭击，炸死300人、炸伤5000余人。美国采取了报复行动，发射巡航导弹轰炸该组织在阿富汗的训练营地。“基地”组织的特工人员参与了2000年10月12日美国海军科尔号驱逐舰的爆炸案，17名水兵被炸死。

此外，还有其他一些宗教恐怖组织。“伊斯兰激进组织”，1983年4月对美国驻贝鲁特大使馆实施恐怖爆炸袭击，1983年后期对美国海军陆战队贝鲁特驻地实施恐怖爆炸袭击。“解放巴勒斯坦人民阵线——总指挥部”(PFLP-GC)，是1968年从“解放巴勒斯坦人民阵线”分裂出来的一个恐怖组织，参与了1988年12月针对泛美航空公司班机的恐怖爆炸袭击。“人民阵线”(PSF)，是1974年从巴解组织分裂出来的一个恐怖组织，实施了数起劫机和绑架活动，包括在贝鲁特绑架了美国陆军上校欧内斯特·R.根。

2. 恐怖主义犯罪概况

这些恐怖组织均在美国境外，尽管如此，其中有的恐怖组织针对美国境外的目标发动了恐怖袭击。据不完全统计，在美国境外针对美国的恐怖主义犯罪案件，20世纪60年代有8起，20世纪70年代有15起，20世纪80年代有22起，

① [美]布丽奇特·娜克丝，陈庆等译：《反恐原理》，金城出版社、社会科学文献出版社2016年版，第11页。

20世纪90年代14起；在具体犯罪类型上，劫机案6起，绑架案15起，谋杀案18起，爆炸案27起。

人类史上第一起劫机案发生在1931年的秘鲁。随着航空业的发展，劫机往往成为叛逃者叛逃成功的首选捷径，为以后劫机的进一步恶性蔓延埋下了祸根。从20世纪60年代开始，劫机作为典型的国际犯罪越演越烈，由于劫机所导致的人员伤亡和经济损失越来越大，助长了恐怖分子的气焰，使得被劫持的飞机不但成为进行要挟的资本，更演变为进一步制造恐怖事件的工具。1961年5月1日，出生于波多黎各的安图依洛·拉米雷兹·奥尔蒂斯持枪逼迫全美航空公司的一架飞机飞往古巴哈瓦那，在古巴获得庇护权，这是首架美国飞机遭到劫持，也是针对美国发生的第一起境外恐怖主义犯罪案件。由于劫机发生在空中，地面力量只能望机兴叹，而且相关国家顾及乘客的生命安全，致使劫机成为恐怖分子常常采取的犯罪方式，更有甚者，劫机后炸机、杀害乘客，甚至扣留机组人员和乘客。1969年8月29日，“解放巴勒斯坦人民阵线——总指挥部”将美国环球航空公司的一架班机劫持到大马士革，在疏散了乘客和机组人员后将飞机炸毁。1974年3月26日，在埃塞俄比亚，“厄立特里亚解放阵线”成员劫持了一架美国私人直升机的机组人员和乘客，长达数月。1984年12月3日，伊斯兰激进组织劫持了一架科威特班机，并杀害了美国国际开发署的两名美国代表。恐怖分子后来去了伊朗，得到了实际的避难。1985年6月14日，美国环球航空公司的一架飞机在从雅典飞往罗马途中被两名黎巴嫩“真主党”恐怖主义分子劫持，8名机组人员和145名乘客被扣押达17天之久，1名被劫持的美国海军水兵遭杀害。1985年6月14日，真主党恐怖分子劫持了一架返回罗马的美国环球航空公司的班机，伤害了美国海军司机罗伯特·迪安·斯特西姆。1986年9月5日，在巴基斯坦的卡拉奇机场，阿布·尼达尔恐怖分子企图劫持一架泛美航空公司的飞机，当阴谋被挫败后，开枪打死了20名旅客。

虽然绑架、劫持人质是恐怖主义犯罪中最原始、最常见的行为方式，但由于美国境内境外的不同环境所决定，相比之下，境外的绑架、劫持人质案，不仅次数多，而且危害也大，在诸多方面具有自身的特点。在绑架劫持对象上，主要针对驻外使馆人员、国际组织工作人员、驻军将士、大学教师等，相比较而言，驻外使馆人员、国际组织工作人员、军队将士属于国家官方人员且政府较为关注他们，尽管他们可能会有安保措施，但也经常成为被绑架的对象，在有关方面满足了绑架、劫持者的要求后人质就会被释放，否则人质就被杀死。大学教师属于民间人士，在政府中的分量相对较轻且没有安保措施，绑架劫持容易，但要挟美国政府的价值不大，因而被绑架劫持的不多，境外的普通美国人遭绑架的最少。1963年11月27日，委内瑞拉民族解放武装力量暴徒绑架了美国驻委内瑞拉陆军武官，要求释放70名政治犯，委内瑞拉政府释放了这些政治犯，换回了美国人质。1969年9月4日，美国驻巴西大使查尔斯·埃尔布里克在里约热内卢被"10月8日革命运动"及其恐怖分子绑架，在巴西政府同意释放15名囚犯后，埃尔布里克获得了自由。1970年7月31日，乌拉圭"图帕马洛斯"恐怖主义组织在蒙得维的亚绑架并杀害了美国国际开发署警务顾问丹·米特廖内。1973年5月4日，美国驻瓜达拉哈拉总领事特伦斯·伦哈迪被"人民革命武装力量"成员绑架。1975年2月25日，阿根廷的恐怖分子绑架并杀害了科尔多瓦城的美国名誉领事约翰·P.伊根。1975年8月4日，日本赤军的一个恐怖小组占领了位于马来西亚吉隆坡的美国领事馆和瑞典大使馆，他们威胁说如果他们释放被关押在日本的7名赤军成员的要求得不到满足的话，他们就要炸毁大楼、杀死52名人质；日本政府同意满足他们的要求，后来7名囚犯中的5名高高兴兴地在利比亚的黎波里与劫持人质者会合。1979年2月14日，美国驻阿富汗大使阿道夫·达布斯被恐怖分子绑架并杀害。1979年11月4日，阿亚图拉霍梅尼的革命卫队在伊朗德黑兰占领了美国大使馆，劫持了53名美国人质，持续了444天。1981年12月17日，在意大利维罗纳，北约南欧部队司令美国陆军将军詹姆士·李·多齐尔在家中被红色旅恐怖分子绑架，被监禁了42天，最后由意大利反恐部队救出。1984年3月，在黎巴嫩贝鲁特美国大学，真主党绑架了该大学的弗兰克教授。1984年3月16日，"伊斯兰激进组织"在贝鲁特绑架并杀害了美国驻黎巴嫩大使馆的政务官员威廉·巴克利，在此后两年时间里另有一些同美国政府没有关系的美国公民也先后被绑架。1985年2月7日，缉毒局特工恩里克·卡马雷纳·萨拉萨尔和为他驾机的飞行员被贩毒分子拉斐尔·塞罗·金特罗的手下人绑架，遭受酷刑并被害。1985年6月9日，黎巴嫩贝鲁特美国大学农业系代主任托马斯·萨瑟兰被伊斯兰激进组织绑架。

为追求轰动效应，恐怖组织常常使用暗杀手段制造骇人听闻的恐怖谋杀袭击事件，从 20 世纪 60 年代至“9·11”之前美国境外发生了约 19 起恐怖谋杀案件，谋杀对象包括军队将士、使馆人员、飞机乘客、情报工作人员、公司职员、宗教人士等，尤以使馆人员最多，18 起谋杀案中谋杀使馆人员的就有 5 起。这些恐怖谋杀案多是由国际恐怖组织指派恐怖分子实施的，例如，1973 年 3 月 2 日，美国驻苏丹大使克利奥·A.诺埃尔等外交官员在喀土穆的沙特阿拉伯驻苏丹大使馆被“黑九月”组织的成员谋杀，1974 年 4 月 13 日，在菲律宾的新人民军在苏比克湾美国海军基地附近杀死了 3 名美国海军人员，1975 年 12 月 23 日，在雅典的中央情报局站长理查德·韦尔奇被希腊马克思主义组织“11 月 17 日革命组织”的成员谋杀。

由于恐怖组织作案前都经过周密谋划，谋杀活动极易得手，谋杀方式工具既有传统的刀枪也有炸弹。1968 年 8 月 28 日，一个反政府派别的武装分子在危地马拉城将美国驻危地马拉大使约翰·戈登·米恩乘坐的公务车逼至路边并开枪扫射，米恩大使中弹身亡。1969 年 7 月 30 日，一位日本公民竟然持刀袭击美国驻日大使 A.H.迈耶。1983 年 11 月 15 日，在希腊雅典一名美军海军军官驾车遇红灯停车时遭恐怖主义组织“11 月 17 日革命组织”枪杀。恐怖组织雇用凶手跨国作案，1973 年 12 月 17 日，解放巴勒斯坦阿拉伯民族主义青年组织的 5 名成员在意大利莱奥纳尔多·达芬奇机场杀害了 33 名泛美航空公司的乘客。在科威特制止的一起图谋暗杀美国前总统布什的事件中，恐怖分子在伊拉克密谋，并从科伊边境偷送暗杀敢死队和武器弹药，只因及时发现，方使恐怖行动流产。1993 年 4 月 14 日深夜，由 17 人组成的暗杀敢死队中的 16 人被科威特安全人员抓获，仅 1 人逃脱，卸任不久的美国前总统乔治·布什差点被暗杀。

民族矛盾、宗教冲突是美国境外政府人员频遭谋杀的直接原因，1984 年 2 月 18 日，在贝鲁特美国大学校长马尔科姆·H.克尔被伊斯兰激进组织歹徒刺杀，1980 年 12 月，萨尔瓦多军方的一个右翼杀手小队杀死 4 名美国人，1981 年 9 月 14 日，红军派企图刺杀美国驻欧部队司令弗雷德里克·克罗森将军，1983 年 5 月 25 日，萨尔瓦多美国一名海军军官被“法拉本多·马蒂民族解放阵线”暗杀。1991 年 1 月 31 日，美国驻也门大使官邸遭枪击，1991 年 2 月 3 日，沙特沿海吉达美国军用班车遭恐怖袭击，这是海湾开战以来在沙特发生的首起针对美国人的恐怖活动。1991 年 2 月 8 日，美国公司一个雇员在土耳其因契尔利克空军基地附近身中四弹，成为海湾战争以来第一个死于恐怖活动的美国人。1992 年 2 月

11日，美国驻秘鲁大使住宅遭恐怖分子袭击，两名警察死亡和两名行人受伤。1995年阿里萨·弗拉托在加沙地带乘坐公共汽车时被伊斯兰激进组织歹徒杀害。

在美国境外的恐怖主义犯罪中，因有巨大的杀伤力、强劲的震撼力以及易于实施等特点，爆炸袭击方式尤为突出，针对的人员有军队将士、飞机乘客、驻外使领馆人、工商人员、大学师生等。例如，1972年5月11日，针对美国驻法兰克福的陆军人员，德国红军派制造了6起爆炸事件，造成1名士兵身亡、11名受伤。1980年5月，新兴的葡萄牙左翼恐怖组织"4月25日人民军"针对美国大使馆等展开了一系列的谋杀、绑架和爆炸。1984年8月，在智利爱国阵线对美国企业进行了一系列的爆炸活动。1991年1月24日，美国驻乌干达大使在坎帕拉一个网球场打完球刚离去10分钟后，就有一枚炸弹爆炸，大使死里逃生。1991年11月8日，贝鲁特的美国大学遭到一枚装有200千克炸药的定时炸弹袭击，致使校园内多座建筑物遭到不同程度的破坏，4名黎巴嫩雇员受伤。

爆炸对象主要包括有飞机、军舰、军营、建筑物等，爆炸实施方式有投掷炸弹、放置炸弹、汽车炸弹、发射火箭弹、迫击炮发射炮弹、气垫船炸弹等。1974年9月7日，美国环球航空公司的一架班机刚从雅典机场起飞就爆炸了，此事与解放巴勒斯坦阿拉伯民族主义青年组织有关。1988年12月21日，美国泛美航空公司第103号班机在从伦敦希斯罗机场起飞前往纽约肯尼迪机场途中被凶手迈格拉希隐藏在货舱行李中的一个简易爆炸装置炸毁，造成班机上全部乘客和机组人员共259人以及苏格兰洛克比的11名居民死亡，这次空难被视为是利比亚针对美国的一次报复性恐怖袭击，是"9·11"事件发生前针对美国的最严重的恐怖袭击事件。2000年10月12日11时20分左右，美国海军"科尔号"驱逐舰正前往海湾地区参加由美国领导、执行联合国制裁伊拉克的海上拦截行动的途中停靠也门亚丁港加油时，遭到袭击者贾迈勒·巴达维的自杀式爆炸袭击，被一个满载高能量炸药的小型气垫船炸开一个20～40英尺的大洞，造成17名美军海员丧生、39人受伤、11人失踪。

1981年8月31日，在西德的美国空军基地，红军派引爆的一枚汽车炸弹使18名美国人和2名西德人受伤。1983年10月23日，在贝鲁特一辆自杀性卡车开进美国海军陆战队军营，炸死241名美国军人，这是针对美国军队的最为恶劣的恐怖袭击之一。1985年8月8日，红军派在西德莱茵缅因美国空军基地引爆了一枚汽车炸弹,致使2人死亡、17人受伤。1991年2月3日,沙特沿海城市吉达发生一起袭击美国军用班车的恐怖事件,两名美军和一名沙特卫兵受轻伤,这是海湾开战以来在沙特发生的首起针对美国人的恐怖活动。1996年6月25日,在沙特阿拉伯宰赫兰的一个美军军营里,一枚卡车炸弹炸死了19名美国人、炸伤了500人。

就建筑物功用分类而言,主要针对美国驻外使领馆、餐馆、舞厅、广播站等,因为袭击此类建筑物比较容易得手且社会影响大。1983年4月18日,伊斯兰教激进组织引爆一部装载300磅烈性炸药的汽车袭击美国驻黎巴嫩大使馆,导致61人死亡、100多人受伤。1984年9月20日,伊斯兰激进组织使一枚卡车炸弹在东贝鲁特的美国大使馆附楼爆炸,共有23人死亡、60多人受伤。1991年1月15日,美国驻巴拿马大使馆遭到巴解组织成员的袭击,其目的是对美国对伊拉克使用武力表示警告,此次袭击使大使馆财产受到轻微损失,但无人伤亡。1991年10月29日,美国驻贝鲁特使馆遭到来自附近山上的一枚火箭的袭击,但无人员伤亡。1991年1月31日,美国驻秘鲁大使馆遭一个游击队的迫击炮袭击,但无人受伤;同日,一伙人试图炸毁在菲律宾的“美国之音”广播站。1998年8月7日,几乎是同时美国驻肯尼亚内罗毕和和坦桑尼亚达累斯萨拉姆的大使馆遭到炸弹袭击,在肯尼亚的爆炸炸死12名美国人和250名肯尼亚人、数千人受伤,在坦桑尼亚的爆炸炸死10人、炸伤数十人。1984年4月12日,在西班牙托雷洪美军空军基地附近,“真主党”用炸弹袭击了一家餐馆,导致18名美国军人丧生、83人受伤。1986年4月5日,在西柏林拥挤的美人迪斯科舞厅发生的爆炸使得3人死亡(其中有2名美国士兵)、200多人受伤。

二、美国“9・11”事件前的单一反恐策略

(一) 恐怖主义的界定

1. 恐怖主义的定义纷繁不准

世界各国对恐怖主义的认识有一个过程,代表美洲的区域性国际组织美洲

国家组织1971年2月2日订立的《关于防止和惩罚具有国际影响的针对人员的犯罪和相关敲诈勒索罪行的恐怖主义行为的公约》，最先提出了恐怖主义行为的概念并将其规定为犯罪。此后，代表全世界的联合国，在1991年3月1日订立的《在可塑性炸药中添加识别标志以便侦测的公约》中做出了“恐怖主义的表述”，把恐怖主义定义为国际犯罪并规定在国际公约中。比之于其他国家和地区，在以前美国没有发生过大量的恐怖事件，这个现实决定了美国对恐怖主义关注不够并且认识有一个渐进过程。最能说明问题的是，用美国人自己的话来说，就在“9·11”恐怖袭击事件——“被劫持飞机自杀式撞击世贸中心和五角大楼之前的两个月，美国国务院的一位前反恐专家在《纽约时报》发表专栏说：‘从我们的新闻报道和流行文化对罪犯的描述来判断，美国人脑子里充满了对恐怖主义的各种骇人想象。他们似乎相信，恐怖主义是美国最大的威胁，波及范围越来越广，也越来越有杀伤性……所有这些想象都毫无事实根据’”。[①]这足以表明美国对恐怖主义的关注不够、认识不足、判断有误。

有些人已经注意到了恐怖主义，例如，研究恐怖主义的著名专家沃尔特·拉克尔曾将恐怖主义解读为一种挑衅而非主要威胁。他在20世纪90年代末期作出不同以往的总结性评论：“几百年来，恐怖主义阴魂不散。因其具有戏剧性特点，且往往毫无征兆地发生，它总是吸引了极度的关注。对受害者来说，它确实是悲剧，但从历史角度看，它仅是件麻烦事……在今天，这种情形不复如此，也许在将来每况愈下。以前的麻烦事已变成了人类所面临的最大威胁。”美国政府官员和读者倾向于把发生在美国境外的政治暴力行为称为“恐怖主义”，而把发生在美国境内的政治暴力行为称为“犯罪”。直到1983年，美国国务院才首次提出了恐怖主义的定义，以后美国军方及其情报部门和美国联邦政府的立法、司法和行政部门都有各自的恐怖主义定义，这些定义虽然核心内容大体一致，但是各自的侧重点有所不同，因而彼此之间难免有出入。政府有关部门各自为政的观点看法，导致了恐怖主义的定义繁杂且不准确，使得美国联邦政府机构没办法采用统一的标准定义，结果是政府官员可以利用手中的权力随意地给某些团伙贴上

---

① [美]布丽奇特·娜克丝，陈庆等译：《反恐原理》，金城出版社、社会科学文献出版社2016年版，第6页。

或揭掉“恐怖主义的”标签。例如,联邦应急管理局把恐怖主义定义为“为了恐吓、胁迫或勒索的暴力行为”,而没有包括必须以政治目的为动机的表述,因而该恐怖主义定义囊括进了很多普通罪行。

众说纷纭的观点使人眼花缭乱,如何看待呢?应该确定一个标准,这个标准就是看谁的观点最能代表美国政府。就此而言,应该选取美国国务院的观点,因为美国国务院关于恐怖主义的认识和定义与美国的反恐怖政策直接相关,美国政府的反恐怖协调办公室也隶属于国务院,美国国务院关于恐怖主义的定义最能代表美国政府的立场。多年来美国国务院每年 4 月惯例性地发布《全球恐怖主义状况报告》,对恐怖主义所下的定义从 1983 年以来基本上没有多大变化,仅在 1997 年做了一点修正,该定义直接来源于《美国法典》。从 2001 年 4 月美国国务院提出的报告来看,美国国务院对恐怖主义的表述有三个关键词,第一个是“恐怖主义”,即“由次国家组织或隐蔽人员对非战斗性目标所实施的、有预谋的、带有政治动机的、通常旨在影响受众的暴力活动”。第二个是“国际恐怖主义”,即“涉及的国民或疆域在一国以上的恐怖主义”。第三个是“恐怖组织”,即“任何从事、或其下属重要次级组织从事国际恐怖活动的组织”。[①]

第一个关键词的表述概括了恐怖主义的显著特征,包括恐怖活动的实施主体、行为目的、行为对象、行为表现等。这是 1997 年修改后的表述,变化主要有两点,其一以“隐蔽人员”代替了“隐蔽的国家代理人”,其二增加了“通常旨在影响受众”的修饰语以揭示恐怖活动的一个最常见意图并使定义更加完整。需要说明的是,“非战斗性目标”有两个含义,其一是指除了平民还包括那些恐怖事件发生时没有武装或不执勤上岗的军事人员,其二是指在不存在军事对抗的状态下对军事设施或武装的军事人员的攻击也被视为恐怖主义行为。

第二个关键词的表述区分了“国内恐怖主义”,指出国际恐怖主义有两个必居其一的选择性要素,即恐怖分子的国籍归属多国性或恐怖活动范围的跨国性,以圈定美国境外针对美国的恐怖主义;与此相呼应,还提出了“国内恐怖主义”的概念。在实践中,有些情况下国内恐怖主义的性质不容易认定,国内恐怖主义也有日益国际化的趋势,因此,国内恐怖主义与国际恐怖主义这两者的界限有时不易把握。

---

① 石斌:《试析美国政府对恐怖主义的定义》,《世界经济与政治》2002 年第 4 期。

第三个关键词的表述指出了行为主体的种类，恐怖组织既指实际从事恐怖活动的组织，也指本身不直接从事恐怖活动但其控制或操纵下的“重要次级组织”推行恐怖主义的组织。显然，恐怖组织，既不同于国家，也区别于个人，还有别于一般的共同犯罪。按理讲，恐怖组织与国家没有什么关联，但实际上某些国家或政府容忍、支持甚至幕后操纵和策划恐怖组织和恐怖活动，包括允许它们在本国境内设立用来招募人员、策划和指挥恐怖行动的组织机构，为恐怖分子提供经费、武器、训练基地、后勤保障和安全的避难所，帮助训练人员，甚至运用自己的外交机构为其在国家间传递信息和输送爆炸品等作案工具，这往往成为美国对有关国家动武的借口理由。

即使美国国务院采取的恐怖主义定义也并不十分准确，对恐怖行为主体的概括过于狭窄，而对恐怖行为对象如“非战斗性目标”的解释界定相对而言又较为宽泛，这都与其对自身利益的认识相关。但这样做的好处却使政府解释并付诸实践具有灵活性，才能达到左右逢源、得心应手的效果，一方面，既要避免将国家圈定在恐怖主义行为者的范围内，又要为将来把某个国家划入“支持恐怖主义的国家”留有余地；另一方面，给美国政府对盟国和亲美集团的恐怖主义行为提供了偏袒和掩饰的便利，报告虽然经常提到以色列境内的恐怖活动，但从不将它们与以色列政府联系起来，就连有的美国学者指出，以色列在中东地区长期推行“国家恐怖主义”。现实表明，恐怖主义不仅是一个理论认识问题，更是一个与各国利益需求相关的现实政治法律外交问题。

2. 恐怖主义的认识误区多

由于美国对恐怖主义的定义纷繁且不准确，表现在认识上走进了诸多误区，把工人运动、民权运动甚至反堕胎暴力行动也作为恐怖主义来对待。相比较而言，美国是个公民意识极强的社会，因而公民自主的运动颇为频繁。在这些社会运动中相应的组织应运而生，这些组织极大地促进了运动的发展，而且这些组织始终保持如一，但也被美国理论与实务界扣上了左翼极端主义运动的大帽子，但是工人运动、民权运动甚至反堕胎暴力行动与恐怖主义在缘起和核心信念方面都存在本质区别。

不应把工人运动视为恐怖主义。美国是一个工业大国，工人数量庞大，工人运动开展较早且取得了一定成果，1886 年 5 月 1 日芝加哥城工人大罢工创造了“五一”国际劳动节，1909 年 3 月 8 日伊利诺斯州芝加哥市女工和全国纺织、服装业的工人大罢工创造了“三八”国际妇女节，显示了工人运动的巨大力量。在 19 世纪 80 年代，随着工人运动的高涨，建立了独立的工人政党，工人运动内部也形成了不同的派别。然而，诚如美国学者所言，“美国工人阶级从来不具有阶级意识，或者说阶级意识不是美国工人运动的产物。美国工人运动智能产生‘职业意识’（有的地方叫做工资意识）”。①第二次世界大战结束后，虽然罢工浪潮不断，但都限于经济斗争；加上美国政府通过出台限制工人运动的法律，把工人运动基本上纳入到了政府可控制的范围内。因此，工人运动不同于恐怖主义是不言而喻的。当然，也必须承认，不能排除其中会出现个别人做出极端的行为的现象，无疑这种现象给美国政府把恐怖主义的大帽子扣在工人运动头上提供了借口。

美国政府把工人运动称为“无政府主义”，以威廉·麦金利总统被刺案最为典型。1901 年 9 月 6 日，在参观纽约州布法罗市举办的泛美博览会时，时任美国总统的威廉·麦金利遭到枪击致重伤，不久去世。当场被抓获的行凶者是克利夫兰市的莱昂·乔戈什，他自称为无政府主义者和爱玛·戈尔德曼的追随者。戈尔德曼的著作和言论在无政府主义者圈子内广为人知，乔戈什曾经见过她一次。戈尔德曼在芝加哥因涉嫌同谋而被捕，但她很快被释放，并且之后再没有被指控过。然而，无政府主义报纸《自由报》的创办人约翰·莫斯特却受到指控并被定罪，理由是他刊登了一篇无政府主义文章，犯有“危害和平及败坏公序良俗的罪行”。这篇文章 9 月 7 日刊登在《自由报》上，仅仅是在乔戈什枪杀总统后一天，虽然辩方声称当日报纸并未出售，但法官还是做出了有罪判决。其实早在麦金利遇刺前的几十年里，工会成员曾因工资和工作条件而卷入与工厂管理人员的暴力冲突中，有些经营者和工头被工人打死，而工人则被公司雇佣的警卫和士兵杀害。虽然劳资之间有暴力冲突，但正如杰弗里·D.西蒙总结的那样，“在美国，‘无政府主义运动终未实现其发动起义和革命的目标’”。②

不应把“反堕胎暴力行动”视为恐怖主义。现代美国社会的家庭生活发生了

---

① 张友伦、陆镜生：《美国工人运动史》，天津人民出版社 1993 年版，第 17—18 页。

② ［美］布丽奇特·娜克丝，陈庆等译：《反恐原理》，金城出版社、社会科学文献出版社 2016 年版，第 96 页。

重大转变，大体表现为出生率下降、早婚以及青少年追求享受而承担成年人责任的时间推后、老年人日趋受到疏离，尤其是离婚率的升高以及随之产生的单亲家庭的增加。其实，离婚率升高本身恰恰表明人们更关注婚姻家庭生活的内容和质量，更愿意结束一段不美满的婚姻；同时，人们也对未婚同居人数的增加以及许多其他家庭形式和生活方式的出现忧心忡忡。困扰美国家庭的问题可归结为两个，这两个问题是有密切关联的。其一是青少年怀孕人数比例高，在当代美国的一些群体中青少年怀孕现象代代如此，致使有些妇女在30多岁就当上祖母，为避免这种尴尬的局面，诸多人选择了堕胎并形成了社会潮流或称“堕胎运动”。其二是老年人被孤立，越往后人们越会关注这个问题，普遍的堕胎现象更加突出了老年人身边亲戚减少的问题。这些问题引起了社会的普遍焦虑，人们纷纷探讨解决的办法，核心是确保孕妇不堕胎，于是针对“堕胎运动”的“反堕胎运动”应运而生。

到20世纪60年代末，由“堕胎运动”引发的女权运动，不仅成立了自己的组织，而且旗帜鲜明地为取消《堕胎法》[①]而斗争，并且获得了最高法院裁判的肯定和支持，1973年美国最高法院在“罗伊诉韦德案”中裁定美国宪法授予妇女堕胎权。可想而知，“反堕胎运动”的阻力有多大，此后各种反堕胎组织粉墨登场，以推翻“罗伊诉韦德案”裁决和堕胎合法化为目标。然而，一些个人和组织不满足于向法院提起诉讼、游说国会议员、组织游行示威、骚扰寻求和提供堕胎服务的人以及策划非暴力反抗行为，极端地呼吁并实施暴力，以压制堕胎诊所及其人员的堕胎工作，在实践中也确实发生了不少这样的暴力行为。

从美国政府对恐怖主义的认识看，经历了一个从无认识到有认识、从有认识到极端认识的过程。在20世纪70年代之前，美国政府没有恐怖主义的概念，甚至还积极支持以后被定性为恐怖主义的组织。1972年9月5日，德国慕尼黑发生了针对奥运村和屠杀以色列运动员的恐怖袭击事件，美国政府曾做出了积极反应，开始关注恐怖主义，但没能持续下去。1995年4月19日，俄克拉荷马城

① 《堕胎法》：在19世纪中叶前，美国大多数州允许在胎动前堕胎。19世纪中叶后，一批由专业外科医生组成的团体开始积极推动限制性的堕胎立法。1845年，马萨诸塞州率先将堕胎视为犯罪。到1910年，除肯塔基外，各州均将堕胎定为重罪，绝大多数州规定只有在为挽救孕妇生命的情况下允许堕胎。介绍堕胎、提供堕胎或无外科医生执照而为他人施行堕胎者则触犯刑法，不过，并不处罚堕胎的妇女。在1973年罗伊诉韦德一案中，最高法院根据第14条正当程序条款修正案，第一次认可妇女在怀孕起头3个月内有权选择终止妊娠。但在1989年，美国最高法院又通过了一项旨在限制妇女堕胎的决定。

联邦大楼遭到恐怖卡车炸弹爆炸袭击，炸死 168 人。这起当时美国最严重的国内恐怖袭击事件，终于唤起了美国政府对恐怖主义的初步认知，而“9·11”恐怖袭击事件则把美国政府对恐怖主义的认知推向了极端，把以前早已定性的有关运动、组织和行为统统扣上了恐怖主义的大帽子，尤以把工人运动、反堕胎运动视为恐怖主义为最具代表性。

(二) 美国的单一反恐策略

1. 美国单一反恐策略的表现形式

实事求是地看，美国对恐怖主义并没有先见之明，其反恐策略是逐渐发展起来的。相比较而言，“9·11”恐怖袭击事件之前，美国反恐策略的根本特点就是单一性，因而可称为单一反恐策略，单一反恐策略以政策法律为表现形式。反恐策略以反恐政策为先导，逐渐过渡为法律形式。

美国反恐政策与对反恐工作的认识同步发展，美国单一反恐策略起源于 1972 年。1972 年 9 月 5 日，德国慕尼黑发生了针对奥运村和屠杀以色列运动员的恐怖袭击事件，当时的美国总统尼克松要求有关部门采取措施、加强防范恐怖主义，随后国务卿罗杰斯组建了两个专门委员会研究国际恐怖主义问题以提出防范建议。1972 年 9 月 25 日，根据这两个专门委员会的建议，尼克松总统签署总统备忘录，批准由国务卿罗杰斯负责组建反恐内阁委员会和工作小组。内阁委员会由国务卿担任内阁委员会主席，由财政部长、国防部长、司法部长、运输部长、中央情报局局长、联邦调查局局长、总统国家安全事务助理和总统国内事务助理担任成员。同年 10 月 2 日，该委员会召开首次全体会议，确定该委员会的职责。该委员会的主要职责是协调各部门之间的关系，就美国应对恐怖主义存在的问题进行审查并提出建议，向总统直接汇报美国反恐的有关情况，促进美国制止恐怖主义、提高应对恐怖主义的能力。[①]可见，内阁反恐委员会是

① U.S. Department of State, President Nixon Establishes Cabinet Committee to Combat Terrorism, Department of State Bulletin(October 23, 1972), pp.475—480.

美国第一个防范恐怖主义的专门机构，“在某种程度上可以说是美国反恐政策缘起的标志”。[①]美国人马克·A.克来梅就评价说，该委员会的成立是“美国反恐怖主义政策建立的机构基础”。[②]内阁反恐委员会从 1972 年成立到 1977 年解散，只存续了 5 年时间。

里根总统执政时期，不仅重视恐怖主义，而且持更加强硬的态度，恢复回了反恐机构。恐怖主义事务由国务院下属的外交政策高级部际小组负责，成立了四个专业小组：技术支持小组主要负责研发反恐相关技术；训练小组主要负责部际、部门与政府间的危机管理培训；培训援助小组确保美国政府在反恐工作中避免重复劳动并为其他国家提供培训；公共外交政策小组协调诸部门之间的工作以提高公众对恐怖主义的了解及打击恐怖主义重要性的认识。反恐机构设置具体、内部分工明确，为反恐政策制定奠定了行政组织基础。1995 年 4 月 19 日俄克拉荷马州发生恐怖爆炸袭击事件后，同年 6 月，总统克林顿发布第 39 号《总统令》，阐述了美国的反恐政策，要求加强联邦机构的反恐工作；10 月 19 日，总统克林顿下令，成立跨机构安全委员会。该委员会由国防部、运输部、司法部、联邦总务管理局、环保总局、中央情报局等组成，负责制定和评估安全政策，并采取必要行动保护联邦设施的安全。1998 年 5 月，克林顿总统发布第 62 号《总统令》即“保护非传统威胁下的本土和海外美国人”。第 62 号《总统令》提高了国家安全委员会的行政地位，并加强了在联邦反恐、国内准备、基础设施保护等方面的协调职能。可见，反恐政策在出台时间上较为新近。

相比较而言，对恐怖主义犯罪案件适用的法律则既旧又新，旧到 20 世纪初没有规定“恐怖主义”的法律，新到 1983 年以后明确规定“恐怖主义”为犯罪的法律。“早在 20 世纪初，一些州就通过了针对无政府主义者和共产主义者的法律，还有些州制定了针对种族仇视的法律，这些法律可适用于一切恐怖行为”。[③]基于恐怖主义跨州界、跨国界的客观事实，针对恐怖主义案件，通常要制定并适用联邦法律。美国对恐怖主义的法律规定，从 1978 年开始是在有关法律中规定反恐内容，直到 1984 年开始制定了专门的反恐单行法，由此表明美国的反恐立法

---

① 李治国：《美国反恐政策的演变》，《现代国际关系》2001 年第 12 期。

② Celmer, M.A.(1987), Terrorism, U.S. Strategy, Reagan Policies, Greenwood Press, p.113.

③ [美]哈里·亨德森，贾伟等译：《全球恐怖主义》，中国社会科学出版社 2003 年版，第 74 页。

经历了两个时段:第一个时段是在有关法律中规定相关反恐内容,第二个时段是颁布专门的单行反恐法。

第一个时段规定有反恐内容的单行法主要有:1978 年《外国情报监听法》,1984 年《反破坏航空器法令》,1984 年《人质拘禁防止与处罚法令》,1990 年《移民与国籍法令》。第二个时段专门的单行反恐法主要有:1984 年《禁止支持恐怖主义活动法令》,1984 年《提供恐怖主义信息奖励法令》,1986 年《外交安全和反恐怖主义法令》,1989 年《生化武器反恐法令》,1993 年《国内反恐奖励法令》,1995 年《反恐汇总法令》,1996 年《反恐怖主义法令》。

1978 年《外国情报监听法令》是一部规定收集外国情报相关程序的联邦法律,明确规定了美国内机构对外国情报监听的权力,并不要求所进行的监听一定要与具体的刑事犯罪相关,只需与本法所规定的“外国势力”相关即可。[①]显然,所谓的“外国势力”包括了国际恐怖主义活动,这与当时世界两大对立格局的冷战背景分不开。1984 年《反破坏航空器法令》是一部规定司法管辖破坏航空器行为的相关程序的联邦法律,明确扩大了美国对破坏航空器行为的司法管辖范围,只要涉及美国的利益,美国就有司法管辖权。当时,西方国家的航空运输发达,恐怖主义犯罪把矛头指向飞机,劫机、破坏飞机、炸毁飞机的事件引起了美国的关注,只要侵害了美国的利益,美国就要行使司法管辖权。1984 年《人质拘禁防止与处罚法令》是美国根据 1970 年《反挟持人质公约》结合美国及当时的国际环境而制定的一部联邦法律,规定了对挟持人质行为的处罚。

1984 年《禁止支持恐怖主义活动法令》是美国针对恐怖主义犯罪尤其是国际恐怖主义犯罪制定的一部联邦法律,第一次明确规定了国际恐怖主义的定义,将恐怖主义犯罪与其他民事、战争、冲突相区分。1984 年《提供恐怖主义信息奖励法令》明确规定,奖励提供恐怖主义犯罪信息的行为。1986 年《外交安全和反恐怖主义法令》规定,对美国领土以外的恐怖主义犯罪行使司法管辖权。1989 年《生化武器反恐法令》规定,禁止买卖、制造生物武器的行为。1990 年《移民与国籍法令》规定了恐怖活动的情形,并规定对实施了恐怖活动的外国人应驱逐出境。1993 年《国内反恐奖励法令》规定,为威慑恐怖主义、减少恐怖主义犯罪活

① 50 U.S.C. § 1801(a).

动，通过悬赏的方式获取所需要的恐怖主义犯罪嫌疑人的情报信息，以便快速地定位、抓捕、审判恐怖主义犯罪嫌疑人。1995年《反恐怖主义法令》规定，禁止资助恐怖主义，对于为国际恐怖犯罪组织（分子）提供帮助的美国人处以刑罚。1996年《反恐怖主义法令》、1996年通过的《反恐怖主义及有效死刑法令》补充、修订了《美国法典》关于恐怖活动的定义和其他一些相关事项的许多部分，这些相关事项包括驱逐移民以及对化学、生物武器和炸药的规定等。

适用于恐怖主义犯罪案件的法律规定，同时表现为相关单行法和《美国法典》中的内容。1926年，美国人将建国两百多年以来国会制定的所有立法（除独立宣言、联邦条例和联邦宪法外）加以整理编纂，按50个项目系统地分类编排，命名为《美国法典》（United States Code，简称USC），首次以15卷的篇幅发表，这是第一版《美国法典》。1964年，编辑出版了修订版，以后每年出版增补卷。2006年，编辑出版了51卷。国会每颁布一部法律，在发行单行本的同时，由设在美国国会众议院内的法律修订委员会办公室的专业人员将这部法律分解为若干部分，再根据其规范的内容编排到50个相应主题的相关卷中①，恐怖主义规定在第18卷《罪行和刑事诉讼》中。

2. 美国单一反恐策略的相关内容

美国的反恐政策最终表现为反恐法律，从1978年在有关法律中规定反恐内容开始，到1984年制定了专门的反恐单行法，直到“9·11”恐怖袭击事件前，有关反恐内容的法律规定不断修改完善，形成了反恐的战略内容，体现在《美国法典》第18卷《罪行和刑事诉讼》中。1996年通过的《反恐怖主义法令》补充、修订了《美国法典》关于恐怖活动的定义和其他一些相关事项的许多部分。美国单一反恐策略的主要内容包括：恐怖主义的相关定义，恐怖主义的诉讼管辖，恐怖主义的预防，恐怖主义的制裁，恐怖主义受害者的援助。

关于恐怖主义的相关定义。恐怖主义的相关定义包括：恐怖主义的定义、恐怖活动的定义和从事恐怖活动的定义。恐怖主义分为国际和国内两种。国际恐怖主义是指实施了违反美国或其任何州刑法的暴力行为或威胁人类生命的行

① 《美国法典》，搜狗百科。

为,企图恫吓或强迫一群公民、通过恫吓或强迫影响政府决策、通过暗杀或绑架影响政府行为。从罪犯使用的手段、他们要恫吓或强迫的人员以及他们犯罪或寻求庇护的地点来看,国际恐怖主义主要是发生在美国领土管辖范围以外或跨国界的恐怖行为,以此区别于国内恐怖主义。

恐怖活动包括六种情形,一是劫持或破坏运输工具(包括飞机、轮船、汽车等);二是抓住或扣留并威胁要杀死或致伤或继续扣留某人,以迫使第三方(包括政府机构)去做或不做某事,以此作为释放被抓住或被扣留人员的明确或不明确的条件;三是暴力袭击受国际法保护的人员或限制其自由;四是刺杀;五是使用任何生物制剂、化学制剂、核武器或核装置或者炸药或枪支,故意直接或间接地危害某人或某些人的安全或造成巨大的财产损失;六是威胁、企图进行、谋划上述行为。

从事恐怖活动,是指以个人或集团成员身份从事他所知道或应该知道的恐怖活动,或者向在任何时间从事恐怖活动的任何个人、组织或政府提供物质帮助。物质帮助包括五种情形:①准备或计划恐怖活动;②收集有关恐怖活动潜在目标的情报;③向已知道或有理由相信其已经从事或计划从事恐怖活动的人员提供物质帮助,包括藏身之地、交通工具、通信工具、资金、假证明、武器、炸药、训练等;④为恐怖活动或任何恐怖组织募集资金或其他值钱物品;⑤申请加入某一恐怖组织、恐怖政府,或申请参加某次恐怖活动。

关于恐怖主义的诉讼管辖。对恐怖主义的诉讼管辖,毫无疑问,包括对境内外恐怖主义的诉讼管辖。这里主要是针对境外恐怖主义而言的,对恐怖主义的诉讼管辖包括:对恐怖主义国家的诉讼管辖和对恐怖主义组织或分子的诉讼管辖。遭受外国恐怖主义的受害者,起诉支持恐怖袭击的外国政府,诉讼时效为10年,但必须属于司法部长认定符合一定条件的案件。增加了对在飞行中的飞机上犯罪的人和进行炸弹威胁的人的司法管辖。

1995年,阿里萨·弗拉托在加沙地带乘坐公共汽车时被伊斯兰激进组织歹徒杀害。在2001年3月,其家人在美国一联邦地区法院赢得了要求伊朗赔偿2.475亿美元的诉讼。不过,伊朗拒绝支付赔偿金,而比尔·克林顿政府也竭力阻止从被美国政府冻结的伊朗财产中收集赔偿金的努力。2000年2月,众议院司法委员会移民分委会举行《反恐怖主义及有效死刑法案》条款审查听证会,该法案允许移民与归化局根据与恐怖主义有关的秘密证据就可逮捕、扣押或驱逐移民，阿拉伯裔美国人组织和公民自由主义组织则指责这些程序违反了美国法律中与起诉人对质的基本权利。2000 年 6 月 5 日，在 1998 年美国大使馆爆炸后成立的美国反恐怖主义委员会公布了反恐怖主义的推荐措施，包括加大开支、加强对金融交易的控制，以及允许中央情报局招募可能有劣行的线人等，公民自由主义者则担心潜在的虐待可能性。

关于恐怖主义的预防。对恐怖主义的预防，包括经济和武器两大领域。经济领域主要是，禁止为恐怖主义筹款，禁止援助恐怖主义国家，不得与支持国际恐怖主义的国家进行贸易往来和财务往来。正在从事恐怖活动并且其恐怖活动威胁到美国侨民和美国的国家安全，就被指认为外国恐怖组织，禁止对国际恐怖分子筹款。禁止援助恐怖主义国家，不得与被指认为支持国际恐怖主义的国家进行贸易往来和财务往来。在有关洗钱的法规中增添恐怖主义罪行的有关内容。

武器领域主要是限制武器，包括核武器、生物武器和化学武器。有关核武器的限制，将核材料的定义改为任何含钚的材料，禁止核材料交易的范围延伸到涉及核副产品的某些特定行为以及故意对环境造成严重危害的行为，也适用于违犯者或受害者是美国侨民、美国公司或其他法人的情况，取消了“在犯罪时核材料必须是为了和平目的而在使用、贮存或运输中”的诉讼要求。有关军械库中枪炮、炸药和对恐怖分子具有潜在使用价值的其他材料的失窃事件的数量和严重程度，由司法部长和国防部长联合研究并向国会提交报告。

有关生物武器的限制，扩大了生物制剂及相关材料的定义，生物武器“大规模杀伤性武器”。禁止试图或威胁使用生物武器，禁止阴谋获取生物制剂、毒素、运输系统以用于生物武器，禁止以从事违反上述禁令的行为要挟政府。卫生与福利部部长应开列一个可能成为危险武器的生物制剂清单，制定使用和接触这些制剂等方面的安全措施。

有关化学武器的限制，要建立一个研究化学武器效果的测试机构。未经合法授权，禁止对居住在外国的美国侨民、美国境内的任何人以及美国拥有的、租借的或使用的任何财产使用、试图使用或阴谋使用化学武器。《塑胶炸药公约》的履行，对炸药进行标识和惰化的研究，以及对将肥料用于制造炸药的规定，要求制造的所有塑胶炸药都必须安装一种"探测剂",禁止"任何在《塑胶炸药公约》生效日之后还拥有塑胶炸药的人(不包括美国政府机关和各州的国民警卫队)不向财政部长汇报拥有的塑胶炸药的数量、制造商或进口商以及任何识别标志"。

关于对恐怖主义的制裁。对恐怖主义的制裁包括,对恐怖主义国家的制裁,对外国恐怖分子的制裁,对具体恐怖行为的刑罚;在刑罚方面,一则加重了某些犯罪的刑罚,二则把具有危害性的某些行为规定为犯罪并配置相应的刑罚。对恐怖主义国家的制裁,授权总统"采取一切必要的措施,包括采取隐蔽行动和使用军事力量,以摧毁为国际恐怖分子所用的国际基础设施";授权总统"拒绝援助帮助恐怖主义国家(包括向其提供军事装备)的外国政府";授权财政部长"指示每个国际金融机构的执行董事不向恐怖主义国家提供援助"。1986 年 4 月 5 日,在西柏林拥挤的美人迪斯科舞厅发生爆炸导致 3 人死亡、200 多人受伤,其中有 2 名美国士兵死亡。美国政府认为此次爆炸是利比亚所为,于是 4 月 15 日美国空军对利比亚的两座城市进行了报复性空袭。

2000 年 3 月,美国官员考虑是否解除禁止美国公民去利比亚旅游的禁令,利比亚决定交出涉嫌参与了 1988 年在苏格兰洛克比上空炸毁了泛美航空公司 103 号班机的两名人犯,就此改善了两国关系,美国暂停了对利比亚的制裁。美国一向认为伊朗支持恐怖主义,2000 年 4 月 8 日,美国国防部长威廉姆·科恩指出,如果伊朗想改善与美国的关系,就必须停止支持恐怖主义,同时还指出,两国关系已开始解冻,2 月份自由改革派在伊朗议会选举中赢得了胜利,于是美国解除了对一些伊朗货物的进口禁令(不包括石油)。

对外国恐怖分子的制裁,施以遣送与驱逐。对恐怖组织成员和代表的驱逐,如果一个人系外国恐怖组织的成员或代表,根据《移民与国籍法令》,就要将其驱逐出美国。禁止司法部长向外国恐怖分子提供庇护,除非司法部长认定这个寻求庇护的外国恐怖分子不会对美国的安全构成威胁,许多条款限制外国恐怖分子对避难的申请。加重涉及炸药的阴谋、某些恐怖罪行包括携带武器和炸药上飞机、使用炸药或纵火罪行的刑罚;对在飞行中的飞机上犯罪的人和进行炸弹威胁的人,加重刑罚。1997 年 6 月 13 日,丹佛的一个联邦陪审团判处 1995 年俄克拉荷马城爆炸案元凶蒂莫西·麦克维死刑,其同谋特里·尼科尔斯被判处终身监禁。1988 年 12 月 21 日,泛美航空公司 103 客机遭恐怖袭击爆炸案,2001

年1月,法庭判处凶手迈格拉希无期徒刑,后来将刑期改为27年。1996年7月27日,亚特兰大奥运公园遭恐怖袭击爆炸的恐怖分子埃里克·鲁道夫于2003年被抓获,2005年4月8日认罪,被判终身监禁。

对杀害或试图杀害执行公务的美国官员、该官员或雇员的助手,威胁、袭击、绑架或谋杀前联邦政府官员或雇员的行为,制定了刑罚。把杀人犯一次作案杀死或试图杀死多名受害者的情况作为从重处理的因素之一。对明知对方系外国恐怖组织,却照样为其提供或谋划、尝试提供物质支持和资金的人,规定了刑罚。对未经合法授权,对居住在外国的美国侨民、美国境内的任何人以及美国拥有的、租借的或使用的任何财产使用、试图使用或阴谋使用化学武器的人,规定了刑罚。1997年10月8日,美国公布了一份扩展后的列有30个恐怖组织的名单,宣布其成员进入美国为非法,并禁止美国公民为这些组织捐款。

关于恐怖主义受害者的援助。对美国本土外遭受恐怖活动的受害美国人,各州拨款以提供补偿和援助;为符合条件的受害者补偿和援助计划增加紧急救助内容,包括危机应对措施、援助、训练和技术援助,使发生在美国的恐怖活动的受害者得到补偿。

(王志亮 教授)

第十章　从网络恐怖主义到恐怖主义网络

——互联网恐怖主义发展趋势

在“9·11”事件以后，国际恐怖主义成了一个国际社会不得不认真对待的问题。虽然许多学者从政治学、社会学等多方面对恐怖主义进行了多种多样的界定，[①]但是恐怖主义有一个共同的特征，即“个人或者组织针对人群或者设施，非法使用或者威胁使用武力或者暴力试图恐吓或者迫使社会或者政府屈服的行为。通常情况下，都带有意识形态或者政治目的”。[②]因为从实践上看，恐怖主义的行动目的与行动特征都离不开以上这些特征。

随着互联网的不断发展，人类的各项活动逐渐与互联网产生了紧密的联系，互联网的发展对改善人类的生活具有很大的价值。从本质上看，网络的基本作用是极大地增加了个体连接两个或多个的实体的能力，使得信息沟通的成本大大降低，效率大大增强。普通民众也可以利用先进的通信技术，如公共交换电话网络（PSTN）、公用交换数据网络（PSDN）、有线电视（CATV）网络和轨道卫星网络（商业或者军事）、等，在全球范围内可以几乎在瞬间交流和分享信息。另一方面，伴随着信息技术的发展，人类拥有了强大的计算能力，使得我们可以控制更为复杂的现代化设施为人类的生活服务，社会组织或者政府

---

① Mark Burgess, Terrorism: The Problem of Definition, Center for Defense Information, August 1, 2003, at http://www.cdi.org/program/document.cfm? documentid = 1564.

② Denning, D.(2000, May 23). Cyberterrorism. *Testimonybefore the Special Oversight Panel on Terrorism, Committee on Armed Services U.S. House of Representatives*, Georgetown University. pp.54—55.

部门能够依靠网络实施更为有效的社会管理。但是伴随着网络技术的普及化，互联网也成了恐怖主义分子开展活动、实施攻击、散布恐怖主义和极端思想的重要平台。

美国海军研究生学院的著名教授顿宁(Denning)对网络恐怖下了一个非常著名的定义，他认为网络恐怖主义指的是那些极具破坏力的以计算机为基础的攻击或威胁，是非国家行为体对信息系统进行恐吓，胁迫政府或社会以追求其政治与社会目标。它是互联网与恐怖主义相互融合的产物，网络空间成为实施恐怖行动的新途径。相对于暴力行为及对人的物理攻击，网络恐怖分子的行为主要是针对数字资产的干扰与破坏。[①]但是这与传统的恐怖主义定义有一个巨大的差异，就是没有血腥的暴力。

而另一方面，随着人们生活对网络依赖程度的不断提高，网络恐怖主义对全球安全的影响，或者说公众认知中的影响也变得愈发严重。但是到底什么是网络恐怖主义，它的主要表现形式是怎么样的，或者说恐怖分子到底是如何看待并利用互联网络展开行动的呢？通常情况下，网络袭击的非暴力使我们又不得不怀疑，网络恐怖主义是不是真正的恐怖主义活动。如果是，那么它到底是以怎样的一种形态存在于网络空间呢？对于这一问题，学术界存在许多不同的观点。

一、互联网恐怖主义的界定及争论

如何定义网络恐怖行为，从目前学术界的主流观点来看，学者们认为恐怖分子利用网络空间开展恐怖活动的方式主要有两种。第一种是直接的网络攻击，即直接通过发动互联网攻击，使网络设施或者由网络设施控制的其他实体设施瘫痪，造成被攻击对象的经济损失甚至是人员伤亡；第二种观点认为，网络恐怖主义的主要表现形式更多的是软性的攻击，即恐怖分子依靠互联网络

① Denning, Dorothy. 2007. “A View of Cyberterrorism Five Years Later.” In K.Himma, Ed., Internet Security: Hacking, Counterhacking, and Society. Sudbury, MA: Jones and Bartlett Publishers.

散播恐怖信息，传播极端思想，利用互联网络招募恐怖组织成员以扩大自身影响力，在这种模式下，互联网络强大的信息通信能力使得恐怖活动变得更为灵活，恐怖组织利用甚至可以完全依赖互联网募集资金，策划并组织实施恐怖行动。

（一）网络恐怖主义袭击

随着互联网络应用的发展，及互联网本身的脆弱性，使得许多学者认为网络可能成为恐怖分子攻击的目标。而随着技术门槛的不断降低，这样的威胁将会变得越来越明显。

第一，针对网络基础设施的攻击，通过对网络基础设施的破坏使得互联网络全部或者部分失效。数据丢失，信息的安全性丧失，造成严重的混乱，最终导致巨大的经济损失。根据某些组织统计，2005 年网络攻击使得企业遭受了 480 亿美元的损失，个人遭受 68 亿美元的损失。①同时，恐怖分子有时候会选择不公开他们的网络攻击行为，以防止安全级别的提升并期待造成更大范围的混乱。例如，恐怖分子可以对一家公司发动拒绝服务攻击，②或者针对重要的银行与证券交易所开展攻击。③甚至是用于全球网络地址解析的十三个“点域”服务器都有

① http://www.darkreading.com/document.asp?doc_id=103809. quoting *Vincent Weafer*, who is responsible for the Security Response Global Research Center Teams at Symantec Corp. *Weafer*, in his speech to the United States House of Representatives, had referred to figures of the Federal Trade Commission that stated costs caused by identity theft alone were burdening businesses with $48 billion and consumers with $680 million each year. http://www.symantec.com/content/en/us/about/media/Weafer_Telecomms_Internet_Hearing_Testimony_9-13-06-Long.pdf. According to another survey conducted by IBM, the costs of cybercrime have already overtaken the costs of physical crime. See http://www-03.ibm.com/press/us/en/pressrelease/19367.wss.

② A DDoS attack is a large-scale attack by many computers against one victim.

③ *G.Giacomello*, Bangs for the Buck: A Cost-Benefit Analysis of Cyberterrorism, studies in conflict & terrorism, Vol.27(2005), pp.387—408(392). How—and especially how fast—false information can spread was discovered in a cyberterrorism exercise held at a homeland security convention in 2006. In this exercise, electronic highway signs were manipulated to show a “bioterror evacuation warning.” Additionally, the city's website was defaced with a similar alert. Consequently, the persons in charge evacuated the affected buildings—before realizing that it was only a hoax. See *C.Suellentrop*, Sim City: Terrortown, Wired Issue 14.10, October 2006, http://www.wired.com/wired/archive/14.10/posts.html?pg=2 [July 2007].

可能遭到攻击，使得全球域名解析系统失效。①

第二，传统的网站黑客攻击。这种攻击主要针对网站，其攻击结果是劫持网站的主页，一般被称为网站涂鸦(defacements)。②这种攻击如果发生在安全部门的网站主页上，那么对于民主信心的打击将是十分巨大的，更胜于经济损失。一项调查发现，85%的信息主管认为美国政府没有准备好应付网络恐怖袭击。③除此之外，恐怖分子一直利用这种黑客行为证明自己的存在和自身的破坏力。"基地"组织就曾经试图通过控制硅谷"Land surveying"公司的网站来播放被劫持人质 *Paul Marshal Johnson* 的视频，④以此来宣扬自己的技术及对网络设施的破坏能力。

第三，配合传统恐怖袭击的网络攻击。恐怖分子在传统炸弹攻击同时，利用网络攻击破坏救援与应急行动，延长反恐力量的反应时间，使得网络攻击与传统恐怖袭击形成累积效果，扩大恐怖袭击的伤害。例如，恐怖分子可以利用拒绝服务，攻击破坏警察及其他城市应急力量的通信系统和医疗救护系统，制造混乱增加伤亡。⑤

---

① 这种针对"网络核心"的攻击发生在 2002 年 10 月，但是由于域名服务器内嵌的安。全机制发挥了作用，攻击并没有造成网络中断或者仅仅是变慢。参见 *G.Weimann*，Cyberterrorism. How real is the threat? United States Institute of Peace Special Report 119，December 2004，http://www.usip.org/pubs/specialreports/sr119.pdf[July 2007]，p.5. The same is true for the latest attack which took place in February 2007：even though the aggression lasted for almost twelve hours，the influence was hardly noticeable. See *C.Stöcker*，Delle im Datenstrom：Hacker attackieren Internet-Rootserver，Spiegel Online 07 February 2007，http://www.spiegel.de/netzwelt/tech/0,1518,464926,00.html[July 2007]；*ICANN*，Factsheet on root server attacks on 6 February 2007，as of：01 March 2007，http://icann.org/announcements/factsheet-dns-attack-08mar07.pdf[July 2007]，esp. p.1。

② *L.Janczewski/A.Colarik*，Managerial Guide for Handling Cyber-Terrorism and Information Warfare，London 2005，p.46 and 97f. *M.Vatis*，Cyber attacks during the war on terrorism：a predictive analysis，22.09.2001，http://www.ists.dartmouth.edu/analysis/cyber_a1.pdf[July 2007]，pp.5—6.

③ http://www.darkreading.com/document.asp?doc_id=103285[July 2007] quoting a survey conducted by security vendor nCircle. According to this study，86% of IT executives believed that their own organisation was sufficiently safe from cyberterror attacks. However，85% did not believe that U.S. government agencies were adequately prepared for such assaults. The study was based on a poll of 395 IT executives.

④ *Y.Musharbash*，US-Firmen-Website für Qaida-Botschaft gehackt，Spiegel Online，17.06.2004，http://service.spiegel.de/digas/find?DID=31237523[July 2007].

⑤ According to experts，even the voice communication systems of emergency services are vulnerable to software attacks，see *M.Vatis*，Cyber attacks during the war on terrorism：a predictive analysis. 22.09.2001，http://www.ists.dartmouth.edu/analysis/cyber_a1.pdf[July 2007]，p.18.

许多安全专家认为这是非常有可能发生的。[①]同时,据观察,在巴黎恐怖袭击中,恐怖分子协调攻击的手段就是由多个全新的手机组成的网络沟通平台。[②]

第四,通过网络对传统实体目标实施破坏。现代国家使用计算机系统控制大量的传统设备,这被称为SCDA(Supervisory Control And Data Acquisition),即控制及数据获取系统,比如火车、飞机与轮船等运输工具。通过网络攻击,可以直接袭击这些传统目标,使其发生严重事故,造成巨大伤亡,这与传统恐怖攻击思路是一致的,只是用恶意代码取代了炸弹。许多学者将发生在2003年的北美大停电看作是网络恐怖主义袭击的一次预演,虽然这次停电的原因是发电站的计算机系统意外感染了蠕虫病毒所致,但事实证明现代人类的生活是多么依靠这些复杂的信息系统,而它们却如此的脆弱。[③]

(二) 依赖互联网的恐怖主义活动

虽然在互联网上直接进行恐怖袭击被视为非常严重的安全威胁,但有一部分学者认为,存在于互联网之上的恐怖威胁不仅仅是这种直接的攻击,恐怖组织更多的是利用互联网辅助其开展一些软性的恐怖活动。在互联网时代恐怖组织改变了其原有的行为模式,利用互联网通信高效隐蔽的特点,支持其恐怖主义活动,传播极端思想。

首先,现代恐怖组织变得越来越善于利用新的信息技术来策划、组织恐怖活动并筹集资金。其实从很大程度上来看,恐怖组织逐渐变得网络化,成了一种典

---

① *C.Wilson*, Computer Attack and Cyberterrorism: Vulnerabilities and Policy Issues for Congress, Congressional Research Service Report for Congress(RL32114), updated April 1, 2005, p.2. *M.Vatis*, Cyber attacks during the war on terrorism: a predictive analysis. 22.09.2001, http://www.ists.dartmouth.edu/analysis/cyber_a1.pdf[July 2007], p.9 even claims that a close interrelation between physical attacks and cyberattacks can be proven.

② 在巴黎恐怖袭击中恐怖分子大量使用了一次性手机。在袭击过程中,其中的一个袭击者利用了人质的手机和外面短信联系,与外面的同伙互通最新的消息。有同伙负责更新袭击的最新进展情况,而未直接参与攻击。不论到哪里,袭击团伙都会将一次性手机留在以Ibrahim Abdeslam名义在城郊租的房子里。同时,没有一个袭击者的电子邮件或者是电子通信记录能够被找到,这意味着他们在通信中使用了加密技术。有些手机在恐怖袭击之前的几分钟才被激活,或者是从受害者身上抢夺的手机。

③ *C.Wilson*, Computer Attack and Cyberterrorism: Vulnerabilities and Policy Issues for Congress, Congressional Research Service Report for Congress(RL32114), updated April 1, 2005, p.10; *M.Vatis*, Cyber attacks during the war on terrorism: a predictive analysis. 22.09.2001, http://www.ists.dartmouth.edu/analysis/cyber_a1.pdf[July 2007], p.17.

型的网络组织。早在2000年美国中央情报局主任 George Tenet 就证实了，包括真主党、哈马斯、法塔赫组织和本·拉登的"基地"组织正在使用电脑文件、电子邮件和加密系统来支持他们的行动。袭击世贸大厦的主要成员 Ramzi Yousef 的手提电脑里面就有加密的行动计划。①

其次，恐怖组织利用网络而不是传统的媒体来进行大众传播。研究发现，一个典型的恐怖组织网站并不是单纯地宣扬暴力，而主要的信息通常会声称他们已经别无选择，只能求助于暴力。这些涉恐网站通常会声称所谓的"恐怖分子"其实一直处于被迫害、领袖被暗杀以及自己的支持者被屠杀的境地。极端分子使用这种策略将自己的行为合理化，并将自己塑造为软弱的受害者以博得同情。②这种网络宣传使他们很容易招募到支持者。同时，由于网络信息的传播形式多样，信息量大，来源广泛，使得极端思想渗透变得更为容易。除了进行意识形态宣传外，恐怖组织也利用网络传授恐怖袭击的技术，教会分散在各地的恐怖分子使用从简易爆炸装置到化学武器等各种实施恐怖活动所必需的技术。早在1999年，一个叫 David Copeland 的恐怖分子在伦敦制造的恐怖活动中杀死了3人，并使139人受伤。这个人就使用了网络上下载的资料，实施了恐怖袭击。③

最后，恐怖组织小型化，甚至在彻底网络化后完全遁形于虚拟组织之中。在网络时代，恐怖组织成为知识集中型、网络化组织，成为典型的后现代组织。他们不再需要使用所谓的"组织身份证"。④这种新形势下所谓的"网络反恐"指的是在网络空间进行的反恐怖活动，这种网络恐怖活动已经不再是传统意义上针对信息系统的攻击，而是利用信息系统与国际互联网建设一个在线平台，指导恐怖分子在纽约、伦敦、马德里、开罗、巴厘岛和特拉维夫等地开展自杀性袭击活动。这种类型的恐怖组织没有传统意义上的边界，任何信仰了极端思想的人都

---

① Kosloff, T., Moore, T., Keller, J., Manes, G., & Shenoi, S.(2002, November 21). SS7 messaging attackson public telephone networks: Attack scenarios and detection. ACM Workshop on Scientific Aspects of Cyber Terrorism(SACT), Washington DC.p.22.

② Berinato, S.(2002, March). The truth about cyberterrorism. *CIO Magazine*.

③ Bombs.(2005). Retrieved from http://www.bluemud.org/article/11606&Forest, J.(2005). The making of a terrorist: Recruitment, training and root causes. Westport, CT: Prager Publishers.

④ Hoffman, B.(2003). Modern terrorism trends: Revaluation after 11 September. In *Proceedings of the ICT'S 3rd International Conference on Post Modern Terrorism: Trends, Scenarios, and Future Threats*, Herzliya. ICT.

可以成为恐怖组织的一员，恐怖组织逐渐脱离其现实空间中的存在形式，我们只能通过不断的信息流所构成的社会关系网络在虚拟世界中看到他们若隐若现的身影，或者通过其煽动的暴恐袭击来切实感受到他们的存在。

（三）对于网络恐怖威胁的争论

虽然近 10 年来，网络恐怖攻击的威胁一直是处于各种媒体报道的显著位置，特别是在“9·11”恐怖袭击之后，媒体对网络恐怖袭击的关注更是成倍地增加①，不过大多数学者都不得不承认，目前为止还没有发生过一起重大的网络恐怖袭击事件。②因此，很多学者指出，网络恐怖威胁其实是被政府机构和大众传媒肆意放大了，“白宫在没有提出更多证据的情况下使得国民认为网络安全是一个非常重要的国家安全问题”。③Maura Conway 认为，一些公司与政客出于自己的经济利益或者干脆为了图方便而“把网络恐怖主义说成一种现实”（speaking cyber terrorism into existence）。④但是，理论上我们却无法忽视网络恐怖袭击这样的问题，因为事实证明这些袭击都是可行的，但是事实也证明目前为止还没有这样的袭击发生过。这种事实与理论之间的落差导致了学界对网络恐怖主义产生巨大的争论。

有些学者强调，网络恐怖主义作为一种对人类文明的威胁是非常严重的国

---

① See Maura Conway, “The Media and Cyberterrorism: a Study in the Construction of ‘Reality,’” paper presented at the First International Conference on the Information Revolution and the Changing Face of International Relations and Security, Lucerne, Switzerland, 23—25May 2005, Table 2.1, at 35. available at http://se2. isn. ch/serviceengine/Files/CRN/46731/ieventattachment _ file/F6C4C67B-787E-49CD-82DD-102705970C60/en/MConway_Terrorism.pdf(1 July 2011).

② “The consensus among security experts is that there has never been a recorded act of cyber terrorismpre- or post- September 11.” Giampiero Giacomello, “Bangs for the Buck: A Cost-Benefit Analysis of Cyberterrorism,” Studies in Conflict and Terrorism, OSCE Strategy for a Comprehensive Approach to Cybersecurity, pp.27, 388(Draft as of March 1, 2010).

③ Evgeny Morozov, “Cyber-Scare: The Exaggerated Fears over Digital Warfare,” Boston Review, July/August 2009, available at http://bostonreview.net/BR34.4/morozov.php(1 July 2011).

④ Maura Conway, “The Media and Cyberterrorism: a Study in the Construction of ‘Reality,’” paperpresented at the First International Conference on the Information Revolution and the Changing Face of International Relations and Security, Lucerne, Switzerland, 23—25 May 2005, page 44. available at http://se2.isn.ch/serviceengine/Files/CRN/46731/ieventattachment_file/F6C4C67B-787E-49CD-82DD-102705970C60/en/MConway_Terrorism.pdf.

家安全问题，[①]他们相信所谓的“数字珍珠港”将会是一个现实问题；另有学者则非常怀疑这样的威胁是否真的会成为现实。[②]同时后者还认为，对于网络恐怖威胁迫切性的过度夸大将会削弱网络恐怖主义这个议题本身的价值，并转移注意力使得许多重要的反恐资源被浪费在并不存在的议题上，反而削弱了网络安全领域其他的反恐努力。[③]

而对于“网络恐怖主义”(cyber-terrorism)这个词汇的真实意义与使用范围也存在许多的争议。很多专家质疑，那些在互联网上发布恐怖信息的组织，或者仅仅是表达对恐怖行为同情的言论都能视为网络恐怖主义吗？从对恐怖主义的定义来看，将那些普通的黑客行为、极端的言论都一概作为网络恐怖主义行径是非常不合适的，有很多时候这些行为仅仅是处于不同政治与宗教立场的争论而已，与血淋淋的恐怖袭击还是存在区别的。同时，我们也可以发现，许多普通的黑客攻击却具有一定的恐怖主义要素，而恐怖分子则利用互联网的其他特性支持恐怖活动。正是这种定义上的模糊与理论上的不完善，导致了学界在网络恐怖主义理论与网络恐怖袭击事实之间存在巨大裂痕。因此，我们有必要从实践入手，厘清恐怖主义与互联网空间之间的关系，找到恐怖主义与网络空间的真正连接点，建立一个更为准确的理论阐释框架。

二、当前网络恐怖活动的特征

“基地”组织是传统恐怖主义和传统恐怖袭击的典型代表，但是随着美国大

---

① Jonathan Adams and Fred Guterl, “Bringing Down the Internet,” Newsweek, Nov.23, 2003 (quoting Paul Vixie, president of the Internet Software Consortium), available at http://www.newsweek.com/id/60300(1 July 2011); Eugene E.Habiger, White Paper, Cyber Secure Institute, 2010, available at http://cybersecureinstitute.org/docs/whitepapers/Habiger_2_1_10.pdf(16 March 2010).

② See Gabriel Weimann, Cyberterrorism: How Real Is The Threat?, U.S. Institute of Peace, 2004, available at http://www.usip.org/files/resources/sr119.pdf(1 July 2011); Joshua Green, “The Myth of Cyberterrorism,” Washington Monthly, Nov. 2002, available at http://www.washingtonmonthly.com/features/2001/0211.green.html(1 July 2011).

③ Dorothy Denning, “A View of Cyberterrorism Five Years Later,” in Internet Security: Hacking, Counter hacking, and Society, Kenneth Himma, ed., Jones and Bartlett Publishers, 2007, available at http://faculty.nps.edu/dedennin/publications/Cyberterror%202006.pdf.

规模反恐战争的逐步推进以及其精神领袖本·拉登的死亡,这种传统恐怖组织的生存空间受到了极大的挤压,许多新兴的恐怖组织正在崛起,面对巨大的反恐压力他们开始尝试改变自己的行为模式与生存方式。随着 IS 恐怖势力的崛起,其策划的一系列恐怖袭击造成了巨大的影响,同时这一新兴恐怖势力的成员也更加年轻,更加善于利用互联网从事恐怖活动,因此,IS 的网络恐怖袭击力量正逐渐引起公众的关注。与"基地"组织不同,IS 组织很早就开始建立并拥有了自己的网络黑客部队,并将网络攻击作为自己的一种袭击手段。我们可以从这些网络恐怖攻击团队入手,分析当前网络恐怖袭击或者说网络恐怖主义行为的特征。

(一) IS 的网络攻击力量

在 IS 恐怖组织中,最有影响力的网络攻击团队是网络哈里发(Cyber Caliphate)。它是 IS 最早的"网络军队"。其创始者侯赛因约 21 岁,英国伯明翰人,大约在 2013 年离开英国,前往叙利亚。在加入 IS 前,侯赛因曾因侵入英国前首相托尼·布莱尔一名顾问的电子邮箱、盗取布莱尔的私人通信录而获刑 6 个月。侯赛因是 IS 的"网军"头目,负责"网络哈里发"组织运营与成员招募,因为盗取过美军中央司令部和多家西方媒体的社交媒体账号而闻名。同时,侯赛因不仅指挥手下对 IS 的敌人发动网络攻击,还负责为该组织宣传造势,发布征兵广告,通过网络招募新成员。虽然侯赛因不直接参与军事行动,但他对 IS 的作用引起了美国情报部门的重视,最终被美军使用无人机于 2015 年 8 月定点清除。接替他的人是计算机专家 Siful Haque Sujan,一个 31 岁的孟加拉人,不过在 2015 年 10 月也被美国无人机定点清除了。他的妻子则继续在网络上公布美国士兵的信息,试图引导美国国内恐怖分子袭击他们的攻击对象。

IS 另一支重要的网络袭击力量是所谓的 IS 黑客师(ISHD)。IS 网络师出现在 2015 年,有点类似于网络哈里发,并且与网络哈里发有着比较松散的隶属关系。其领导人为 Ferizi,以前是科索沃黑客安全组织成员。他窃取了大量美国政府工作人员的隐私信息,并交给了网络哈里发,获得了侯赛因的赞赏,最后以其为核心形成了 IS 黑客师。这支网络黑客力量曾经声称窃取了 1 500 个军方和政府人员的私人信息，其中涵盖了美国空军、各种外国使馆、海军陆战队、美国国家航空航天局、美国国际开发署和纽约港务局等许多部门的人员。而这些私人信中包括了各种账号与密码、电子邮件、家庭地址等比较敏感的隐私信息。在2015年8月11日，IS黑客师公布了这些信息。不过，虽然IS黑客师声称他们是通过攻击包含有这些敏感信息的数据库而获得这些信息，但是美国的黑客组织认为他们只是通过了某些公开的渠道获得这些信息，其网络攻击能力有待证实。

还有一支被称为IS网军"Islamic Cyber Army"（ICA）的部队也比较活跃。在2015年9月10日，自称是"伊斯兰网军"（ICA）黑客组织在推特上首次发布官方声明："支持圣战的黑客集中在统一旗帜下，以伊斯兰网军的名义，支持伊斯兰哈里发国家对美国及其追随者，使用一切的力量开展电子圣战。"其攻击对象就是被其描述为十字军的美国。虽然他们一直声称攻击了白宫，或者获取了很多隐私信息，但是最终这些所谓的攻击成果都被证明为是一些公开的材料，该组织声明中虚张声势的成分更多一些。这个网络黑客组织并不成熟，他们往往无差别地攻击所有比较容易得手的目标。如在2015年9月10日攻击了一个阿塞拜疆的银行主页，发布自己的极端主义信息以庆祝"9·11"事件。

另外一些诸如Rabitat Al-Ansar、Sons Caliphate Army、United Cyber Caliphate黑客组织都宣称效忠于IS，并声称对一些网络攻击行为负责。但是其技术力量与能力决定了其目前为止还不太可能发动大规模的网络恐怖袭击。

(二) 恐怖组织网络攻击的特点

从IS各网军的行动成果与方式上看，他们进行直接网络攻击的能力是相当不足的，对于安全等级比较高的一些网络基础设施他们没有任何攻击成果，总的来看，IS网络恐怖攻击主要存在以下一些特征：

首先，以攻击社交平台用户账号为主。IS网络攻击的最高成就即是窃取了美军中央司令部的推特账号，发布虚假信息引起混乱。恐怖组织通过获取具有社会影响力组织的社交媒体平台账号，彰显其网络攻击能力，但是没有证据证明，恐怖组织是通过破解推特服务器来获得相关账号的，很有可能是通过其他的渠道获得了这些账号。因此，他们的攻击只是集中在社交平台上，而不能对其他网络设施或者网站开展有效的攻击。

其次，窃取政府官员与军事人员隐私。恐怖分子一直声称其通过网络攻击的方式获得了大量的政府工作人员及安全部门官员的隐私信息，并用这些隐私信息威胁其家人及亲友的安全，牵制美国的反恐力量。虽然，恐怖分子一直声称这些隐私信息是通过攻击政府服务器获得的，但是美国安全部门发现这些隐私信息是通过公开渠道收集到的，而且通常来看这些信息并不十分准确。

再次，以传统的黑客技术攻击网站制造恐怖气氛。在前文中提到，这些恐怖组织通过攻击一些疏于防范的网站，以展示自己的网络攻击能力和刷存在感。但是正如我们所观察到的那样，恐怖分子只能对那些技术含量相对较低的网站开展有效的攻击，这从一个侧面反映出其网络攻击能力的不足。

最后，攻击金融机构试图制造混乱。恐怖分子通过声称窃取了信用卡账号与客户信息等，扰乱正常的金融秩序，制造混乱，不过这种行为并没有太多实质性的效果，主要的经济指标并没有因为这些所谓的攻击而发生变化。

（三）恐怖主义意识形态的网络化

从观察中我们不难发现，除了网络哈里发成功地攻击了部分推特账号外，IS 其他的网络黑客组织并没有取得任何实质性的成果，其行为更多的是在营造一种网络恐怖主义即将降临的氛围，增加国际社会的恐怖袭击预期，扩大自身影响力。从其活动规律中我们不难发现，目前恐怖组织网络攻击的主要目的并非互联网络本身，而更加倾向于利用网络传递信息，引导或者煽动针对现实目标的恐怖袭击。这所有的行动都是通过诸如“脸书”（Face book）、推特（Twitter）等知名社交网络平台发布的，如果没有这些平台的帮助，恐怖组织即便是通过网络攻击获得了重要的隐私信息，也无法如此快速地公布出去，即便是施行了恐怖行动也无法让世人知晓。因此从某种程度上看，相较于针对网络基础设施的网络恐怖袭击，国际恐怖主义在利用互联网媒体进行极端主义宣传上，无疑是获得了一定程度上的成功的。

许多恐怖组织很早就开始利用互联网媒体宣传其恐怖活动，宣扬极端主义思想。如索马里青年党(Al-Shabaab)在2013年袭击肯尼亚内罗毕的超级市场时就利用推特进行宣传,[①]而圣战者也非常善于利用网络视频传播他们的极端主义思想。[②]新兴的IS恐怖组织在利用互联网媒体的能力上更加显得老练,对社交媒体的理解也更为深刻。

首先,IS恐怖组织非常善于设计出吸引人的叙事方式在互联网中传播极端主义意识形态。他们在社交媒体上把IS描述成纯洁的信徒和哈里发君主的代理人,是正义的代表并能够改变现实社会中的不公正。而作为回报,每个穆斯林都有义务来维护哈里发国家。他们把暴力极端主义行为塑造成一个抵抗西方不公正制度与侵略阿拉伯世界"十字军"的正义行为[③],并以此信条将自己残忍血腥的暴力行为合理化,将IS的事业描述为必然胜利的圣战,诱惑各国的穆斯林民众加入他们的组织。这种叙事结构的设计契合了现代生活在西方社会中穆斯林群体对自身境遇的不满,能够引起极大的价值共鸣,并引导许多年轻的穆斯林走上了极端主义的道路。

其次,IS组织非常善于利用互联网,特别是社交平台对其极端思想和行动信息进行高效的传播。IS的宣传视频已经通过西方的主流媒体和极端主义网站在世界范围内广泛地传播。[④]恐怖组织成员利用推特(Twitter)、"脸书"(Face book)、"Instagram"等社交平台对其敌人、朋友甚至是媒体记者都产生了很大的影响。目前恐怖组织已经利用推特取得了非常好的宣传效果。极端组织的阿拉伯语"推特"应用《黎明的喜讯》(The Dawn of Glad Tidings)就是其中一个非常成功的案例,它主要利用反复的转帖使其在互联网络中获得巨大的影响力。这款应用可以收集新"推特"用户的信息,并利用这些新的用户来大量发送信息,以规避"推特"系统的反垃圾信息功能。在IS武装分子进军到伊拉克城市摩苏尔时,"推特"上一天就产生了4万4千条"推文",以至于当人们在推特上搜索

---

① 典型的实例可以参见:Chris Greenwood, "The Twitter Terrorists", Daily Mail, 22 September 2013, http://www.dailymail.co.uk/news/article-2429660/Kenya-attack-How-killers-boasted-Nairobi-Westgate-shopping-mallcarnage-Twitter.html.

② James P.Farwell, "Jihadi Video in the 'War of Ideas'", Survival, vol.52, no.6, December 2010-January 2011, pp.127—150.

③ Louise Richardson, What Terrorists Want: Understanding the Enemy, Containing the Threat (New York: Random House, 2006), pp.42—82.

④ Shane and Hubbard, "ISIS Displaying a Deft Command of Varied Media".

"巴格达"时，出现的首要信息都是这些恐怖组织发出的"推文"。这一点充分证明了 IS 组织对于网络社交平台有着非常深刻的理解，并能够在其之上熟练地运营自己的宣传系统。

最后，IS 等恐怖组织依靠互联网络大规模地招募新成员。网络社交平台已经成了 IS 组织招募新成员的主要途径，类似于"脸书"(Facebook)这样的平台向全世界展示了 IS 的活动，并且能够指导那些期望加入恐怖组织进行战斗的人员如何前往伊拉克和叙利亚并进行战斗。IS 曾经制作了一份 13 分钟长的影片，宣传其反西方的思想，抨击一战之后形成的中东国家格局。[①]通过这些视频的传播，IS 组织招募了大量的人员。特别是通过西方社会中流行的社交网络应用，IS 能够从美国与欧洲国家中招募到战士，[②]这与"基地"组织传统的成员招募方式是完全不同的。通过网络招募既扩大了极端组织的兵源，同时也严重威胁了那些本来并不处于反恐一线地区的稳定。

综上所述，在目前的情况下，恐怖组织更善于利用网络辅助其各种活动，而在现实的网络攻击中却罕有作为。是能力无法企及，还是另有其他缘由呢？笔者认为，这必须从互联网空间的特点来着手分析，互联网空间的特性使得任何一个参与其中的行为者都必须顺应现实的情景开展活动，这种对网络的理解越充分，其在网络中的行为效率就越高。

三、互联网恐怖主义活动的优势及局限性

虽然到目前为止，还没有一起正式被记录的公认的网络恐怖袭击发生，但是在最近的一些国际冲突中，网络袭击已经被应用很多次，比如 2008 年俄罗斯对格鲁吉亚的网络攻击，瘫痪了格鲁吉亚的指挥与宣传系统，配合了俄军对格鲁吉亚的进攻。因此，很多人都认为网络恐怖袭击在理论上与实践上都是可行的并

① Robert Mackey, "The Case for ISIS, Made in a British Accent", New York Times, 20 June 2014, http://www.nytimes.com/2014/06/21/world/middleeast/the-case-for-isis-made-ina-british-accent.html.

② Ian Black et al., "The Terrifying Rise of Isis", Guardian, 16 June 2014, http://www.theguardian.com/world/2014/jun/16/terrifying-rise-of-isis-iraq-executions.

且拥有其独特的优势。

(一)网络恐怖活动的优势

首先,网络恐怖活动难以追踪。一方面,在技术上用许多措施可以掩盖攻击痕迹,所以断定攻击是由恐怖分子发动还是由其他黑客发动存在困难,而其发动袭击的目的则更加难以识别。[①]另一方面,许多恐怖分子都驻扎在一些政府管辖能力非常弱的国家,因此他们很容易保持自己的匿名性。[②]很多专家都认为,不是没有发生网络恐怖袭击,而只是因为我们无法记录到这样的袭击。

其次,发动网络恐怖活动地点、设施等条件限制因素少。只要能够接入互联网的地区,就有可能成为发动网络恐怖袭击的地点,甚至是一部移动电话都可以被用来发动袭击,或者传播恐怖信息。在一个移动的平台上发动的恐怖袭击非常难以被追踪到。

再次,网络恐怖袭击发动迅速,起效快。比如拒绝服务攻击,或者散播网络蠕虫与病毒这一类的网络攻击,从攻击者发动袭击到产生效果的时间非常短暂,有时候甚至都不需要攻击者持续地关注与操作,大多数网络攻击武器都会自动运行。攻击者介入时间短,自身安全性则会提高。

最后,使用互联网活动性价比高。一般情况下,发动互联网攻击只需要一个宽带联接就足够了,这在很多国家并不需要太多的费用。但是,互联网攻击造成的损失却是巨大的,除了攻击直接造成的经济损失外,互联网攻击还会带来巨额的安全设施改造费用以及网络攻击造成的附带实体设施的损坏。因此,网络恐怖袭击是一种廉价的非对称攻击行为。而利用互联网络开展恐怖主义宣传,传播范围广,效果也非常理想。恐怖分子利用社交平台,发布暴恐信息,传播极端主义思想,配合传统恐怖活动散布恐怖气氛的成本非常低廉,但是造成的社会影响却是空前的。

---

① *U.Sieber*, The Threat of Cybercrime, in: Council of Europe(ed.), Organised Crime in Europe, Strasbourg 2005, pp.81—218(173).

② Oba, T.(2004, April). *Cyberterrorism seen as futurethreat*(Computer Crime Research Centre Tech.Report). Retrieved from http://www.crime-research.org/news/2003/04/Mess0103.html.

（二）网络中开展恐怖活动的局限性

但是在网络上开展恐怖活动也存在很多限制性因素，制约着恐怖分子的行动。这些限制性因素使得在目前的技术发展状态下，通过网络开展大规模袭击显得并不现实。

第一，攻击网络基础设施并造成巨大破坏的门槛在西方发达国家依然比较高。网络恐怖袭击能够产生较大的影响，需要两个先决条件，一是关键的信息基础设施的脆弱程度，二是社会生活依靠网络的程度。[①]美国海军战争学院（U.S. Naval War College）在2002年进行代号为“数字珍珠港”的实验表明美国的通信基础设施不容易攻破，因为其冗余设施运行得非常好。实验最后得出结论，要瘫痪美国的网络关键基础设施需要一个拥有巨大资源的联合体，包括2亿美元、国家级的情报系统和5年的准备时间。因此，普通的恐怖组织暂时没有能力发动这样的袭击。而在社会生活的依赖程度上，不仅仅普通民众需要互联网络，如前文所述恐怖组织对互联网络的依赖程度也很高。因此，从这两个方面来看，恐怖分子袭击网络基础设施破坏网络本身的能力与意愿都是不足的。

第二，网络恐怖袭击的绩效存疑。恐怖主义与传统恐怖袭击的最主要特征是通过袭击平民，造成巨大的伤亡，营造恐怖气氛。但是网络袭击恰恰没有这样的效果，现实社会中的暴力是血腥的，但是网络攻击的暴力很多时候缺乏这样的震撼效果，[②]无法实现恐怖分子的预期。而更为重要的是，网络袭击的归因困难是一把双刃剑，一方面它使得袭击者得以逃脱惩罚，另一方面却使得网络攻击难以和恐怖主义联系在一起，更不用说某一个特定的恐怖组织了。因此，即便是恐怖袭击得手，其造成的影响力也是有限的。一些学者也指出，如果一项网络攻击要被视为是恐怖攻击的话，那么它至少应该比汽车炸弹造成的影响要严重得多，[③]但是这样的恐怖袭击却很难在网络上实施，而汽车炸弹却是经常发生的。从袭击效果考

---

① 与网络关键基础设施的恢复能力的相关讨论可以参见：James A.Lewis，“Assessing the Risks of Cyber Terrorism，Cyber War and Other Cyber Threats，” Center for Strategic and International Studies，accessed May 16，2013 http://csis.org/files/media/csis/pubs/021101_risks_of_cyberterror.pdf，p.27。

② Gordon，Sarah and Richard Ford. 2002. “Cyberterrorism?” Computers & Security 21(7)：640.

③ Denning，Dorothy. 2012. “Stuxnet：What Has Changed?” Future Internet 4(3)：678.

虑，也使得极端分子并没有把网络破坏性袭击作为其主要的恐怖袭击手段。

最后，恐怖分子的行为逻辑也使得网络袭击的隐蔽性并没有成为极具吸引力的优势。网络攻击的最大优势就是其隐蔽性，由于归因的困难使得袭击者非常容易轻易地摆脱追踪。但是，这一优势对于恐怖组织来说并非是最重要的。恐怖组织的行为策略是需要造成很大的社会影响以实现其政治或者社会目标；同时恐怖组织对于保全恐怖袭击施行者的安全并没有十分迫切的需求，大量的恐怖袭击都是自杀性的，而成为“烈士”也是极端主义思想的一个重要组成部分。在这样的情况下，网络攻击的隐蔽性其实并不是恐怖组织在行动中所需要的，因此，恐怖分子更乐于在现实世界中依靠那些低技术的袭击来达到目标。

综上所述，我们不难看出，网络恐怖袭击对于学术界和网络安全专家来说都是一个“理论上”的威胁。但是对于恐怖分子来说，至少在目前的环境下并无极大的吸引力。相对于简单方便的汽车炸弹，目前为止真正造成现实设施损害的网络攻击就是震网(Stuxnet)病毒攻击，但是那还仅仅是造成了设备的损坏而非严重的人员伤亡，而震网病毒的开发与攻击实施都不是一个恐怖组织能够做到的。正是由于这个原因，虽然学术界与媒体一直营造网络恐怖主义将要来临的恐慌，但是网络恐怖袭击却迟迟没有发生。简单地说，单纯的网络攻击并不适合恐怖主义。

四、网络化恐怖组织的特点

虽然网络恐怖袭击可能只是一个遥远的假设，但这并不意味着我们可以高枕无忧，网络恐怖袭击没有发生，并不代表着恐怖组织不会利用网络发动传统形式的恐怖袭击。一个不争的事实是，国际互联网已经成为恐怖主义思想泛滥之所在，新兴的恐怖组织利用互联网，特别是互联网社交平台开展宣传，获得资金，招募成员，互通信息，①并策划指挥针对无辜群众的暴力恐怖袭击。从这方面

① Maura Conway, “Terrorism and New Media: The Cyber-Battlespace,” in Countering Terrorism and Insurgency in the 21st Century: International Perspectives(Volume 2), ed. James J.Forest, (Westport: Praeger Security International, 2007), pp.365—371.

看，网络恐怖主义真正的威胁不是网络攻击，而是恐怖组织利用网络展开的更为广泛的活动，这一系列活动使得我们必须从一个更为广泛的角度出发来反击恐怖主义，而不仅仅单纯地关注互联网本身的安全。①

一方面，从组织形态上来看，恐怖组织正趋于扁平化与网络化。通过对近期恐怖活动的观察，我们不难发现，恐怖组织在网络时代发生了巨大的变革。现代恐怖组织转变为一种以社会知识为中心的网络型组织。恐怖分子已经转变为一群知识工作者，他们十分善于利用其手头的技术特别是信息技术来实现他们的目标。网络时代的社会组织已经从庞大的规模变成小规模或者仅仅是独立个体，其实体可能分散存于不同的地理区域之中。另一方面，网络也极大地放大了这些个人与小组织在各处分布式地实现通信、策划及散布恐怖的能力。因此，除了施行直接的网络袭击，以达到造成巨大损失实现极端主义目标之外，网络恐怖主义还有另外一种重要的表现形式，即以网络作为生存空间，将互联网络作为支持恐怖行动的基础设施。

随着国际社会的反恐合作及对恐怖组织的强力打击，原先的恐怖分子在地理空间上被不断地压缩，因此他们不得不放弃原有的游击队式的生存方式，而是渗透到普通人中并分散在世界各地。在这种情况下，逻辑上作为一个整体的网络空间对恐怖组织的生存与发展具有非凡的意义。一方面，网络空间的隐蔽性使得恐怖分子能够相对安全地在其中传递信息，实现组织结构的完整，保持现实中分散组织在逻辑上的完整性；另一方面，网络高速与广泛的信息传播能力，为实现恐怖主义的宣传提供了非常好的平台，拓展了这种小型组织的行动能力。因此，在信息化时代，恐怖主义组织超越了以前的人事关系范式或层次结构，少数恐怖组织领导者能够直接通过网络影响现实社会中的诸多要素，而不是通过中介或者代理人，这种扁平化的趋势使得恐怖组织更为紧凑，更为灵活，也更难以被打击。

另一方面，传统的国际政治格局与反恐机制无法适应网络时代的反恐需求，使得恐怖分子在网络上拥有了更为宽广的生存空间。首先，网络空间在逻辑上是一体的，但是在司法管辖权上却是分散在不同国家中的。有学者指出，

---

① Manuel R.Torres Soriano, "The Vulnerabilities of Online Terrorism," *Studies in Conflict and Terrorism* 35(4)(2012), p.275.

网络空间的一体性已经破坏了，或者说至少是部分地破坏了主权及民族国家的重要性。[①]因此，很多学者提出疑问，现代的安全框架与安全机构有没有能力追踪网络空间中的威胁。[②]而且由于不同国家对于恐怖主义的界定不同，起诉程序不同，使得在西方国家的政治与司法框架内很难对活动在网络之中的恐怖主义行为进行有效的治理。而现代国家行政部门却依然很难理解互相依赖的网络体系及私人部门（非公共部门）在这个体系中的主导作用。[③]在互联网络形成一个完善的共治体系之前，恐怖组织在其中将生活得相对比较自由。正如前文所述的那样，恐怖组织越来越善于利用网络，特别是社交平台来传递极端主义思想，传递信息并组织协调自身的行动，而不必受到现实世界中那样猛烈的打击。

因此，我们必须从另外一个角度来思考所谓的网络恐怖主义，也许并不存在独立的或者纯粹的网络恐怖主义，而真正的现实是——恐怖主义行为对国际互联网空间的全面渗透，这最终导致了一个更为完善的恐怖主义网络的产生。这种新的恐怖主义网络是传统恐怖组织与互联网结合的产物，其并非完全独立于现实世界，甚至可以说其主要的活动目标及运作方式还是传统的，但是通过利用互联网扩展了其活动的范围，并大大提高了其运作的效率。从目前的观察来看，互联网时代的恐怖主义网络具有以下几个特点：

第一，恐怖组织利用国际互联网拓展了其组织的活动范围及通信能力。恐怖组织利用网络加密技术在互联网上建立了自己的加密网络。任何人都可以利用类似于 elegram 这样的软件来建立网络社群，并且利用其加密功能防止其他人员对其信息内容窥探。可以说，互联网络成了恐怖分子施行恐怖活动的一种有效的组织与联络工具。[④]美国网络军事力量在对活动于叙利亚与伊拉克的 IS

① Rachel E.Yould, "Beyond the American Fortress: Understanding Homeland Security in the Information Age," in *Bombs and Bandwidth: The Emerging Relationship between Information Technology and Security*, ed. Robert Latham, ed., New York: Social Science Council, 2003, p.79.

② 详细内容可以参见 Rex Hughes, "Towards a Global Regime for Cyber Warfare," in *The Virtual Battlefield: Perspectives on Cyber Warfare*, eds., Christian Czosseck and Kenneth Geers (Amsterdam: IOS Press), pp.106—117; Donald J.Reed, "Beyond the War on Terror: Into the Fifth Generation of War and Conflict," *Studies in Conflict and Terrorism* 31(8)(2008), pp.684—722.

③ Andrew Rathmell, "Controlling Computer Network Operations," *Studies in Conflict and Terrorism* 26(3)(2003), p.218.

④ John Arquilla, David Ronfeldt, and Michele Zanin, "Networks, Netwar and Information-Age Terrorism," in Countering the New Terrorism, Ian O.Lesser, et al., eds., Rand, 1999, available http://www.rand.org/publications/MR/MR989/MR989.chap3.pdf (2 July 2011).

开展的网络攻击中，切断了其军事组织的互联网联接，严重扰乱了IS武装分子的指挥系统，最终导致了其战败。这从一个侧面反映出现代恐怖组织对互联网通信的依赖程度非常之高。而随着技术的发展，我们很难保证能够一直非常有效地切断这样的网络联系。

第二，恐怖主义组织将随着网络化进程而变得“去中心化”，[①]转变为分散的网络型组织，其活动的隐蔽性与突发性将更高。与过去由一个精神领袖带领的，紧密团结层级明确的极端组织不同，网络型的恐怖组织并不需要巨大的结构严谨的大型组织构架。恐怖组织传播的是极端思想，通过价值共鸣的方式获得支持者并吸纳新成员。而被吸纳的成员唯一的效忠方式就是从事恐怖袭击，这使得“独狼”式的恐怖袭击事件变得越来越多。如波士顿马拉松恐怖袭击者，他们被在伊斯兰马格里布的“基地”组织（AQIM）的英语杂志中的激进思想所激励，并从中获得了制造爆炸装置的方法，而这些电子杂志在互联网上是免费提供的。[②]随着各国反恐力量的不断打击，那种传统意义上精神领袖式的恐怖组织的关键人物很难躲过被消灭的结局。但是互联网却能通过承载这些人的极端主义思想让恐怖主义的阴影难以消散。在网络世界中，普通人只要接受恐怖主义思想就能成为恐怖分子，并执行恐怖行动。他们不需要实体的精神领袖发布命令，只要这种意识形态在网络上能够不断地传播就可以不断激励各种各样的人加入到恐怖行动的行列中来。传统的恐怖主义中心将消失，并变成各种各样的小型组织，这些小型组织通过承认同一种信仰在逻辑上完成了一体化，但是在现实世界中他们可能并没有什么联系。

第三，现实的恐怖活动将与网络空间恐怖活动实现整合，利用网络空间协助恐怖组织执行传统的恐怖活动。有学者的研究表明，如果通过网络攻击一座小型的水电站的大坝或者空中交通管制系统，其成本非常之高。攻击大坝需要1.2万—130万美元，造成的伤亡是50—100人；而空中管制系统的攻击成本是

---

① 中心化（Centralization）和去中心化（Decentralization）：美国学者马克·波斯特在其著作《信息方式》中首度提出“去中心化”。“在信启、方式的第三阶段，即电子传播阶段，持续的不稳定性使自我去中心化、分散化和多元化”，参见［美］马克·波斯特：《信息方式》，范静晔译，商务印书馆2000年版，第13页。

② Leonard, Andrew. 2013. “Homemade Bombs Made Easier.” Salon 26 April. http://www.salon.com/2013/04/26/homemade_bombs_made_easier/.

2.5万—300万美元,能够造成200至500人伤亡。[①] 而“9·11”调查委员会的报告估计,“基地”组织策划执行“9·11”恐怖袭击为时两年,而其成本仅为4～5万美元,其中还包括恐怖分子的生活费用,和其他支付给19名劫机者的费用。[②]更不用说传统自杀性爆炸和恐怖袭击了。因此,在网络攻击技术门槛降低到足够低之前,恐怖组织宁可选择更加经济有效的方式来发动袭击。互联网与传恐怖袭击的结合也正是这种经济有效性的体现。现在的恐怖组织能够通过网络公布大量的恐怖袭击方法甚至发送恐怖袭击指导手册,[③]通过互联网络筹集到大量资金,[④]招募成员。这些过去只能在小范围内偷偷进行的活动,现在却可以在互联网上通过社交平台,通过加密的内部网络,大范围地运作。虽然,这些行为在传统的恐怖主义定义中并没有获得足够的重视,而且行为可能也没有直接造成严重的危害,但是这却是恐怖袭击链条上重要的环节。从这一层次上看,顿宁对网络恐怖主义的定义过于狭隘了,他没有看到一个完整的恐怖组织图景。[⑤] 对于恐怖主义来说,其核心是极端主义意识形态,而其他的都是可以视为实现这种意识形态的途径或者说是工具。自杀性爆炸、网络恐怖袭击,或者树立一面恐怖组织的旗帜在本质上没有任何区别,只是极端主义理论与恐怖分子在行为偏好上更喜欢血腥与暴力而已。因此,网络中能为现实社会提供的一切便利条件都将成为恐怖组织的工具。从某种意义上来说,这是网络恐怖主义的实质,互联网是恐怖主义网络的一部分,只是随着恐怖分子在现实世界生存遇到了严重的困难后,他们才开始将更多的活动迁移到网络之上,从而实现了恐怖组织的网络化转型。线上与线下的恐怖活动实质上是一体的,恐怖主义网络才是我们研究恐

---

① Giampiero Giacomello, “Bangs for the Buck: A Cost-Benefit Analysis of Cyberterrorism”, 2004, 397—398 available http://www.tandfonline.com/doi/abs/10.1080/10576100490483660?src=recsys.

② Rollins, John and Clay Wilson. 2007. Terrorist Capabilities for Cyberattack: Overview and Policy Issues. Washington, DC: Congressional Research Service, p.172.

③ Gabriel Weimann, www.terror.net: How Modern Terrorism Uses the Internet, U.S. Institute for Peace, Washington DC, 2004, available at http://www.usip.org/pubs/specialreports/sr116.pdf(2 July 2011).

④ John Rollins and Clay Wilson, Terrorist Capabilities for Cyberattack: Overview and Policy Issues, Report for Congress RL33123, Congressional Research Service, 2007, available at http://www.fas.org/sgp/crs/terror/RL33123.pdf(2 July 2011).

⑤ See Sarah Gordon and Richard Ford, Cyberterrorism? Symantec White Paper, 2003, available at http://www.symantec.com/avcenter/reference/cyberterrorism.pdf(2 July 2011).

怖主义的真正目标对象。

由此可见,网络恐怖主义是恐怖主义与互联网络的结合体,利用网络空间通信的便利性,恐怖组织在面对现实压力时自觉或者不自觉地实现了组织形态的变革,这才是网络恐怖主义的本质特征。

五、网络恐怖主义的治理对策

虽然很多学者与媒体都在讨论恐怖主义对互联网络的威胁,但是目前为止却没有一个正在能够引起巨大损失的网络恐怖袭击,这也是学界的共识。反而是在网络空间中,我们观察到了恐怖主义信息的泛滥,在追踪现实的恐怖袭击时,我们发现恐怖组织利用网络,策划、指导袭击,并招募成员,引诱青年走上极端主义道路。同时我们也发现,网络恐怖袭击虽然被描述为隐蔽性强、破坏性极大,但是在现实技术条件下,执行网络恐怖袭击与传统恐怖袭击相比,在恐怖效果、执行成本上都是更低的。因此本书认为,大规模的网络恐怖袭击在当前技术状态下可能非常难以发生,即便发生了,其最终引起的社会效应也难以与传统恐怖袭击相匹敌。

虽然直接的网络攻击并不是一个现实威胁,但是当前的网络空间已经成为了恐怖主义的温床。恐怖组织利用社交媒体、加密网站及一些具有加密能力的即时通信软件,在互联网络中编织起一个巨大的恐怖主义虚拟网络。恐怖组织实现了自身结构的网络化与虚拟化;随着社交网络的不断普及,在利用网络传递信息进行大众传播方面,恐怖组织变得更加老练,恐怖主义极端思想已经扩散到全球各地。因此,我们不得不对网络恐怖主义做出一个新的阐释,即所谓的网络恐怖主义并不是针对网络的恐怖袭击,而是恐怖组织在网络中活动的方式,是恐怖主义与互联网技术的有机结合,恐怖组织在网络空间中建立了自己的领地,利用网络高效的信息传播能力,配合其实施恐怖主义活动,这些恐怖主义活动可以是线上的——针对虚拟世界,也可以是线下的——针对现实世界,互联网作为一个平台成了恐怖主义活动的重要组成部分与关键环节。因此,“网络恐怖主义”的发展趋势是形成一个新兴的基于互联网的“恐怖主义网络”。

这种对网络恐怖活动的全新认识，将我们的视野带到了一个更为广阔的空间。我们需要将有限的反恐力量布置到恰当的地方，而不是浪费在应对一些并不存在的威胁之中。针对恐怖主义的网络化转型，我们必须采取相应的措施，比如对网络恐怖行为的全方位的司法反应，①及将所有辅助性恐怖主义网络行为都定义为恐怖主义行径，根据其意图而不是现实结果进行界定。

在战略上我们必须认识到互联网络在逻辑上是一体的，传统的基于民族国家的司法管辖机制是无法应对来自互联网的威胁的，需要建立一个逻辑上是一体的反恐信息收集与治理机制以应对网络化的恐怖组织。

在战术层面，我们必须将网络安全威胁范围扩大，不能仅仅局限于对基础设施的保护。应该建立一套有效的网络信息内容的监管机制，特别是针对涉及恐怖主义的信息需要有一个跟踪与溯源机制，限制涉恐信息的大范围流动。同时应该将恐怖主义网络作为网络反恐的主要对象，加强对这一网络渗透，破坏其信任机制，提高恐怖主义网络的运行成本与技术门槛，限制其在互联网上的发展。同时，必要时主动地实施网络攻击，甚至切断网络，迫使恐怖组织回到线下，以传统的方式进行活动。

在技术层面上，大数据分析技术在网络反恐领域具有难以替代的优势。网络恐怖主义作为一种社会想象存在于网络时代。随着恐怖组织的日趋智能化与小型化，利用传统的情报收集手段越来越难以追踪生存在网络时代的恐怖分子，因此，我们必须转变思路，从恐怖分子的生存环境——网络本身入手——来理解恐怖分子的知识体系和生存方式，从而实现对网络恐怖主义的治理。

首先，从来源上看，大数据根植于社会生活。作为大数据分析的主要数据来源，其中很大一部分都源自普通人日常的工作和生活。可以说，大数据概念的提出很大程度上就是针对日常社会工作生活而言的，这使得非常难以回避大数据的采集，无论信息隐蔽技术施行得多么巧妙，都无法回避一个事实，就是任何社会行为都会产生信息，一部分人不可能规避所有类型的信息采集方式。

其次，从技术上看，大数据依赖信息共享与融合机制。一方面，大数据技术

① Clive Walker, "Cyber-Terrorism: Legal Principle and Law in the United Kingdom," "Pennsylvania State Law Review, Vol.110, No.3, 2006, p.634, available at http://www.court21.ac.uk/docs/penn07d.pdf(2 July 2011).

采用分布式计算架构来分解运行的压力，另一方面，大数据的来源极其庞杂，利用数据融合技术能够解决通常情况下无法实现的数据分析，同时也能大大提高数据的分析效率。这种数据融合分析技术，如数据挖掘、数据可视化、统计分析和机器学习技术等可以有效帮助提取有价值的和准确的信息。

最后，从应用上看，大数据本身也在不断调整着社会运行的规律。大数据技术的直接产品是一系列经过严密分析的数据报告，这些报告往往又成为各种组织的重要决策依据。这些数据化了的社会现实，只需要分析各种数据变量之间的关系，就能找到社会现实生活中各种关联，为人类决策提供重要的信息辅助，从而影响现代社会的运行规律。

恐怖分子能够利用信息技术，尽可能地隐藏其活动的痕迹，这是网络恐怖活动的优势。但是网络本身的开放性与分布性也使得在网路中生存的个体无法完全及时清理自身的活动痕迹。而大数据技术的优势正是能够通过搜集足够多的碎片化信息，依靠信息融合技术勾勒完整的事实。因此，可以说大数据技术在收集网络恐怖组织活动信息上是具有巨大优势的。

总之，在对网络的理解上，恐怖组织已经超越了很多国家的安全部门与政府组织。我们必须慎重地审视恐怖组织的网络化，准确地判断威胁的来源与国际恐怖主义的发展趋势，从而使得反恐行动更为有效，维护人类社会的稳定与安全。

（孙频捷　讲师）

第十一章 结 语

2017年以来，恐怖组织、反政府武装等暴力组织持续加大对世界各国的破坏力度，制造出了一系列具有重大影响力的恐怖袭击事件，导致民众日常情绪恐慌，并严重影响了多国政治、经济等多领域发展。已有研究指出，2017年国际恐怖主义呈现出三个新特点：伤亡人数超百人的国际重大恐怖袭击频现、袭击对象转向国家政要、虚拟“哈里发”的重新启动导致网络恐怖主义态势严峻。2017年也必将是反恐战争史上值得铭记的一年，极端组织“伊斯兰国”在伊拉克和叙利亚丧失全部控制地盘，其有形组织被打散也使得国际社会打击恐怖主义的数年努力终于获得回报。马里兰大学“恐怖主义和对恐怖主义反应的研究项目”(START)指出，2017年，全球各地共发生了1.09万起恐袭事件，造成了包括行凶者在内的2.64万人死亡，这两项数字都低于2016年的数据。没有了稳定的根据地后，IS在伊拉克和叙利亚等国发起的袭击迅速减少，死亡的平民人数也显著下降。此外，2017年全球反恐最核心的变化是美国全面结束了自2001年开始的反恐战争。奥巴马政府2015年提出的《国家安全战略报告》中，恐怖主义依然是美国国家安全的头号威胁，反恐战争也因此被认为是维护国家安全的首要任务。但特朗普政府2017年公布的其上任后首份《国家安全战略报告》，将恐怖主义威胁列至末尾，这反映了特朗普政府对美国国家安全认知发生了颠覆性的变化。美国重回传统现实主义的老路，将恐怖主义归为国际社会的“新常态”，专家们普遍认为“可以确定美国政府开始逐步结束长达16年的反恐战争”。

然而，我们不得不面对的一个基本现实是：ISIS还远未被消灭。2018年，全球范围内的恐怖袭击呈现出以下两个较为明显的趋势:①在 ISIS 被击溃的形势下,新一波极端主义、恐怖主义狂潮正从中东向全球外溢和扩散。以“伊斯兰国”“基地”组织以及其他国际恐怖势力为主的恐怖活动整体态势不会减弱,其恐怖主义的影响也将从中东地区向北非、中亚、南亚、东南亚等地区扩展。在中东进行“圣战”的世界各地人员必将纷纷回流,尤其是埃及、突尼斯、巴基斯坦等国,将对各国的安全和稳定形成严重的威胁。如突尼斯一国就有 7 000 多人在叙利亚、伊拉克、利比亚等地进行“圣战”,不少人陆续回国,使当局面临严峻挑战。在阿富汗,从中东过来的“伊斯兰国”人员已经建立新的基地,发动了一系列恐怖袭击事件。2017 年发生在欧美多国的自杀性爆炸和驾车撞人恐怖袭击事件,大都也是那些有“中东经历”的或受到“伊斯兰国”极端思想毒害的极端分子所为。在非洲和东南亚,博科圣地、索马里青年党、伊斯兰祈祷团、阿布萨耶夫等恐怖组织由于中东回流人员的加入再次活跃起来。英国简氏防务预算报告预计,2018 年欧洲的恐袭威胁将上升。主要原因是从伊拉克和叙利亚战场返回欧洲的 ISIS 组织武装分子。近 5—10 年内,欧洲国家的恐怖主义威胁将会不断升高,那些被判刑的极端伊斯兰分子、从战场返回的武装分子和其他被遣送回欧洲的人,他们与“伊斯兰国”有着直接联系。武装分子返回欧洲后,支持极端伊斯兰分子的网络将演变成行动团伙,并直接参与策划恐袭事件,从而导致恐怖主义威胁上升。回流的武装分子可能会传授他们掌握的特殊技能,帮助大量伊斯兰分子实施更复杂的袭击。近两年因支持“伊斯兰国”组织而被关押的很多人将在 2019—2023 年出狱,被判刑的恐怖分子人数的增长,会使监狱中极端主义滋生的情况更加恶化。②ISIS 可能会专注于在伊拉克和叙利亚的重组,并增强其全球业务,策划国际恐怖袭击,并鼓励其散居在各国成员和支持者在本国内发动攻击。尽管伊拉克和叙利亚的大部分领土都已被解放,但该组织仍保留着无限期发动游击战争的资源。ISIS 是当代恐怖主义发展的特殊产物,“兼具准国家政权、恐怖组织、意识形态、社会运动四大属性,其中政权化是其最重要特征”。随着拉卡被收复,该组织将失去作为准国家的特征,但其他三大特性仍将存在。因此,ISIS 很可能会继续在伊拉克和叙利亚进行强大的反叛活动,并将此作为其最主要的长期战略计划,以最终使其所谓的“哈里发国”重新崛起。

美国智库兰德公司的一项研究表明,在后冷战时代,国家或非国家行为体的支持对于反叛势力至关重要。“由于交通、通信和信息技术的巨大进步，恐怖分子走向国际化的成本已经大大降低”。在经济全球化背景下，无论是国际恐怖活动还是“跨国圣战”运动，都具有明显的“洼地效应”，即总是会流向社会治理能力低下、安全防范薄弱、极端思想浓厚、同情者和支持者较多的“洼地”。对此，国际社会不仅要深化对于国际恐怖主义危害的认识，摒弃以邻为壑的侥幸心态，更要加强国际合作，构建一个最广泛的国际反恐合作统一战线，最大限度地减少国际反恐中的“洼地”，使恐怖势力最终无处遁形。此外，面对国际恐怖主义高科技化及网络恐怖主义蔓延的趋势，运用高科技、大数据反恐已是当务之急，其重点应是完善、提升反恐体系的防范预警机制、快速反应机制和后果处理机制。例如，采用大数据手段对“嫌疑犯”撒下严密、精确监控的天罗地网，尽可能减少“漏网之鱼”，防止发生突发性事件。也应该借助高端心理测试仪器研究宗教极端思想的根源和演变，尽可能对具有极端思想的人员做艰苦细致的思想工作。如有的国家培养了一批伊斯兰教神职人员参与审讯工作，在周密的心理解析的基础上，手持《古兰经》对恐怖嫌犯进行耐心劝说，取得了较好的效果。

图书在版编目(CIP)数据

2017 全球反恐观察/张少英等著.—上海:上海社会科学院出版社,2019

ISBN 978-7-5520-2766-2

Ⅰ.①2… Ⅱ.①张… Ⅲ.①反恐怖活动-研究-世界 Ⅳ.①D815.5

中国版本图书馆 CIP 数据核字(2019)第 097886 号

2017 全球反恐观察

著　　者:张少英 等
责任编辑:董汉玲
封面设计:裘幼华
出版发行:上海社会科学院出版社
　　　　　上海顺昌路 622 号　邮编 200025
　　　　　电话总机 021-63315900　销售热线 021-53063735
　　　　　http://www.sassp.org.cn　E-mail:sassp@sass.org.cn
排　　版:南京理工出版信息技术有限公司
印　　刷:上海天地海设计印刷有限公司
开　　本:710×1010 毫米　1/16 开
印　　张:13.75
插　　页:2
字　　数:217 千字
版　　次:2019 年 8 月第 1 版　2019 年 8 月第 1 次印刷

ISBN 978-7-5520-2766-2/D·539　　　定价:68.00 元
